서구 연방주의와 한국

서구 연방주의와 한국

박응격 외 지음

인간사랑

Die Ausgabe dieses Buches wurde durch die
Friedrich-Naumann Stiftung ermöglicht.

Föderalismus in westlichen Ländern und Korea

Herausgeber : Prof. Dr. Eung-Kyuk Park

Verlag : Ingansarang, 2006

Seoul, Korea

ISBN : 89−7418−205−X 93340

서문

미국, 캐나다, 스위스, 독일 등은 오늘날 연방주의의 전통국가로 분류된다. 연방주의 정치체계는 고정적인 것이 아니라 시대의 상황과 여건 속에서 지속적인 변화를 하여 오고 있다. 독일의 경우에 냉전종식과 독일 통일 후 연방주의 개혁에 관한 정치 및 기관 간 분권 논의는 국제적 주목을 받아왔다. 독일의 연방주의는 과거, 특히 독일 통일과정에서 그 가치를 인정받아 왔지만 근래 들어서는 연방제도 내 재정부문에 대한 개혁 필요성이 제기되고 있다. 이런 개혁 논의의 한 방향은 경쟁적 연방주의를 도입하여 협력적 연방주의를 수정하는 것이다. 이러한 개혁방안 논의에서 프리드리히 나우만 재단은 독일 자유주의의 씽크 탱크로서의 본연의 임무를 인식하여, 연방주의 개혁 논의가 구체화되기 이미 오래 전부터 전문가들로 구성된 위원회를 구성하여 독일 연방주의 개혁 논의에 새로운 지평을 열어왔다.

연방주의의 개념은 그러나 종종 잘못 해석되기도 한다. 연방주의는 모든 것을 비슷비슷한 수준으로 만들어 버리자는 것이 아니라 다양성을 추구해 나간다는 뜻이다. 독일에서는 지역별로 동일한 수준의 삶의 질에 대한 요구가 지나쳐 오히려 경쟁과 지방자치에 걸림돌이 되기도 한다. 그러나 구조적으로 경제력이 낙후된 지역 역시 국가에의 일방적 요구를 통해서보다는 꾸준한 경쟁과 혁신을 위한 아이디어를 창출해 나가는 과정 속에서 주민들의 삶의 질을 개선할 수 있다는 데 모두가 동의할 것이다. 연방주의는 또한 국내적 인종 · 종교적 갈등을 극복하고 지방자치를 도모하여 개개 주민들의 자기 결정을 강화하는 데 일조할 수 있다. 이는 바로 연방주의가 갖고 있는 장점이다. 따라서 정치 · 경제 · 사회의 변화 속에서도 연방주의는 세계 여러 나라에서 그 중요성과 가치를 인정받아 왔다.

이런 연방주의에 관련된 일련의 주제들이 본 책에서 다루어지며 논의되고 있다. 본 책은 2005년 지방자치연구소와 프리드리히 나우만 재단이 공동으로 "Federalism as an Agent for Decentralization and Regional Integration" 주제로 19차 지방자치에 관한 국제세미나가 계기가 되어 출간하게 되었다. 지난 20년 동안 한양대 지방자치연구소와 프리드리히 나우만 재단은 다양한 국제회의 등을 개최함으로써 다른 국가의 지방분권 모델과 경험을 공유할 수 있는 계기를 마련해 왔다. 여기서 논의되는 연방주의는 현재 한국에서 논의되는 분권, 지방 균형발전과 또한 한국의 통일 후 정치체계의 문제와도 깊은 관련이 있다. 훔볼트 대학교 키르히너 교수와 시카코 주립대 로완 교수의 글은 바로 통일한국과 연방제 문제를 다루었다. 여기서 언급되며 논의되는 것은 장차 한국의 통일문제를 다루는 데 주요한 시사점을 주고 있다. 마찬가지로 로베르트 네프는 스위스 연방주의에서 조세의 자율문제를 다루고 있는데, 이 조세의 자율권 문제는 현재 한국에서 논의되는 분권의 한계가 무엇인지를 보여준다.

캐나다의 연방주의는 이옥연, 독일과 스위스의 연방주의와 정치체계는 정재각, 오스트레일리아의 연방주의는 하이케 하르만, 한국의 연방주의와 지방정치 문제는 김상겸 교수가 집필하였다. 또한 독일 연방주의 개혁과 논의에 기여하고 있는 나우만 재단의 씽크 탱크인 자유주의 연구소 소장 디트마 되링 박사가 기고하였다.

프리드리히 나우만 재단은 지금까지 『독일연방정부론』(2001), 『유럽연합정부론』(2003), 『독일지방정부론』(2003), 『독일사회복지론』(2005)의 출간을 지원하여 왔다. 연방주의와 그 실질적 경험을 주제로 한 본 책자의 출판을 크게 환영하며, 본 책자가 한국의 지방자치에 대한 논의에 새로운 장을 여는 것이며, 이에 큰 기여를 할 수 있으리라 확신한다. 본 책의 출간에 있어서 정재각 연구부장이 계획, 번역 등 수고를 아끼지 않았다. 또한 본 책의 출판을 흔쾌히 맡아준 인간사랑 출판사와 편집부 직원 모두에게 감사를 드린다.

2006년 12월

박응격
한양대 지방자치연구소장

울리히 니만
프리드리히 나우만 재단 한국사무소 대표

목 차

1. 서구 연방주의 : 사회통합과 발전

1. 분권화와 지역화합을 위한 페더럴리즘
2. 스위스 연방주의와 지방 정부 – 조세자율
3. 독일연방주와 개혁의 필요성 – 재정분담
4. 연방주의와 한국의 지방분권

1. 분권화와 지역화합을 위한 페더럴리즘

Ⅰ. 페더럴리즘의 개념

페더럴리즘(Federalism)—연방주의—은 정부 간 관계 연구분야를 제외하고는 정치학과 행정학 연구에서 오랫동안 경시되어 왔으나 최근에 와서 지구적 정치문제와 더불어 정치학에서 주된 문제로 다시 등장하고 있다.[1]

박응격
한양대 지방자치연구소장

1) Michae Burgess, Comparative Federalism Theory and Practice, Routledge, 1996 ; Douglas T. Kendall (ed.), Redefining Federalism, Listening to the States in Shaping "Our Federalism", Environmental Law Institute 1994 ; Ian Copland, Federalism : Comparative Perspectives from India to Australia, Manohar Pubns 1999 ; John Kincaid/G. Alan Tarr (ed.), Constitutional Origins, Structure, and Change in federal countries (A global dialogue on Federalism), McGill–Queen's University Press, 2005.

페더럴리즘은 좁은 의미에서 정부 간 관계로 이해되는 한편, 넓은 의미로서는 비집권화의 토대 위에서 권력의 헌법적 분립에 의하여 구현하는 자치(self-rule)와 협치(shared rule)의 결합으로 이해할 수 있다. 권력의 집중화 경향에 대한 회의론에 따른 페더럴리즘의 개념은 경쟁적인 상호 견제의 정치적 의사결정에 초점이 맞추어진다.

집권주의자와 분권주의자 간의 논쟁은 페더럴리즘의 중요성을 부각시켰다. 집권주의자와 분권주의자 간의 관심과 이해관계를 조율하려는 노력은 그 용어 자체에서 찾을 수 있다. 페더럴(federal)이라는 단어는 라틴어의 foedus에서 유래된 것으로 계약을 의미한다. 본질적으로 페더럴 정치란 계약에 의하여 성립되고 규제되는 공동 협력을 말한다.[2] 계약의 내부관계는 동반자 간에 지켜야 할 역할의 특별한 형태를 반영한다. 그 하나는 각각의 동반자의 고유성, 자율성, 독립성을 인정하는 것이며, 이들 간의 특별한 정체성을 촉진시키는 것이다.

정치적인 면에서 페더럴리즘을 보면, 전체를 구성하는 중앙국가(Bund)와 그 구성원이 되는 구성국가들[Gliedstaaten — 독일의 경우 란트(Land), 스위스의 경우 칸톤(Kanton) —] 간의 국가기능의 역할과 국가구성 형태는 다양하다. 그러나 이런 구성의 다양성은 궁극적으로는 두 가지 축, 즉 연합형태(konföderal)와 단일형태(unitarisch)의 사이에서 어느 쪽으로 더 많은 강조를 두는가에 따라 달라진다. 이러한 연방국가의 구체적인 국가의 구성은 결코 정치적 · 명목적인 요소 하나에 의해서 지배되며 결정되는 것이 아니라 정치, 경제, 사회의 상황과 지지에

---

2) Klaus/Martina Schubert, Klein : Das Politiklexikon, 3., aktual. Aufl. Bonn: Dietz, 2003.

의해서 이루어진다. 이런 제반 요소는 연방주의 수준과 발전을 결정한다.[3)]

정치적인 원리로서 페더럴리즘은 권력분립에 관계된다. 페더럴 정치에 있어서 헌법적 정부기능들은 연방 정부와 주 정부에 있어서 자치와 협치로 나누어진다. 페더럴 제도는 모든 이의 생존과 권리를 보호하기 위하여 설계된 규범으로서 중앙 및 헌법적 기관 간의 헌법상의 배분된 권한 행사를 보장한다. 기본 정책들은 협의를 통해서 수립되고 집행되는바, 의사결정과 집행과정이 대의적인 규범에 의하여 헌법적인 요소의 반영으로서 실현된다.

넓은 의미에서 페더럴리즘은 개인 간, 단체 간, 나아가 궁극적으로 정치적인 조직 간의 연계를 포함하지만, 모든 정파 간의 신의를 유지하면서 공공 목표의 역동적인 추구를 위한 제한된 연합체(union)를 지향한다. 페더럴리즘은 정치적인 구조 속에서 정상적으로 이해되지만 사실은 철학적으로 인간관계의 성격을 함축하고 있다. 언약의 성서적 관념 속에 뿌리를 둔 페더럴리즘적인 철학은 공유된 규칙과 공동 자치기관을 정립하기 위하여 세워진 계약에 자치적 동등권을 가능케 하는 것이다. 상호 간의 이익을 위한 협력에 동의하는 원칙 아래 계약을 통한 개인들은 시민사회와 정치단체를 구성한다. 모든 구성원과 정파들은 계약에 대하여 그들 각각의 성실성을 지키며 공동의 틀 속에서 공동의 목표를 위하여 협력을 도모한다.

---

3) Andersen Uwe (Hrsg.), Föderalismus in Deutschland. Neue Herausforderungen Schwalbach/Ts 1996 ; Andersen Uwe/Wichard Woyke (Hg.), Handwörterbuch des politischen Systems der Bundesrepublik Deutschland, 4. Aufl. Opladen : Leske+Budrich, 2000.

페더럴리즘 원리에 대한 옹호와 지지는 다양하다. 이에 대한 정당화는 다음 두 가지로 집약된다. 첫째는, 페더럴리즘은 구성국가(연방주)로 하여금 지역 간의 차이에 따른 국가적－제도적인 대표를 가능케 해준다는 점이다. 가령 인종적 · 문화적 · 언어적 · 종교적 차이 외에 경제, 군사 및 외교적인 정책적 차이도 수용한다. 따라서 이런 다양성과 차이의 존중은 결과적으로 전체 연방국가로서의 국가 내에 사회통합을 가능케 해준다. 이런 국가와 사회통합은 바로 연방주의를 정당화하는 첫 번째 목적과 근거이다.

정치적 원리로서 페더럴리즘은 수직적인 권력분립과 관련된 자율과 자유를 보장해 주는 권력분배이다.[4] 연방주의 원리는 권력의 수평적인 분배뿐만 아니라 수직적인 분배의 가장 대표적인 원리이다. 이 원리는 보충성 원리에 의해서 보완되어진다. 따라서 페더럴리즘의 체계 하에서는 지역의 시민과 지방 정부에 최대한의 정치참여, 자율적인 정책개발, 실험을 가능케 해준다. 오늘날 국가 간의 경쟁뿐만 아니라 지역 간 경쟁이 치열해지며 글로벌한 세계 체제에서 중앙 정부가 단독으로 모든 문제를 해결할 수 있는 시대는 이미 지났다. 따라서 당면한 국가의 문제를 다양한 지역, 정치 및 행정기관, 시민에 위임함으로써 페더럴리즘 정치체계 하에서 중앙국가는 더 효율적인 국가운영을 펴나갈 수 있는 여유를 갖게 된다.[5]

---

4) 비교 : Ellis Katz/G. Alan Tarr (ed.), Federalism and Rights, Rowman & Littlefield Publishers, 1997.

5) Rolf－Dieter, Postlep (Hrsg.), Aktuelle Fragen zum Föderalismus, Marburg, 1996.

Ⅱ. 분권화의 가치와 민주주의

분권화의 가치는 이념 또는 정치이론에 구애됨이 없이 민주주의의 실현을 위한 광범위한 효력을 지닌다.[6] 이것의 이점은 단순히 집권화를 반대하거나 단점을 극복하는 것이 아니다. 분권화는 적극적인 면이 있다. 이것은 선진사회나 후진사회에 있어서 모두 경제적 · 사회적 · 정치적으로 광범위한 목표와 연관되어 있다.[7] 이것의 목표는 적응성, 형평성, 변화의 대응성, 유연성, 통일과 동의의 증진, 시민교육을 포함한다. 분권화는 국가, 지역, 지방에 있어서 자치정신을 확대한다. 또한 중앙 정부와 지방 정부 간 공동 규칙의 협력적 관점을 증대한다. 분권화의 가치는 그럼으로써 연방적일 뿐만 아니라 보편적이다.

분권화의 성격을 다음과 같이 열거할 수 있다. 첫째, 분권화는 중앙계획보다는 지방수요에 대응하는 데 보다 효과적인 방법이다. 분권화는 특정하고 다양한 환경에 대한 능동적인 대응능력을 발휘케 한다. 즉, 분권화는 지방의 숙원사업과 독창성에 부응하기 위하여 적절한 서비스, 행동, 절차의 준비와 개발을 위하여 지방조직들이 이를 직접적으로 추진토록 한다. 지방의 대의기관 분권화와 권한의 이양은 이러한 메커니즘을 결합시킨다. 그리하여 분권화는 개발계획과 이것의 시행에 있어서 주어진 지방환경의 특성을 반영시킬 수 있게 한다.

---

6) Greg Taylor, Characterisation in Federations, Six Countries Compared, Springer, 2005.

7) 동유럽의 체제변화에 따른 분권화에 대해 다음참조 : Jürgen Rose(ed.), Federalism and Decentralization ; Perspective for the Transformation Process in Eastern and Central Europe, Palgrave Macmillan, 2002.

둘째, 분권화는 특히 빈곤층의 수요의 대응에 적절하다. 개발이 빈곤, 불공평성, 물질적 박탈의 제거를 의미한다는 점에서 이러한 논의는 가능할 것이다. 이러한 개발의 문제를 해결하고자 할 경우 주민들의 개입과 빈곤층의 참여가 필요하다. 분권화는 특히 농촌지역 주민들이 정치에 참여할 수 있도록 계도할 필요가 있다. 그들의 정치적 · 물질적 지위는 그 결과로 인하여 개선될 것이다.

셋째, 시민들이 참여하는 분권화의 형태는 개발이 수반된 심오한 사회변화에 대한 저항을 완화시킬 수 있다. 국가개발은 산업화, 도시화 및 이동성을 촉진시킴으로써 사회적 해체와 정치적인 불안을 야기할 수 있다. 지방기관에 대한 주민참여는 시민들의 무관심, 냉소주의, 소극성을 극복하는 데 기여할 수 있다. 지방 정부는 투입과 관여를 위한 기회증진을 통하여 변화를 위한 시민들의 지지를 획득할 수 있는 지방의 리더십을 우선시함으로써 변화의 과정을 무리 없이 전개할 수 있다. 분권화는 농촌 또는 낙후된 지역의 수단으로써 활용성을 갖는다. 개발을 위한 지원은 분권화에 의하여 동원된다.

넷째, 분권화는 중앙 정부의 과도한 권한을 줄일 수 있다. 분권화는 의사결정에 있어서 보다 빠른 속도와 유연성을 제공함으로써 중앙의 기관에 의한 역할을 넘어서는 미시적 관리의 수요를 감소시킨다. 특히 농촌개발은 정책조정이 단시일에 이루어져야 하는 경우 시행단계에서 유연성이 요망된다. 유연한 개발행정에서 요망되는 창의성과 주도적 노력의 시도는 과도한 집권화 현상을 완화시킬 수 있게 된다. 일반적으로 분권화는 생산성 저하, 공무원 감축에 대한 저항의 증대, 그리고 자조의식 수준을 저하시키는 집권적인 폐해를 제거하는 데 유용하다.

다섯째, 지방 민주주의가 국가적 통일에 필요하다는 지속적인 믿음과 관련하여 분권화는 국내에서의 현재의 많은 이익에 함께 참여할 수 있다. 사회적 · 경제적으로 다양성이 많은 나라들에 있어서 분권화는 하부계층, 특히 인종적인 차이가 있는 계층의 합법적인 정치적 요구를 충족시키는 데 필요하다.

마지막으로 분권화는 지방 정부에 있어서 참여를 통한 시민교육의 수단이 될 수 있다. 공공 기관에의 참여는 정치적 성숙성과 시민의식을 증진시킨다. 시민들은 그들이 지방관리의 결정을 위한 책임 있는 조치를 취할 수 있을 때 정치적으로 더욱 더 성숙해진다. 시민들은 자원배분에 있어서 무한한 가치의 훈련을 받게 되며, 우선순위와 지도자의 선택을 배운다. 지방 주민들만이 지역실정을 소상히 안다. 궁극적으로 이와 같은 교육은 민초로부터 보다 잘 훈련된 정치인을 배출시켜 중앙 정부의 리더십을 증진시킨다.

페더럴리즘은 다양하고 복합적인 개념으로서 공식적인 헌법상의 구분, 적절한 기구, 정치적인 행태의 모형, 그리고 궁극적으로 정치문화를 포함한다. 또한 페더럴리즘은 정치적 실제와 사상의 역사에 비추어 볼 때 그것 자체가 민주주의 이론과 일치된다. 민주주의는 주권과 권력(권한)의 중대한 문제, 권력과 법률과의 관계, 집권화와 분권화에 관한 중대한 문제 등에 있어서 가치판단의 기준을 제시한다. 민주주의는 정치기구를 구성하는 국민에게 주권을 부여하며, 국민에게 헌법상의 정부기관에 권한과 권력을 분배토록 하고 있다. 국민은 분별력 있게 집권화와 분권화를 용인하면서 모든 권력의 행사가 법률에 의하여 이루어지도록 하며, 이것은 국민의 기본 권리에 관계되는 것이다.

지난 2세기 동안 집권화는 일차적으로 효율적인 정치 시스템의 배후의 추진장치로 인식되어 왔으며, 또한 강력한 민족국가 존립의 주요한 성공요인으로 간주되었다. 그러나 견제되지 않은 민족적 중앙집권국가는 몰락의 씨앗이 되었다. 정치권력은 대부분 예외 없이 집권화의 경향을 가지며, 집권화된 권력은 절대권력을 행사하게 된다. 로드 액톤이 "절대권력은 절대로 부패한다"고 경고한 것은 과도한 집권화의 위험성에 대한 경고이기도 하다. 따라서 민주연방정치체제의 핵심적 요소 가운데 하나인 분권화는 한국의 경험에서 볼 때에 두 개의 중요한 정치적인 이점이 있다.

첫째, 정치적인 분권화는 흔히 사회의 심각한 갈등을 감소시킨다는 점이다. 지리적으로 다른 그룹 간의 갈등들은 분리된 지역과 지역사회 안에서 각기 다른 자신들이 추구하는 정책결정권을 허용함으로써 해소될 수 있다. 이것은 전국을 통하여 획일적으로 적용되는 단일국가 정책에 관한 분쟁을 극복할 수 있게 한다.

둘째, 분권화는 서로 다른 일단의 지도자들 간에 보다 폭넓은 권한을 배분한다는 점이다. 권한의 광범위한 배분은 일반적으로 독재정치와 전제정치에 대한 보호수단이 된다. 정치지도력의 다원성은 일반적으로 일인 집권성보다 더 민주적이다. 로버트 달은 "국가와 지방 정부는 헌법과 정치적인 전통에 의하여 강력하게 자치가 보장되는 다수 권력의 센터를 제공한다"고 말했다. 앞에서도 언급한 바와 같이 이것은 정치지도자를 육성하는 통로이기도 하다.

소극적으로 페더럴리즘을 정의하면 이것은 집권화를 분권화로 대체하는 것이다. 그러나 국가와 지방 정부 간의 비집권화, 그리고 권력배분을 의미하는 페더럴리즘의 실제적인 개념은 헌법적인 요소들을 사회 전체에 집약시킬 수 있는 이점을 갖고 있다.

Ⅲ. 평화의 길을 향한 페더럴리즘 추세

인간은 완벽한 행위체가 아니므로 어떠한 체제나 이념도 그 시대에 시민들이 필요로 하는 자기 수정을 위하여 제공될 수 있는 하나의 메커니즘에 불과하다. 설사 90%의 사람들이 법률을 잘 지킨다 할지라도 정부는 응집된 권력으로 법률을 지키지 않는 다른 10%의 사람들을 통제할 필요가 있다. 시민사회와 사회자본의 가치는 무엇 때문에 강력한 시민사회를 고취시킬 수 없는지에 대한 원인을 규명하고, 무엇이 이를 가로막고 있는가에 대한 사회적인 인식을 알아보는 데 있다.

20세기에는 국가의 순수성과 배타성의 신화에 의한 시대인 관계로 과도한 집권화의 길을 사회가 허용하였다. 이러한 경향은 몇몇 나라에서는 이념적 동질성을 초래하여 대중의 묵인 하에 전체주의적인 압박이 가해졌다. 두 번에 걸친 세계대전과 많은 혁명은 유럽을 과도한 집권화의 오류를 되돌아 보게 하였다.

오늘날 유럽의 스위스, 독일, 영국과 같은 나라들은 여러 개의 연방주, 지역, 구역 등으로 구성되어 있다. 영국의 페더럴리즘은 영국인, 스코트인, 웰스인들이 각기 다른 지역에 함께 살 수 있게 하기 위한 수단으로 고안되었다. 마찬가지로 이전 수세기 동안 영주국가로 나누어진 독일이 지금에 와서 동서독이 통일을 이루고 유럽연합의 일원이 되었다. 서독이 동독을 통일할 당시에 통일의 방법은 먼저 동독에 다시 주를 복원하여, 그후 5개 신생주가 서독의 11개 주에 평화적으로 합병됨으로써 새로운 독일연방공화국이 탄생된 것이다.

이같은 진전은 유럽인들의 지난날의 뼈아픈 역사적인 경험과 교훈을 반영한 것이다. 과도한 집권국가들은 유럽의 평화와 번영을 파괴시켰기 때문이다. 유럽인들은 과거 어느 때보다도 처절한 전쟁의 압박과 공포를 몸서리치게 체험하였다.

따라서 죤 로크와 임마누엘 칸트와 같은 위대한 철학자는 인간은 전쟁이 없는 평화를 지키기 위하여 이중의 길(dual path)을 따라 살아야 한다고 강조했다. 하나는 각 국이 민주적으로 국가조직을 구성하는 것이며, 그 둘째는 평화유지를 위한 국제관계의 재정립이 그것이다. 연방체제는 바로 민주주의와 세계 평화에 기여하는 것이다.

산업사회 및 후기산업사회에 있어서 페더럴리즘은 공동 자원활용의 보다 높은 효율성을 향상시키기 위한 대규모 결합의 필요성을 가진 소규모 사회의 이익을 보존하고 소생시킴에 있어서 시민들의 번져가는 열망을 적응시키는 주요 수단으로 가치가 있다. 뿐만 아니라 페더럴리즘은 집행부의 정책과의 문화적인 차별성을 유지하고 강화시키는 데도 한몫을 한다.

결과적으로 페더럴리즘 제도는 광범위하게 적용되는바, 그 하나는 합법적인 내부의 다양성을 보존하면서 새로운 정치를 통합하는 것이다. 그리고 다른 하나는 경제적인 이익과 안전의 확보를 위한 기득의 정치를 연계하는 것이다. 거의 세계 인구의 약 80%가 공식적인 페더럴리즘 체제에서 현재 살고 있거나 어떤 방법이든지 페더럴리즘 제도를 활용하고 있다.

페더럴리즘은 또한 여러 유형의 정치체제 가운데 진수로 파악된다. 근세 유럽에는 유일한 페더럴리즘 제도가 있을 뿐이었다. 다만 헌정체제는 유지하는 한편, 일반적으로 외교문제와 국방관계와 같은 극히 제한된 목표를 위한 공동 정부를 구성하는 페더럴 정부보다는 약간

느슨한 연합 정부(confederation)도 존재했다.

약 2.5세기 전에 미국은 현대 페더럴리즘을 창안했고, 이어서 부가적으로 연합주의(confederalism)를 도입했으며, 이는 19세기에 있어서 폭넓게 적용되었다. 연합주의는 구성원 국가의 강력한 헌정적인 자주 독립성을 지키는 정체이다. 각기 부여된 권력은 국민에 의하여 위임되며, 시민과 협정하여 권한이 행사된다. 연합주의와 페더럴리즘은 국가권력의 집권화 대신 분권화를 선택하여 지역갈등을 해결하고 지역화합을 도모하여 민주주의를 실현하는 정치사상의 금자탑이라 할 수 있다.

20세기에 있어서 특히 제2차 세계대전 이래 페더럴 국가적인 변혁은 두 가지 형태 가운데 하나로 기울어졌다. 그 하나로서 서유럽은 유럽연합을 통한 기존 국가의 새로운 연합체를 만들었다.[8] 다른 하나는 서유럽 국가 내부의 정치적인 요인을 바탕으로 한 오래된 인종적 · 지역적 정체성의 소생을 가져왔다. 그 결과 벨기에, 이탈리아, 스페인은 헌법적으로 페더럴화되고 그들 국가 스스로 지역화되었다. 프랑스까지도 이러한 추세를 밟고 있다. 적어도 코르시카와 해외 점유지역도 이에 해당된다. 포르투갈은 국내의 자치권을 섬 지방에 이양했다. 네덜란드와 덴마크는 훨씬 오래 전에 자치권을 점유지역에 이양하였다. 스위스, 독일, 오스트리아는 이미 오래 전부터 페더럴리즘의 다양한 방식을 통하여 페더럴 제도를 심화시키고 있다.

아시아 대부분의 신생국가들은 다인종문제의 해결에 몰두해야 한

8) Sergio Fabbrini (ed.), Democracy and Federalism in the European Union and the United States, Routledge, 1994.

다. 이 문제는 페더럴리즘적인 원칙에 의해서만이 평화적으로 수용될 수 있는바, 이는 친족(인종의 기초), 동의(민주정부의 기초)를 영토적 · 비영토적 · 정치적 사안에 포함하여 정치적 · 헌법적으로 보호될 수 있는 장치와 접속시키는 것이다. 하지만 인도, 말레이시아, 파키스탄과 같은 소수의 나라만이 공식적으로 페더럴 제도를 가지고 있다. 여타 다른 아시아 국가들은 국내적으로 연방제적인 장치를 채택하여 다민족적인 장치로 활용하고 있다.

중동지역으로 알려진 서아시아와 동지중해 지역은 예외 없이 다인종 문제가 있다. 사실 이 지역의 이같은 많은 현안들은 수세기 동안 지역적 공동체의 다양성이 보편국가로 계승된 오스만제국의 멸망까지 거슬러 올라갈 수 있다. 사이프러스, 이스라엘, 레바논에서의 지역 내부 전쟁, 재언할 필요 없는 이집트, 이란, 시리아의 소수인종 문제 등은 이 지역 문제의 대명사가 되고 있다. 페더럴리즘적인 해결책은 중동지역에 있어서 어떠한 정책보다도 적실성이 있다. 때문에 중동지역에 있어서 후기 현대 페더럴리즘이 특히 필요한바, 이는 단순히 영토 문제에 국한하지 않고 각기 다른 민족들이 공존할 수 있는 권리를 상호 존중할 수 있어야 할 것이다.

Ⅳ. 페더럴리즘과 다원주의

다원주의는 민주주주의 한 요소이다. 그러나 다원주의가 모든 민주주의의 요소는 아니다. 사실, 진정한 민주주의는 사회적인 동질성의 조건 아래서만이 기능을 펼 수 있다는 것이 많은 정치철학자들에 의하여 강력히 주장되기도 했다. 그러나 페더럴리즘적인 민주주의는 다원주의가 필요조건으로 제기된다. 이민국가인 미국은 다원주의의 이점과 문제점을 여실히 경험한 나라이다. 다원주의에 의하여 활력을 얻은 각기의 페더럴리즘은 다양성을 유지하며, 합의의 우선적인 조건으로서 공유의 정부를 지켜가게 한다.

페더럴리즘은 자유의 개념을 통하여 문화를 특징으로 하는 다원주의를 포용한다. 다원주의의 형태적인 특성은 다양한 페더럴리즘과 결정적인 차이가 있다. 예컨대 연방(federation)과 연합(confedeation)의 차이를 비교해 보면, 연방은 국가조직체(polities)와 개개인 간의 공동체(communities)의 자유를 뛰어넘어 개개인의 자유를 강조한다. 그러나 연합은 주로 국가조직체의 공동체로서 개개인의 자유를 보호하는 국가조직체의 자유를 강조한다. 공화국(republics)인 연합의 국가조직체는 전체의 공화주의적인 특성을 보호하기 위하여 개인 자유의 최소한의 수준을 확보해야 한다.

페더럴리즘의 중심적인 미덕은 다원주의의 효용성을 유지하는 데 있을 뿐만 아니라 동시에 이를 지키는 데 있다. 재언할 필요 없이 다원주의를 제한하기 위한 많은 정부제도와 정치적인 방안들이 있다. 문제는 어떻게 한 정부조직체가 다원주의를 유지하면서 지킬 수 있는가이다. 페더럴리즘을 통하여 헌정적인 기관은 다양한 형태의 다원주의를 추구하며, 국민들에게 이를 선택케 하여 그들이 선호하는 특정한 다원주의를 지키게 하는 것이다.

여기서 논의는 다양한 형태의 다원주의는 다면적인 정치형태에 보다 적절히 대응해야 한다는 점이다. 다양성을 지닌 다원주의에 의하여 자유는 향유된다. 공화국과 국민 개개인의 목표는 조화될 수 없다. 이같은 관점에서 페더럴리즘은 무정부주의와는 다르다. 무정부주의는 합법적인 현상으로서 정부배제를 원칙으로 한 개인의 자유를 만끽케 하는 것이기 때문이다. 동시에 페더럴리즘은 전체주의나 권위주의를 배격하는바, 이는 개개인의 자유를 극도로 제한하거나 부인하기 때문이다.

Ⅴ. 분쟁지역에서 화해전략으로서 페더럴리즘

중동지역은 분쟁지역으로서 대표적인 지역이다. 페더럴리즘은 지역 내 국가들의 분쟁을 조정하고 평화를 도모할 수 있는 방책이 된다. 엘아자(D. J. Elazar) 교수는 페더럴리즘의 의의는 분쟁지역에서의 자치(self-rule)와 협치(shared-rule)를 가능케 하는 것이라고 선언하였다.[9)]

중동지역에서 어떤 정치적인 일이 발생하였는가에 대해 간략히 보고자 한다. 아랍 에미레이트 합중국은 페더럴리즘을 성공적으로 이룩한 나라이다. 이 나라의 성공은 베두인 연합의 현재적 재창조에 기인한다. 이 나라는 원래 7개 종족의 에미레이트로 구성되었다. 각각의 이들 종족들은 통일적인 집권국가를 건설하지 않았다. 대신에 그들 민족 간에 공동 정부의 임무를 분담하였다. 한 에미레이트족은 외교업무를 담당하고 다른 에미레이트족은 국내의 교역조직을, 또 다른

9) Daniel J. Elazar, Exploring Federalism, University Alabama Press, 1987.

종족은 국방의 임무 등, 이렇게 하여 7개의 종족들은 의회를 통하여 협상에 의한 원만한 국정운영을 도모하였다. 이것은 아랍지역에 있어서 독특한 베두인 종족들의 페더럴리즘 원칙을 적용한 현대의 성공사례이다.

중동지역에서는 페더럴(federal) 또는 연합주의(confederal)적 해결방안은 지속적인 회담의 주제가 되었다. 오늘날 중동지역에 있어 서부지역 이스라엘, 동부지역 요르단, 팔레스타인이 거주하는 중앙지역이 민족 간의 대표적인 분쟁지역이다. 특히 이 지역 내에 웨스트 뱅크(West Bank) 지역과 가자(Gaza) 지역은 우리에게 낯설지 않은 이스라엘과 팔레스타인 간의 해묵은 종족 간의 분쟁지역이다. 이것과 관련하여 이미 지난 1970년대 중반에 페더럴리즘적 해결책이 제안되었으나 아직 성사를 이루지 못하고 있다. 그러나 이스라엘-아랍의 평화를 실질적으로 실현할 수 있는 문턱에 이를 수 있는 유일한 해법이 페더럴리즘적인 해결책이다. 이스라엘과 팔레스타인 간의, 또는 이스라엘, 팔레스타인, 그리고 레바논 간의 페더럴리즘적 또는 연합주의적 화해대책의 진전을 위한 제안은 이들 역내 국가들의 협력과 평화를 위한 매우 적절하고 의미 있는 국제적인 노력의 성과라고 볼 수 있다.

이스라엘은 연합주의에 관해서 논의하고 있다. 이스라엘의 상당수 사람들은 이스라엘이 점령한 가자 지역에서 정착민들의 철수를 강경하게 반대해 왔지만, 이스라엘 정부는 최근에 이스라엘인들의 반대에도 불구하고 철수를 강행시켰다. 그리하여 팔레스타인에게 가능한 한 자치권을 허용하자는 쪽으로 이스라엘 정부는 연합정책을 펼쳐나가고 있다. 이같이 이스라엘은 오랜 세월 동안 팔레스타인과 수많은 폭력과 갈등 속에서도 연합주의 방식을 통하여 이 지역에의 평화와 안정을 도모할 수 있는 노력을 아끼지 않고 있다.

이스라엘–팔레스타인–요르단 지역에서는 모든 당사자 국가들에게는 페더럴리즘적 방식보다는 연합주의적 방식이 보다 적절할 것이다. 그 이유를 살펴보면 다음과 같다. 페더럴리즘 국가(state of federation)들은 기존의 자주주권 국가를 통일하여 새로운 자주주권 국가를 형성한다. 그러나 연합국가(states of confederation)는 연합구성국가들의 항구적인 협력, 협치(shared rule)의 원칙을 준수하며 상호 독립적인 지위를 존중하는 헌정주의에 입각하여 문제의 해결을 도모한다. 따라서 관련 국가들의 국민들이 이러한 페더럴리즘적인 방식을 받아들이는 것이 무엇보다 필요하며, 또 중요하다.

페더럴리즘적 해법이 성사되기 위해서는 적어도 3가지 요건이 전제되어야 한다. 그 하나는, 페더럴리즘에 대한 의지이다. 이 전제는 모든 당사자 국가들이 그런 방향으로 나아가야 한다고 용인한 이래 점차로 성숙되고 있다. 둘째는, 페더럴리즘적 제도장치를 만들기 위한 필요성의 진실된 인식이다. 그러나 이것은 그 의지만큼이나 성숙할 수 없는 무엇이 있어 보이며, 그 페더럴리즘을 실현하려는 의지마저도 그렇게 강력해 보이지 않는다. 중동의 이들 관련 국가들은 외부적으로는 페더럴리즘적인 해결에 동의하면서도 각기 내부적으로는 정치적인 이해득실에 따라서, 권력투쟁 또는 테러를 통해서 페더럴리즘적 접근방법에 제동을 걸고 있다.

셋째 요소는, 상호 협력과 나눔을 실현할 수 있는 문화이다. 이와 관련하여 중동에서의 중요한 이슈는 우리가 이해하는 시민사회 개념의 부재이다. 시민사회의 개념이 존재하지 않는 한 중앙권력을 자치 또는 협치로 전환하는 것은 상상하기 어렵다. 이것은 민간영역과 공공영역이 존재하는 사회의 아이디어이며, 활동적인 요소이다. 공공영역은 정부영역과 비정부영역으로 나누어진다. 권력은 제도적으로 조직되며, 개인의 자유를 보장하기 위한 주요 요소로서 자치와 협치를 조화를 통해서 실현한다. 이들 요소들이야말로 서구 민주국가들에 있어서 시민사회를 구성하는 양대 요소들이다. 중동에서 이들 국가들은 의미 있는 메아리의 음성을 들을 수 있어야 한다. 만약 시민사회가 이곳에서 발전할 수 있다면, 서구사회보다 300여 년 늦게 페더럴리즘적인 해법을 통해서 중동지역의 분쟁의 벽을 뛰어넘어서 구약성서에서의 아브라함의 모든 자손들이 화해하여 이 지역, 나아가 세계의 평화와 번영을 모두 함께 실현시킬 수 있을 것이다.

Ⅵ. 한반도의 분권화, 평화 및 통일을 위한 페더럴리즘적 접근방법

1. 분권화를 통한 지역갈등의 극복

페더럴리즘은 때에 따라서는 고도로 분권화된 정부형태라고 할 수 있다. 이양(devolution)과는 달리 페더럴리즘은 중앙 정부로부터 권력을 넘겨받는 것이 아니고, 중앙 정부와 지방 정부가 각기 관할영역에 따라서 동등한 권한을 헌법에 근거하여 수행할 수 있다.

페더럴리즘은 헌법적인 수단에 의하여 중앙 정부의 권한을 제한할 필요가 있는 경우 분권화를 한층 더 강화할 수 있다. 이것은 킹(Preston King)이 언급한 것으로서 '분권적 페더럴리즘'(decentralist federalism)이라고 한다. 이것은 단일국가로부터 주권적인 영역들이 헌법적인 보호를 받는 페더럴 국가로의 전환을 의미한다. 1949년 서독이 그 대표적인 예이다. 또한 경쟁적인 유럽 강대국들의 인위적인 창설에 의한 많은 후기 식민지 국가들은 이전의 지배국가들과의 우호협력관계를 지속시킬 필요성을 경험하였다. 이를 위하여 다민족국가들은 분권화가 그 수단으로 등장한 것이다. 페더럴리즘은 해체와 분열로부터 한 나라를 지킬 수 있는 기술을 제공한 것이다.

한국은 역사적으로 봉건국가도 아니고 분권화된 지방정치의 전통도 갖지 못했다. 조선왕조(1392–1910)의 오랜 기간 동안 유교주의적 · 집권적 · 관료제적인 국가로 존속하였다. 사실, 중앙 정부의 정치권력의 집중은 철저하였으며, 조선왕조 기간의 전 시대에 걸침은 물론 일제 식민통치 기간(1910–1945)에도 변동이 없었다. 이에 대하여 헨더슨(Gregory Henderson)은 이를 두고 '소용돌이 정치'(politics of vortex)이론으로 한국을 서술하였다. 그는 특유의 구심적인 정치라고 할 수 있는 소용돌이 정치가 지난 600년간의 한국 정치의 매우 본질적인 단일의 특색이라고 하였다.

아마도 해묵은 영 · 호남 간 지역감정의 근본적인 원인은 (1) 불균형적인 지역 경제개발, (2) 과거 정부인사 채용시 특정 지역 출신에 대한 우대, (3) 과도한 인구산업의 수도권 집중에 있다 할 것인데, 이러한 지역갈등은 남한에서 쉽게 해소될 수 없을 것이다. 사실, 지역갈등은 정치지도자나 정치적으로 양식 있는 시민들, 특히 이들 양대 갈등지역에서 경제적 · 정치적인 면에서 불균등성을 극복하려는 결정적인 노력이 없는 한 악화될 소지마저 있다 하겠다. 한국은 지난 30여 년 동안 지역에 기초한 개발정책으로 인한 엄청난 대가를 이미 치렀다.

이같은 관점에서 페더럴리즘적인 사고(思考)의 채택이 실현된다면 해묵은 지역갈등을 뒤로 하고 상생(相生)을 위한 종합적인 분권화의 전망은 매우 밝다 하겠다. 그러나 페더럴리즘이 모든 국가적인 난제를 해결하는 만병통치약이나 전가보도(傳家寶刀)는 아니다. 다만 페더럴리즘은 역사적으로 많은 나라에서 지역적 · 인종적 분쟁의 해결에 가장 효과적으로 정치적 성과를 본 정책적 수단임에는 틀림없다. 이에 우리나라에서 불치(不治)의 지역갈등의 해소를 뛰어넘어 지역화합의 실현을 위해서는 종래의 중앙집권적인 정치경제 논리에서 하루 속히 벗어나 페더럴리즘적 발상의 전환과 국민적인 합의가 조속히 요망된다 하겠다.

2. 평화로의 길

한반도에서 통일을 위한 주된 조건은 무엇인가? 이 문제를 해결하기 위해 우리는 칸트의 평화이론을 상기할 필요가 있다. 그의 『영구평화론(Zum Ewigen Frieden)』(1795)의 저서가 발간된 이래 민주정치는 공화적인 체제(die republilkanische Republilk)로 인식되었으며, 공화정치체제는 2세기가 넘게 각 국에서 전체주의적 집권국가들이 일으킨 여러 차례의 전쟁과 인류의 탄압에 맞서왔다 제1 · 2차 세계대전이 그 좋은 예이다. 1950년의 한국전쟁도 그 예외가 아니다.

칸트는 국민들은 그들 정치지도자들보다 평화지향적이며, 공화정

형태는 시민들에게 정부를 견제할 권리를 부여하여 정치지도자의 호전적이고 침략적인 경향을 견제할 수 있고, 국제분야에서도 평화에 이바지할 수 있다고 생각했다. 보다 주목할 것은 칸트는 평화의 가능성이 인간의 도덕적인 진보에 의존하며, 그와 같은 진전은 공화적인 정치체제 아래서 보다 수월하게 이루어진다고 생각했다. 사실, 그는 정치와 도덕성의 조화는 가능하며, 영속적인 평화의 필요한 전제조건으로서 공화제 정부와 동일시된다고 믿었다.

남한은 평화의 행진에 동참하였다. 특히 1980년대 중반기 이후 민주주의로 향한 방향은 한국 역사로 볼 때 거역할 수 없는 추세가 되었다. 한반도에서 안보와 평화는 전 세계의 중대한 관심사가 되고 있다. 미국, 중국, 일본, 러시아와 남북한 당사자가 참여하는 소위 6자회담은 이를 여실히 증명해 주고 있다. 6자회담은 지루하게 진행되고 있지만 한반도의 평화유지에 크게 기여할 것이다. 만일 민주주의와 시장경제의 원칙들이 마지막 공산주의의 보루인 북한지역에 용해된다면 한반도는 물론 동북아시아 지역 평화의 전망은 매우 밝다 할 것이다.

3. 통일로의 행보

1990년 독일 통일은 동서냉전의 종말을 크게 장식하였다. 그러나 미소 강대국의 적대관계의 종식에도 불구하고 남북한의 분단은 지속되고 있다. 제임스 베이커(James A. Baker) 전 미국무장관은 한국을 "아시아 냉전의 마지막 빙하지대"라고 불렀다. 남북 정상화와 통일을 위해서 상호 신뢰와 이를 지킬 수 있는 의지와 이행이 남북 간에 절대적으로 필요하다. 이것은 남북 간의 노력은 물론 국제적인 협력이 요구된다. 소련연합의 변화, 유럽 통합과정 그리고 서독의 경제발전은 동서독의 통일을 가능케 만들었으며, 결과적으로 독일 통일은 유럽연합의 실현에 대한 촉매제 역할을 한 것이다.

동북아시아 지역에는 역내 국가 간의 경제협력을 위한 노력이 미약할 뿐만 아니라 정치적인 조정 노력도 부족하다. 마찬가지로 이 지역에는 공동안보기구도 결여되어 있다. 만일 남북한이 통일을 성취하기 위해서는 6자회담 참가국들의 협력과 이해가 선결되어야 한다. 바꾸어 말하면 한반도의 통일이 이들 당사자 국가들의 이익에 부합되어야 하는 것이다. 따라서 통일의 접점을 찾기 위해서 한반도의 평화, 안전과 번영이 당사자 국가들에게 상호 이익이 된다는 것을 실증시켜 나가야 한다.

한국의 통일은 서로 다른 이념과 체제를 가진 남북한의 바람직한 화해에 의해서가 아닌 북한의 정치적 변혁에 의하여 초래될 가능성도 배제할 수 없다. 다시 지적되어야 할 것은 북한에서 근본적인 변혁이 있기 전에는 통일의 실현이 어렵다는 점이다.

그러나 통일에의 여정이 불확실하고 험난할지라도 한국은 한편으로는 달려가고 다른 한편으로는 차분하게 걸어나가야 한다. 한국의 속담에 "급하면 돌아가라"는 말이 있다. 직접적인 통일정책은 간접적인 통일전략과도 보조를 맞추어 나가야 한다. 직접적인 통일정책과 관련하여 브란트(Willy Brandt)의 동방정책과 김대중 정권의 햇볕정책은 서로 비슷하다. 이 둘의 통일정책은 당사자 간에 있어서 더욱 많은 접촉, 보다 많은 대화, 그리고 보다 많은 협력에 목표를 둔 통일전략이다.

초기단계에서 동독으로부터 서독으로의 여행의 자유는 동독의 연금생활자로 제한하였다. 1960년대와 1970년대에는 약 50만 명의 노인들에게 매년 서독의 친지를 방문할 수 있도록 허용하였다. 동시에 약 1백만 명의 서독인들이 동독을 방문할 수 있게 되었다. 서독 정부는 이들 상호 방문자수를 매년 증가시켜서 1980년대 초에 이르러 그 목표 숫자를 달성하였다. 이것은 실질적으로 동독 정부에게 실질적 재정지원의 역할을 하였다. 때문에 동독 정부 역시 동독인들이 보다 많이 서독을 방문하는 것을 허용하였다.

다행히 북한의 금강산 관광사업이 시작되어 수십만 남한의 관광객들이 매년 북한지역을 방문할 수 있게 되었다. 더욱이 최근에는 북한지역의 개성공단이 남한당국에 의하여 건설되어 수천 명의 북한 근로자들이 고용되었다. 또한 남북한 이산가족의 상호 교환방문이 큰 숫자는 아니지만 지속되고 있다. 최근에는 개성지역이 남한 관광객들에게 개방되어 많은 북한의 실향민들이 이곳을 방문할 수 있게 되었다. 그러므로 통일의 전망이 밝지 않더라도 남북한 간의 불신과 혐오감은 점차로 줄어들고 있다.

통일로의 또 다른 행보는 간접적인 통일전략이다. 동북아시아의 국가들에게 시급히 요청되는 것은 유럽연합(EU)과 같은 동북아시아의 경제협력기구나 북대서양조약기구(NATO)와 같은 이 지역의 안보와 평화를 위한 기구를 창설하는 것이다. 따라서 6자회담이 발전되어 동북아시아의 전쟁위협을 사전에 방지하고 평화를 도모하기 위한 기구로 발전할 수 있기를 기대한다. 또한 이 지역은 인구가 약 15억 명에 이르러 세계 인구의 약 4분의 1이 거주하는 경제적으로 최대의 경쟁력을 자랑하고 있다.

유럽연합(EU)과 같이 동북아시아 지역은 이들 두 기구의 창설이 시급히 요망된다. 남한은 작지만 세계의 10대 산업 및 교역국가로 성장했기 때문에 이 두 기구를 창설하는 데 중심적인 역할을 할 것으로 기대된다. 만일 기대된 대로 가까운 미래에 이들 두 기구가 창설되면 일정한 요건을 전제로 회원으로 가입할 수 있도록 지원할 수 있을 것이다. 이 두 지역기구에 가입하기 위해서는 관련 국가들이 모두 회원국가의 독립과 주권을 상호 존중하는 것이다. 만일 이 조건을 전제로 북한이 이들 기구의 회원으로 가입이 되면 실질적으로 남북한의 상호교류가 자유스러워지고, 긴장완화가 이루어지며, 결국에는 동북아시아 기구를 통하여 간접적인 통일이 실현되는 것이다.

2. 스위스 연방주의와 지방 정부 – 조세자율

현재 스위스는 2천 개 이상의 자치단체와 각기 크기가 다른 25개 칸톤으로 구성되어 있다. 가장 작은 지방자치단체의 인구수는 100명이 채 안 되지만 가장 큰 지방자치단체는 취리히 시로 인구가 30만 명이 넘는다. 스위스가 유럽연합에 가입해야 하는가 하지 말아야 하는가에 대한 논의가 있고, 또한 스위스의 입장에서 유럽연합 가입에 따른 비용은 어떠할 것 같은가에 대해 논의가 있다. 이 논의에 대해 스위스에서 왜 지방자치가 실제로 잘 작동하고 있는가에 대한 일화가 있다 :

> 한 시장은 스위스의 유럽연합 가입에 대해서, 스위스도 언젠가는 가입하게 되겠지만 그 가입에 대한 비용은 단지 10스위스 프랑에 불과할 것이라 하였다. 그 이유가 무엇이냐고 물으니 그는 다음

로베르트 네프
스위스 자유연구소 소장

> 과 같이 대답하였다. "내 집무실에 이미 두 개의 휴지통이 있다. 나는 받은 우편물을 열어보고 내용을 파악하는 데 시간을 소비하지 않는다. 우편물을 받는 즉시 휴지통에 집어 던진다. 즉, 한 휴지통은 칸톤 정부에서 오는 것, 다른 한 휴지통은 베른에 있는 연방 정부에서 오는 것을 위한 것이다. 우리가 유럽연합에 가입하게 된다면 우리는 또 다른 한 휴지통이 필요하다. 브뤼셀에서 오는 온갖 조약과 규칙들을 담고 있는 휴지를 모으는 휴지통이다. 이 휴지통을 사는 데 단지 10스위스 프랑밖에 안 든다."

물론 이런 말을 하는 시장은 스위스의 유럽연합 가입에 대해 비유적으로 과장하여 말한 것으로 보이지만, 실제로 그의 자치정부의 재정자립을 감안하면 그가 왜 상부 정부로부터 오는 편지들을 무시할 수 있는가에 대한 이유를 잘 설명하여 준다고 본다. 스위스의 조세체계는 3단계로 되어 있다. 지방자치단체는 직접 납세자로부터 소득세의 1/3을 받는다. 그래서 자치정부는 "자신의 돈"을 갖고 있다. 자치정부는 따라서 지역의 공공 서비스에 지출한다. 그러나 이 돈의 지출은 납세자로부터 통제를 받는데, 이들은 바로 이 세금의 이용자이며 또한 유권자이다.

국가의 구조, 재정 또는 조세구조에 대해서 최상의 해결책(the best solution)은 존재하지 않는다. 조세수입은 다만 적을수록 더 좋다는 것이다. 우리가 현재 손 안에 가지고 있는 것들은 모두가 서로 다른 역사적인 경험에 기초한 경험들의 교환이다. 예로 미국에서 사용되는 '기적의 해결책'을 단순하게 복사하는 시대는 이미 지났다. 유럽을 포함하여 세계 국가들은 그들이 당면한 문제는 무엇이며 또한 그들이 당면한 과제를 어떻게 풀어가고 있는지를 주목한다. 가령 남아메리카에서는 우리가 당면하고 있는 문제들이 어떻게 해결되고 있는가에 큰 관심을 가지고 지켜보고 있다.

이런 것은 우리가 전문가로서 뿐만 아니라 서로 경험과 아이디어를 교환하기를 원하는 파트너로서도 가능하다. "올바른 방법"(right way)은 아이디어, 모델, 제안 그리고 실험들이 서로 경쟁하는 가운데서 발견된다.

Ⅰ. 보충성 원리 : 개념과 원리

보충성 원리는 유럽연합의 마스트리히와 암스테르담 조약에서 주춧돌로서 사용된 후 중심 개념으로 발전되었다. 모두가 보충성에 대해서 말하고 있지만 실제로 그것이 무엇을 의미하는지는 이에 대한 정확한 이해가 선행되어야 한다. 스위스가 보는 보충성의 개념은 중앙에 대한 회의에 기초하고 있는데, 이런 주장에 대해서 몇 가지 근거를 보고자 한다.

보충성의 기본 원리는 개인, 주(州) 및 사회의 기본적인 분할(division)에 기초하고 있다. 보충성의 고전적인 개념정의는 가톨릭의 사회문제에 대한 가르침에서 발견된다 : "사회나 국가의 도움 없이 자신이 할 수 있는 데까지 자신에 관계된 일은 스스로 처리하라. 사회는 다만 보충적으로만 개입한다." 이런 원리는 국가의 계층적인 구조에도 적용된다. 일반적으로 낮은 최하위, 가장 규모가 작은 기관이 책임을 져야 하며, 또한 상부로의 순차적인 권력과 업무의 이양은 이에 대한 합리적인 정당성을 가져야 한다. 즉 수직적인 체계에서 가장 낮은 하위기관이 업무를 가장 효율적으로 처리할 능력을 갖고 있지 못함을 보여주어야 한다. 따라서 다른 말로 표현하자면, 보충성의 원리는 가능하다면 개인적 또한 지방의 낮은 수준에서 먼저 정치적 · 사회적 · 경제적 해결책을 찾도록 노력해야 됨을 의미한다.

물론 이와 같은 보충성에서 언급되는 "할 수 있는"(being able to), "최소한의 가능성"(the smallest possible), "효과적 달성"(efficiently fulfil) 등과 같은 개념에 대해 좀더 정교한 설명이 필요하다. 그러므로 보충성 원리는 조건이나 효율성 정의 등에 대한 서로 다른 해석을 통해서 위험해질 수 있으며, 이는 결국 권력을 가지려는 정당화로 이용되는 경우가 많다. 집중화에 대해서는 얼마든지 많은 "좋은 이유"(good reasons)들이 널려 있다.

많은 헌법기관들과 일련의 법들은 고도의 "공평한 평등분배"를 하도록 하며, 문제가 되는 지역에 대한 지원을 강화한다. 인위적인 지지, 지역적 구조기금을 통한 재배분, 대규모의 지원 등은 중앙 정부가 무엇보다 좋아하는 기능과 역할의 일부이다. 이렇게 되면 정치는 더 많은 지원과 개입을 위해 모든 면에서 투쟁을 벌이는 상황에 빠지게 된다. 결과적으로 이는 바로 중앙 정부에 의한 모든 분배형태에 대해 회의적으로 바라보며, 특히 지역 내 수준에서 일어나는 위로부터의 분배에 대해 반대하는 이유이다. 부유한 지역의 비교적 가난한 납세자들은 빈곤지역의 비교적 부자들에 세금을 지원하며, 이는 다시금 부유한 지역에 투자된다. 이는 변두리 최저지역을 보조하는 일반 세금의 상당액수가 중앙으로 몰리는 것을 보여준다.

지역 간 재분배로 나타나는 유일한 효과는 중앙에의 지방의 의존을 강화하는 것이 되며, 지역 간의 유용한 경쟁을 억누르며 질식시키는 것뿐이다. 이 문제를 깊게 다루기 위해서는 또 다른 주제의 글이 필요한데, 여기서는 단지 문제만을 언급하는 데서 그치고자 한다.

적극적인 정책적 결정과 조치들이 실제로는 기대의 반대효과를 가져오고 있는 상황이 발생하고 있는 것을 수없이 목격한다. 보충성 원리도 자칭 더 낳은, 더 좋은 해결을 위해서 권력의 상위 이동을 정당화하는 데 종종 잘못 사용되고 있다. 최악의 상황은 고도의 집권화가 하위기관의 무능력을 이유로 사업에 대한 충분한 재정적 지원이 "정당화"되는 경우이다. 집권화된 조세체계는 명백히 칸톤과 지방 정부의 과세권을 박탈하는 것이며, 이런 허약해진 지방 정부는 자신의 사업을 하기 위해 자신이 쓸 세금을 걷는 것이 불가능하게 됨을 알게 되는 것은 당연하다. 그러므로 조세체계를 중앙집권화하면 지방 정부 사업을 집권화하는 경로는 얼마든지 열려 있다.

세금은 위로부터 걷어들이려 하면서 다만 업무만을 분산시키려 하는 것은 분명히 기묘(奇妙)한 체계이다. 그러나 이 경우에 있어서 가장 최악의 상황은 연방주의 정치체계에서 업무수행을 위해서 하위기관에의 재정교부가 중앙으로부터 인위적으로 결정되는 것이다. 그렇다면 최상의 해결책은 세금체계를 집권화하는 것이 아니며, 지출과 수입의 세금에 대해서 하위기관에 주는 것이다. 이러한 고려의 실패는 종종 보충성의 원리를 손상시킨다.

관료적이며 중앙집권적인 나라의 경우에는 보충성 원리를 매우 정교하게 적용시키며, 현재의 상황에 적응하기 위해서는 많은 변형이 필요하다. 오늘날에 이 원리를 적용키 위해 업무나 재정적인 적합성을 가진 문제들의 효과적인 처리에 있어 첫 번째로 해야 되는 일은 상위기관이 자신의 권한, 권력, 책임과 재정지원을 가능한 뿌리에 해당하는 하위기관으로 이전해야 하는 것이다. 문제가 발생하는 그 지역과 그 지역 수준에서 책임 하에 처리될 수 있도록 해야 한다. 그러나 이런 견해는 아마 어느 정도 유토피아같이 들릴 수 있다. 경쟁적 연방주의 모델을 갖고 있는 스위스의 경우 낙관적인 점도 있으나 취약점도 있다. 스위스의 예로 볼 때, 스위스는 아직 복지화와 재분배주의의 경향을 막지 못하고 있다.

사회정책을 하위기관으로 이관하는 것, 공공 서비스를 민영화하는 것이 항상 바람직하며 세계에서 최고의 것으로 통용되어 모든 곳에서 적용될 수는 없다. 자치단체, 지역, 칸톤들은 과도한 퍼퓰리즘적 민주주의를 통해 자신들의 자율권을 남용할 수 있으며, 민간기업은 또한 공공 이익을 등한시할 수 있기 때문이다. 제한된 정부의 기본 전제가 중앙 정부에 적용되는 것과 같이 이도 가능한 지방 정부에도 적용되어야 한다. "다수의 전제"(tyranny of the majority)의 형태를 허용하는 무제한의 민주주의는 한시라도 허용되어서는 안 된다.

지방자치의 수준에서 중요하게 다루어져야 할 것들은 다음과 같은 것들이며, 이는 아무리 강조해도 지나침이 없는 것들이다 : 인신 보호영장, 재산소유권, 법치주의, 자유무역, 인권의 보호, 비자의적 행동(no arbitary action), 선의에 기초한 행동(acting in good faith), "의심스러울 경우에는 자유를 위한"(in dubio pro libertate) 원리, 무죄추정원칙(in dubio pro reo), 소급법 금지 등이다.

Ⅱ. 조세의 자율 – 지역주의, 중앙집중주의

여러 업무를 위한 재정적 고려와 문제가 단순한 고려의 대상으로 그쳐서는 안 되며, 그 중요성 또한 낮게 평가되어서는 안 된다. "비용을 지불하는 사람이 곡을 신청할 수 있다"는 속담처럼 비용을 지불하는 사람이 결정하고 지배한다. 합리적인 수준의 재정적인 자율권을 갖지 못하면 결정할 범위와 수준은 극히 제한되어 있다. 이는 앞서 3개의 휴지통에 대해서 본인이 언급한 것을 상기해 보면 맞는 말이다.

이는 누구도 세금을 부담하기를 원치 않는다. 바로 많은 사회과학자들과 경제학자들은 "재정문제"(fisicality)라는 개념에 시간을 들여 숙고한다 : 역사적으로 보면 세금체계는 과거에 중요한 역할을 하였으며, 현재도 그러하다. 그런데 이에 대해서 거리에 있는 누구라도 쉽게 이해할 수 있도록 설명되지 못하는 것을 보면 이는 놀라운 일이 아닐 수 없다. 도서관이나 서점에 가면 세금절약에 대한 합법적 · 준합법적 · 불법적 방법에 대해 상세히 설명하는 도서뿐만 아니라, 국민들에게 세금을 부과하는 가장 효과적인, 그리고 가장 능률적으로 거둬들이는 방법에 대한 책들이 수없이 많다.

우리가 보통 의식하지 못하고 지나는 것은 전 세계 역사는 적어도 50%는 바로 세금체계에 관한 역사이며, 또한 역사적으로 중요한 반란과 혁명도 그 원인이 바로 과세체계에 대한 반대에서 시작된다는 점이다. 평화로운 시민사회에서는 갈등들이 법의 지배 하에서 이루어지며, 한편 개인적으로 해결해야 되는 명시적인 규칙이나 기술적인 설명이 상대적으로 적다.

만약에 중앙 정부가 실제로 꼭 필요한 일을 수행하는 데만 집중하게 된다면 우리는 상당히 많은 돈을 절약할 수 있다. 제한된 정부(a limited government)는 제한된 행정권력, 공공 서비스의 기본 수요에 대응하는 제한된 조세권력과 교부권을 말한다. 이런 방식으로 지방자치가 개인 자율권이 가져올 수 있는 것, 즉 평화로운 시민사회에서 필요치 않은 모든 영역에서 정상적인 정치의 배제를 통해서 이룰 수 있는 것을 보여준다. 이러한 프로그램은 매우 시급히 요청되는 것이다.

지방자치를 위해서 투쟁하는 것은 바로 중앙권력의 비대화에, 그리고 현재의 상태로 자신들의 존속만 관심을 갖는 재정체계에 반대하는 싸움이다.

〈표 1〉 스위스의 소득세와 재산세의 분배현황 : 1950·1980·2001년(단위 %)

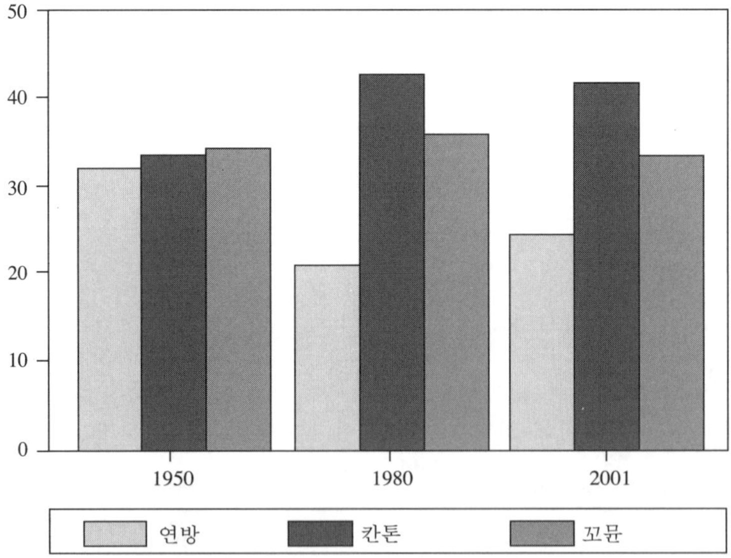

*출처 : Eidgenössiche Finanzverwaltung(2003), S. 140ff.

Ⅲ. 관심과 참여 증가 - 납세자의 결정

'납세자가 지배한다'는 원리는 진정한 민주주의의 재정원리로 받아들여져야 된다. 어느 누구도 과세의 비율과 과세의 목적에 대한 결정에 공동참여가 없이는 세금을 낼 의무가 없어야 한다. 스위스에서 보면 이 원리는 상당히 잘 적용되고 상당한 결과물들을 갖고 있다.

자율권(autonomy)에 대해서 언급되고 있는 것들을 고려해 보면 서로 다른 지역과 자치단체 간의 재분배 수준에 대한 내용이 상당히 제안되고 있다. 세금부과, 다른 의무, 거둬들인 세금의 지출범위 및 재분배의 수준도 민주적으로 국민투표를 통해 결정되어야 하며, 또한 정당성을 가져야 한다. 이런 논리적 결론에서 도출되는 민주주의 원리는 자율권에 대한 논의에서 동등하게 중요한 다른 원리를 만들어낸다 : 관심을 갖으면 갖을수록 더 관여해야 한다. 독일어 표현은 '당사자일수록 더 참여한다' (Je betroffener, desto beteiligter).

이 원리는 바로 자치원리 옹호자들의 모토이다. 많은 경우에서 이 원리는 반면에 '일인 일표' (one-man-one-vote)의 등가성의 민주원리에 반하는 경우가 있다. 등가성 원리를 규모가 큰 경우에 적용하면 완전히 다른 결과가 발생한다. 이질적인 다인종 지역에서 다수가 '일인 일표'의 원리를 가지고 어떤 소수를 압도하는 것은 너무나 쉬운 일이다. 따라서 소수는 다수보다는 오히려 '일인 일표'의 원리에 영향을 더 받는 것이다. 세금부과에서 본다면 이 원리는 특히 혼란스런 딜레마를 낳는다 : 전체 국민을 두 그룹으로 나누어 — 세금부담자와 세금소비자 — 보면 세금부담자가 세금소비자보다 수에 있어 압도당할 수 있다. 이는 만약 세금납부자가 세금소비자 그룹과 다른 지역에 산다면 심각한 문제가 발생한다. 이탈리아의 경우에 북부는 세금을 내고 남부는 세금을 소비하여 많은 문제를 수반하고 있다. 관심을 갖으면 갖을수록 더 관여한다 — "당사자 일수록 더 참여한다" — 는 원리는 우리에게 자치원리의 다른 면을 보여준다 : 대표 없이 과세 없다(no representation without taxation).

여기서 과감한 제안은 다름아니라 "특별한 지역이나 또는 스위스 칸톤, 연방 주와 같은 데서 드러나는 특별한 이해관계의 대표는 필요한 사업수행을 위해서 필요한 세금을 징수하는 비인기적인 책임성과 직접 연결되어야 한다"는 것이다. 다른 말로 표현하자면 자치단체, 칸톤 또는 연방 주는 어느 정도 재정적 자율성을 갖고 있을 때에만 살아남을 수 있다. 여기서 재정자율은 독립적이며 외부로부터 영향을 받지 않는 것을 말한다. 그러나 공공 정책을 수행하기 위해서 민주적으로 정하여진 세금을 국민들로부터 부과하는 대표를 갖는 것이 중요하다.

미국 대법원장 마샬(John Marshall)은 "과세권한은 또한 파괴권한을 포함한다"는 말을 했는데, 이 표현은 바로 모든 국가가 중요한 업무수행을 하는 데서 직면하는 가장 큰, 그리고 가장 중요한 딜레마를 보여주고 있다. 모든 정부는 공중을 대신하여 공공 서비스에 대한 책임을 가정하고 있으며, 재분배 체계를 조직한다. 과세 없이 이런 일을 할 수 있는 정부는 아무도 없다. 그러나 세금은 상당한 수준에서 높은 생산성, 좋은 긍정적인 유인책, 절약과 자선, 지속사회의 중심축들을 파괴한다. 국가업무, 지출과 수입의 조직화는 좀더 나은 투명성이 모든 정부 수준에서 달성되고, 그리고 정치체계가 이런 모든 3가지 영역에 동일한 중요성을 둘 때에 가능하다. 조직체계가 작을수록, 이해하기 쉬

울수록 이 구조는 민주주의에서 더 빠르게 성공한다. 따라서 직접민주주의를 시작하기 전에 공공 의무, 서비스, 지출을 최소화하는 것이 목적이 되어야 한다.

브랑카트(Charles Blankart)는 자치원리에 대한 그의 생각을 다음과 같이 요약하고 있다 :

> 자율의 선에 따라 세워진 국가는 종종 주장되는 자치단체의 느슨한 큰 체제(congolmerate)로 이어지지 않는다. 오히려 차별을 갖는 범위의 다양한 "연방"적 수준이 상이한 업무(different tasks)를 수행하게끔 발전한다. 그러나 모든 수준 또는 모든 "클럽"(club)은 자신의 재정 제공에 책임을 진다. 이러한 방식을 통하여 결정하는 자, 서비스로부터 혜택을 받는 자, 그들을 위해서 세금을 지불하는 자 간에 상호 협정이 이루어진다. 무엇보다 동시에 세금납세자가 되고자 하는 결정자는 없다. 따라서 제도적인 상호 균형의 형태가 이루어졌다.[1)]

재정체계는 정치와 경제체계에서 모두 중요한 영역임에도 이의 주요 역할은 반면 등한시되고 있다. 과세체계는 전체적으로 임시방편으로 매년 수정되어서는 안 된다. 고전적 · 진보주의적 목적은 재정수입의 접근을 제한하고, 국가의 범위를 감축하는 방안을 찾으며, 건전한 경제를 전체적으로 개선하는 데 있다. 세금의 부담은 따라서 과감히 제거되어야 한다. 납세자와 세금소비자 간의 재정이전 관계를 염두에

1) Charles Blankart, Public finance in a democracy (Öffentliche Finanzen in der Demokratie), 3rd edition, Munich, 1998, p. 514.

두고 다음과 같이 요약할 수 있다 : 세금소비 없이 납세 없다(No tax-eating without tax-paying). 물론 이는 세금을 지불하지 않아도 되는 모든 개개 시민들이 자동적으로 투표권리를 갖지 말아야 하는 것을 말하는 것은 아니다. 납세에서 자율권의 원리는 높은 수준에서 실현되어야 한다. 그러나 이 원리가 스위스에서도 침식되어 왔다.

연방의 조세수입 구조는 1950년대에 42%에서 1980년대에는 30%로 감소되었고, 그 이후 비교적 동일한 수준을 보여주고 있다. 같은 시기에 칸톤의 수입은 32%에서 41%로 증가하였고, 꼬뮨은 1960년대 수준에 머물러 있다. 이런 분권화된 조세체계에서 사회보장의 강화, 인구변화로 인하여 연방의 사회보장 수입이 증가하였다. 스위스의 정치체계가 비교적 제도적인 억제장치를 가지고 잘 갖추어져 있음에도 불구하고 공공 서비스가 칸톤과 연방 수준에서 중앙집권화하는 경향을 저지하지 못하고 있다.

〈표 2〉 스위스의 조세수입 구조 1950-2001

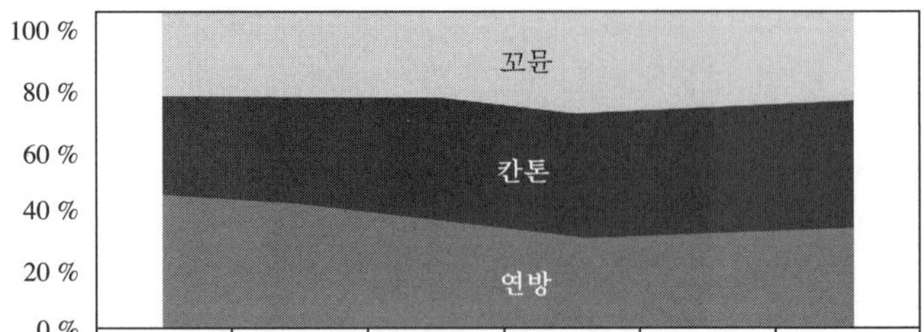

	1950	1960	1970	1980	1990	2001
꼬뮨	26	27	27	31	30	27
칸톤	32	33	39	39	39	41
연방	42	40	34	30	31	31

*출처: Eidgenössiche Finanzverwaltung(2003), S. 2f.

재정체계는 근본적인 역할이 종종 과소평가되고 있는데, 정치와 경제체계에서 최고로 중요한 영역이다. 전체 과제로서 조세체계 목적이 매년마다 임시변통으로, 다수의 개선책을 통해 주어진 해에 충분한 재원을 얻고자 하는 것이 아니다. 전통적인 자유주의적 대상은 분명하게 재정수입의 접근을 제한하며 국가의 영역을 축소하는, 그럼으로써 경제 전체의 건전성을 증진시키는 가능한 수단을 갖도록 하는 것이다. 많은 재정적인 부담은 사람 간(inter-personal), 그리고 지역 간(inter-regional) 재분배의 축소를 통하여 자치단체, 칸톤, 국가, 연방 간의 재정적 경쟁을 통해서 급속히 축소될 수 있다.

Ⅳ. 다수를 통한 자율적 조세 결정

스위스에서 조세율에 대해 직접민주주의 형식으로 결정하는 것은 다름 아닌 시민과 납세자이다. 이런 조세에서의 직접민주주의 모델을 다른 정치체계 또는 다른 지역에 바로 적용할 수 없다. 정부가 "조세권"(power to tax)을 시민의 권한으로 양도할 수 있으며 또한 넘겨주어야 하는가에 대해서는 지속적으로 의문시되어 왔다. 그러나 수직적 구조의 모든 수준에서, 즉 지방자치단체, 칸톤 그리고 연방 수준에서 다수가 세금의 수준을 결정하기 때문에 사실 정부는 과도한 세금체계와 높은 조세 수준으로 만들 수 없으며, 세 부담을 경감시켜 주지 못하면 결국 부자들은 그 지역을 떠나게 된다. 가령 스위스의 경우 가장 부유한 칸톤인 취리히의 세 부담은 26개 연방 주에서 21위를 차지하고 있다. 반면 가장 가난한 칸톤 테신(Tessin)도 하위그룹에 속하고 있다. 이는 부자 연방 주가 세금부담을 더 많이 하게 된다는 일반적인 기대에 반한 것이다.

일인 일표제 규칙은 '일인 동일과세율 체제'(one-member-one-taxrate system)에서만 작용된다. 스위스 조세의 경쟁적 체계와 그리고 모든 연방의 수준(자치단체, 칸톤, 연방)에서 직접세 수입의 배분은 실험에 대한 좋은 장을 제공한다. 이런 조세제도는 모든 면에서 완전하며, 낙관적이지는 않지만 작동하고 있으며, 스위스는 낮은 세율을 수준 높은 공공 서비스와 인프라 구조와 성공적으로 연계하고 있다.

이런 과세의 경쟁은 매우 좋은 제도이나 항시 좋은 것만은 아니며, 또한 민주주의 결정 하에서 지속하기도 어렵다. 민주주의 체제에서 모든 것은 중앙으로 향하는 경향을 갖는다. 스위스의 이런 세금체계는 부를 창출하는 자들에게 피난처가 되어주며, 스위스는 유럽의 과중한 세금부과로 인하여 이익을 볼 수 있다. 스위스에서는 부유한 사람들을 언제나 환영한다.[2] 전체적으로 스위스의 작은 국토를 감안하여 보면 스위스에는 직접민주주의의 요소가 있다. 예로 세금을 많이 내는 납세자가 다른 지역으로 이주하게 되는 것이 부자에 대한 반대 캠페인을 낳고, 또한 중앙집권적인 체제를 옹호할지 모른다. 그러나 이런 체계에서 바로 납세자가 "이주를 결정함으로써" 자신의 의사를 드러내는 것이다.

"바닥으로의 경쟁"(race to the bottom)은 실제적인 가능성보다 이론적 가능성에 대해 논의되는 것임을 잊지 말아야 한다. 아마 세금과 국

2) 본인은 이를 찬성하며 어떤 죄의식을 갖지 않는다.

가 업무를 제로(zero)로 몰아가는 경향이 나타날 수 있을 것이다. 사실 공공 인프라의 나쁜 조건을 혼자서 맡아 하는 것은 불가능하다. 그러므로 떨쳐버릴 수 없는 국가에 대한 일정 수준의 요구가 존재한다. 그리고 부유한 납세자를 고무시켜 기여를 증가하게 하는 것은, 만약에 그들이 이렇게 함으로써 어떤 구별된 대우를 받는다면 이는 극히 정상적이며 정도에 맞다.

본인이 여기서 주장하는 정치경제의 메커니즘은 단체 간, 지역 간, 그리고 국제 간 수준에서 다양한 보조금과 구조기금을 통한 인위적인 "평준화" (leveling off) 조치를 통해서 왜곡되어서는 안 된다. 자치단체 간, 그리고 지역 간 재분배는 인기가 매우 높다. 그러나 이것들은 공공 비용, 공공 수혜, 세금 그리고 그외 것들의 투명성에 기초한 건전한 세금체제에 독이다.

민주주의가 직접민주주의로 되면 될수록 그만큼 세금, 세금 사용, 공무원의 역할에 대한 논의가 이 양 측면에서 강해질 것이다. 그렇다면 성숙한 납세자는 그가 공공 서비스로부터 받는 가치와 비용에 대해 항상 감시하는 성숙한 시민과 동일하다. 그리고 이 시민은 효율성, 비낭비성, 투명성을 요구하며, 그리고 체제 내에서 어떤 불충분(deficiencies)에 대해 대응할 준비가 되어 있다.

비중앙적 조세 특성도 불이익을 수반한다. 예로 중앙집권의 "하모니"를 추구하는 체제 하에서보다 경쟁적인 틀 속에서 효율성이 최악으로 될 수 있다. 그러나 자유주의적 관점에서 보면 이른바 저개발지역에서 몇 가지 고통스런 불충분한 것들이 있으며, 불평등의 대가가 매우 클 수 있다. 다양성은 항상 불평등과 연계되어 있다. 그러나 역사가 우리에게 지속적으로 말하는 것은, 이런 낙후한 저개발구조가 종국에 가서는 가장 근대적이며 더 효율적인 것으로 변화되었고, 전체 복지에 주목할 만한 증가를 가져왔다는 것이다. 그러나 "중앙집중화"(centralisation)는 모든 관할 부문을, 모든 연방체계의 영역들을 통일시킬(unifying) 위험을 내포하고 있다는 것이다. 심지어 과학적 · 정치적 과오와 실수까지 말이다.

전통적 자유주의자, 자유시장주의자들은 진리와 그리고 구체적인 실용적 해결에서 독점을 가정하지 않는다. 그러나 그들이 옹호하는 것은 다름 아니라 많은 차별적인 작은 오류와 실수를 저지르는 경쟁 체제이다. 이런 유형의 체제에서는 비교를 통해 학습할 기회가 있다. 이는 고도로 중앙집권화된 체계보다 덜 모험적이다.

중앙집중화된 정치구조에서의 커다란 오류와 실수가 더 위험스럽다. 행함을 통해 배우며, 비교함을 통해 배우며, 위험을 감수하며, 실수를 하며, 실수를 인정함을 통해 배우는 것은 우리의 공동 목표가 되어야 한다. 단위가 작을수록 이미 이점을 갖고 출발하는 것으로 성공을 할 가능성이 더 많다. 또한 큰 치명적 실수를 피할 기회가 더 높다.

3. 독일연방주와 개혁의 필요성

> 일관성 있는 고전적 자유주의자라면 틀림없이 연방주의 정치구조를 일반적으로 지지할 것이라고 생각한다. 왜냐하면 어떠한 권위도 나누어진다면 잠재적인 정치적 억압의 범위를 제한하는 경향을 띠기 마련이기 때문이다. 미국의 경우, 중앙 정부에서 주 정부로의 권위이양을 반대하거나, 현대 유럽의 경우 개별 민족국가들에 대한 어떤 제한에도 반대하는 사람들과 단체는 이같은 주장을 통해서 개인의 자유 및 주권이 갖는 가치보다는 다른 가치를 우선시하고 있는 것이다.
>
> 제임스 부캐넌-경제학자/노벨상 수상자(1996)

자유주의적 관점에서 보면 분권화와 연방주의는 그 원리와 구체적인 기능에서 많은 장점을 갖고 있다. 첫째, 분권화와 연방주의는 인종이나 종교에 따른 차별을 최소화시킨다. 정부는 멀리 떨어져 있을수

디트마 되링
프리드리히 나우만 재단 자유연구소 소장

록 그만큼 정부의 특성이 없어지는 경향이 있고, 상호 이익추구 행위가 더 활발히 발생하게 된다. 모두에게 일괄적으로 적용되는 정책은 차별로 이어진다. 둘째, 분권화와 연방주의에서는 합의가 상대적으로 더 중요하기 때문에 개인의 자율권을 강화시킨다. 이상적으로 정부구조는 가령 모든 개개인의 동의와 같은 전체적 합의에 기반할 때 자유를 보장할 수 있다.

Ⅰ. 독일 연방주의 전통

연방주의는 독일 헌법질서의 주요 특징 중 하나이다. 최근까지 독일인들은 독일 연방주의를 본받을 만한 모델로서 간주하곤 했다. 이뿐만은 아니다. 심지어 영어권 국가에서는 자신들이 연방주의의 창조자라고 주장하는 것이 자존심의 문제라고 생각했다. 그들은 종종 독일 연방주의란 것이 제2차 세계대전 이후 공격적인 독일 민족국가의 재출현을 방지하기 위해 승전 연합국들이 만들어낸 작품이라고 추정한다. 독일은 결코 중앙집권적인 국가였던 적이 없기 때문에 이것은 사실이 아니다. 사실 12년간의 나치 지배 하 시절을 제외하고는 1949년 세워진 독일 연방공화국이 독일 역사상 가장 중앙집권적 정부구조를 가지고 있다. 독일은 9세기 샤를마뉴(Charlemagne) 대제 시절 이래로 정치구조가 매우 분권화되어 있었다. 전후의 연방주의는 독일 역사에 비춰볼 때 오히려 이전에 경험한 것 이상으로 중앙집권화된 구조를 창조해냈다. 심지어 비스마르크의 "제2제국"마저도 이보다는 더 분권화되어 있었다. 당시 상당히 주목할 만한 것은 군사적 방위가 연방이 아닌 주 정부 차원에서 조직되어 있었다는 점이다.

이런 관점에서 보면 오늘날 독일의 연방주의는 별로 특별하지도, 대단히 뛰어난 업적도 아니다. 지난 10년간 경제학자들과 공공 재정 전문가들이 시스템상의 구조적 결함에 주목해 왔다. 아무도 이들에게 귀를 기울이지 않았다. 1992년부터 연방 정부 재정부의 '독립 자문단' 은 보고서마다 이같은 결함이 가져올 결과에 대해서 경고했다. 또 다시 아무도 귀기울이지 않았다. 특히 재정부가 그러했다. 2001년에 단지 지협적인 개선만 있었을 뿐, 원칙적으로는 아무 것도 바뀌지 않았다. 그러므로 독일이 신성으로 전 세계에 연방주의 모델을 제공하고 있는지 의문이다.

몇몇 분야의 경우 1949년 이후 독일 연방주의가 여러 면에서 매우 성공적이었고, 더욱 다양한 정치문화를 창조하는 데 기여했다는 것은 사실이다. 그럼에도 불구하고 대다수의 경우에 있어서 독일 연방주의는 연방주의의 주요 목표라고 할 수 있는 연방 정부의 권력을 견제하는 데 있어서는 대부분 실패했다. 특히 사회정책과 재정이전 분야에 있어서 독일 연방주의는 오히려 중앙권력을 증가시키는 데 기여했다. 제2차 세계대전 이후 독일 연방주의가 자신의 약속을 실천하지 못한 것은 아마도 일관된 이론적 기초가 부족했기 때문일 것이다. 헌법경제학에 따르면 연방주의는 두 개의 타입으로 구분된다. 중앙집권적 연방주의와 경쟁적 연방주의가 그것이다. 현실적으로는 대다수의 국가들이 이 두 타입을 섞어서 운용하고 있다. 독일은 중앙집권적 타입으로 더 편향된 경향이 있다.

중앙집권적(협력적) 연방주의란 하위단위의 정부, 예를 들어 주

(Land)가 연방 입법에 참여하는 것이다. 이상적인 형태의 경우, 이같은 협정 하의 입법은 국가의 모든 부분에 있어서 일률적으로 될 것이다. 어쨌건 주에 속하는 조세권과 입법권이란 것은 거의 존재하지 않는다.

경쟁적인 연방주의란 주가 각각 배타적으로 입법, 조세권을 가짐을 의미한다. 아주 극단적인 경우에 있어서는 (때로는 "연방규약" 하에서의 미국, 또는 조세권을 갖지 않았던 비스마르크 시대의 독일제국의 경우처럼) 단지 주가 법안에 개별적으로 동의할 경우에만 연방 · 중앙 정부는 법률을 제정할 수 있다.

Ⅱ. 연방주의의 변화 – 협력적 연방주의 강화 문제

독일이 오히려 중앙집권적 연방주의 모델을 대표한다는 사실은 다음과 같은 결과를 초래한다. 연방주의는 각 주가 고유하게 배타적으로 권한을 보유한다는 점에서 발생하는 것이 아니라, 주를 대표하는 연방상원(Bundesrat)을 통해 연방 입법사항에 참여함으로써 생긴다. 정치경제학자들은 이같은 점이 엄청나게 중앙집권적인 경향을 생산해 왔다는 것을 듣는다 해도 아무도 놀라지 않을 것이다.

수년간 주들은 연방 정부에 유리하게끔 자신들의 권력을 포기해 왔다. 가장 최악은 이들이 모두 자발적으로 한 일이라는 것이다. 1949년 이래 대략 40번 정도 독일 헌법이 개정되었는데, 이들 대부분이 주 정부로부터 연방 정부로 권력을 이양하기 위한 것이었다. 이들 개정 중 가장 엄청난 것은 1969년에 이루어진 재정개혁이었다. 이 재정개혁은 "경쟁적 입법"원칙을 주와 연방 정부 간의 "공동 입법"원칙으로 바꾸어 놓았다. 이같은 개혁의 결과를 묘사하기 위해 심지어 당시 헌법학자들은 아무 거리낌 없이 "단일 연방국가"(unitarischer Bundesstaat)라는 터무니없는 용어를 만들어냈다. 이같은 재정개혁과 다른 모든 헌법상 개정은 연방상원(Bundesrat)의 승인이 있어야 가능했기 때문에 그같은 승인을 한 데에는 이것이 명백히 주의 이해에 부합했기 때문이다. 주는 이를 통해서 합법적으로 연방 차원에서의 재분배에 관련한 자신들의 권력을 증강시킬 것이라고 기대했던 것이다.

독일의 "협력적 연방주의"의 문제점은 언제나 정부와 야당 간의 일종의 연합이 존재한다는 것인데(가령 이 둘 사이의 합의), 특히 야당이 연방상원에서 다수를 차지하는 경우가 그러하다(콜 정부의 말기에 그랬던 것처럼). 오늘날 독일에서 연방주의는 권력분립의 이념에 기반한 것이 아니라 혼합정체의 이념에 기반하고 있다. 이것은 독일의 연방주의 전통의 상당 부분에서 단절됨을 뜻한다. 신성로마제국이나 비스마르크의 제2제국 관행에서나 이론상으로 볼 때나 [17세기 알투시우스(Althusis), 19세기 기에르케(Giercke), 그외 다른 사람들] 권력분립의 이념이 이처럼 분명하게 버려진 적은 없다.

권력분립 이념의 포기에서 초래된 결과 중 하나는 개혁이 절대적으로 필요한 시기에 있어서조차 개혁을 철저하게 수행할 수 없게 되었다는 것이다. "개혁 정체"(Reformstau)는 독일 정치를 묘사하는 유행어가 되어버렸다. 또다른 결과로는 개혁을 수행하려 할지라도 수많은 타협이 이루어져야 하기 때문에 어떤 일관성 있는 "독일식 자유주의" 경제정책도 나올 수가 없었다. 루드비히 에어하르트(Ludwig Erhard)가 현재와 같은 연방주의 체제 하에서 집권했더라면 1948년 이후 경제 기적의 기반을 형성했던 입법을 추진할 수 있었을지 정말 의심스럽다. 사실 그는 당시 미군정 하에서 활동했었다.

독일 중앙집권적 연방주의가 가지고 있는 또다른 위험은, 추측할 수 있듯이 정치과정에서 이익집단의 "이익추구 행위"의 영향력이 증가한다는 데 있다. 이같은 위험은 이미 모든 내각제에는 내재된 것이다. 중앙집권적 연방주의 체제 하에서는 주 자체가 연방 정부에 자신의 것을 요구함으로써 이익집단화된다. 그러므로 "주의 재정적 균등화"(Landerausg-leich－가령 주 간의 보상) 같은 정부 간 이전, 그리고 부담을 다른 주 및 또는 다른 단위의 정부로 전가시키는 것은 재정, 금융상의 무책임으로 이어질 수 있다. 1950년 이같은 균등화 조치가 처음 도입되었을 때는 전쟁에서 입은 피해를 보상하려는 단기적인 조치로 이해되었다. 오늘날에는 여러 차례 헌법상의 개혁 이후 주 재정의 전반적인 기반을 형성하게 되었고, 독일 공공 채무의 주된 근원이 되어버렸다.

Ⅲ. 연방주의와 재정배분 문제

오늘날의 독일 연방주의는 이와 같이 작동한다. 주는 거의 조세권이 없다. 그러므로 거의 모든 것이 조세권을 대부분 가지고 있는 연방정부 차원에서 축적된 거대한 "돈단지"로부터 재정적인 지원을 받는다. 너무 쉽게 일이 되지 않도록 돈은 연방에서 주 수준으로의 수직적인 평준화, 즉 "위에서부터 아래로" 이전될 뿐만 아니라 주 간의 수평적인 평준화가 존재한다. 가령 판매세, 소득세 그리고 영업세 같은 가장 중요한 세금의 경우, 세금별로 각기 아주 다른 분배방식으로 3개 단위의 정부(연방, 주, 지방) 사이에서 분배된다. 이같은 분배는 엄청난 복잡성을 낳게 된다. 또한 정부 간 재분배의 도구에는 항만 특혜, 인구 밀집 도시를 위한 특별 이전, 연방 적자 할당, 도시 주 특혜 그리고 수많은 다른 것들과 같은 조치 등이 포함되어 있다. 이 모든 것들로 인해서 이론상으로는 민주주의 하에서 주권을 가지고 정부를 통제해야만 하는 시민들이 재정헌법을 전혀 이해할 수 없게 되었다. 재정헌법은 전문 공무원용의 일종의 직업교육 프로그램화 성격을 띠게 되었으며, 이들만이 홀로 적어도 시스템이 어떻게 작동해야 하는지 대강 이해할 수 있다. 이 모든 것들에 좀더 양념을 치자면, 지방에서 유럽연합에 이르는 모든 단위의 정부 간 프로젝트용으로 수많은 "혼합식" 공공 재정 지원이란 것도 있다. 이렇게 함으로써 모든 것이 완벽하게 이해 불가능하게 된다.

왜 연방주의 체제가 이런 식으로 모두 퇴화되어 버렸는가에 대한 이유 중 하나는 주의 생활조건에 있어 가치의 "획일성" 또는 "동등성"을 언급하고 있는 기본법(헌법) 제72조의 두 번째 문단과 106조의 세 번째 문단을 너무 느슨하게 과대 해석한 탓에 있다. 원래 이들 문단은 단지 헌법에서 보장된 기본권들이 지켜지도록 담보하기 위한 것이었다. 오늘날 이들 조항은 필요 이상으로 재분배를 촉진하는 정책을 정당화하는 데 쓰인다. 이로 인한 몇몇 결과는 지적할 필요가 있다.

첫째, 훌륭한 경제정책을 통해서 매우 건전한 공공 재정을 이뤄낸 주의 경우, 이같은 건전성에서 어떤 이득도 볼 수가 없다. 대략 일인당

수입 평균치에 해당하는 고정 조정비율 (Ausgleichsmeßzahl) 이상의 그 어떤 잉여분(가령 수입)은 점차적으로 압류된다. 오늘날 그러하듯이 평준화 정책 이전의 경우, 가장 수입이 높은 주의 "상대적 재정능력"과 가장 수입이 적은 주의 상대적 재정능력 간의 차이가 약 62%였다면 이제 평준화 정책 시행 이후 이 격차는 5%로 줄어들었다.

둘째, 독일 경제연구소가 산정한 바에 의하면, 이 평준화 정책의 평준화 효과가 너무 강력해서 각각 부가적인 1마르크의 소득세 수입 중에서 주에 남아 있는 것은 단지 8페니히(자란트)와 15페니히(노르트라인 베스트팔렌) 사이 정도에 불과하다. 그러나 모든 경우에 있어서 이 1마르크의 부가적 소득세 수입 중 15페니히는 다시 지방 공동체 단위로 이전되어야 하므로 16개 주 중 12개 주의 예산은 수입이 증가할수록 돈이 줄어들게 된다. 정말로 부조리한 상황이다.

셋째로, 전적으로 주에만 배분되는 이같은 세금들(가령 지방단위와 나눌 필요가 없는 돈들)만 봐도 놀랍게도 이같은 평준화 효과는 더 드라마틱하다. 1990년대 말, 1마르크의 부가적인 수입 중 최대로 많이 주의 예산에 남아 있었던 돈은 겨우 21센트에 지나지 않았으며(노르트라인 베스트팔렌의 경우), 브레멘의 경우는 심지어 겨우 0.5센트에 불과했다. 이런 상황이 정치적 행위에 어떠한 영향을 미칠 수 있는지 상상해보라. 사실상 어떤 주의 정치인들에게도 자신들의 지역의 장기적인 경제 전망에 특히 신경을 써야 할 유인이 없었다. 정반대로, 어떤 추가적인 노력은 오히려 벌을 받았다. 즉, 어쨌건 수입은 오히려 평준화 정책에 의해서 잃어버리게 되는 것이다. 예를 들어 경제성장을 촉진한다거나 산업구조를 현대화한다든가 하는 노력을 하지 않으면 오히려 보상을 받았다. 여기에 결정을 이루는 것은 이 모든 것 외에도 "정치적 리더십 비용"(Kosten politischer Fuhrung)에 대한 특별 연방 할당이 특히 과도하게 부풀려진 관료적 행정기관에 프리미엄까지 더해주고 있다는 점이다.

그러므로 당연히 모든 주의 경제장관이 가장 관심을 둘 것이라고 생각하는 세수입의 근원을 보존하는 것마저도 종종 태만시된다. 지난 연방 선거 때까지 현 연방 재정부 장관(정말로 나쁜 징조다)에 의해 운영되어 온 자란트의 예를 들어보자. 어떤 분야에 있어서는 주 정부가 걷어들일 수 있는 세금의 단지 50%만이 실질적으로 징수된 것으로 추정되었다. 자유주의 관점에서 볼 때, 물론 세금을 징수하지 않으려고 하는 징부 사체로는 전혀 문제될 것이 없다. 그러나 이같은 상황 등으로 인해 생기는 예산상의 갭이 언제나 다른 주의 납세자들에 의해서 자동적으로 채워짐으로써 이들 주의 부가 빠져나간다고 할 때는 매우 파괴적이다.

이런 식으로 해서 자란트의 경우처럼 주 정부는 낮은 세금제도를 만들어냈다고 자랑스럽게 으시대는 동시에 경쟁을 통해서 현대화하려는 데는 관심이 없는, 과도하게 보조금에 의존하는 낡고 비효율적인 경제를 갖게 되었다. 동시에 이렇게 함으로써 의존적인 사회-민주적 유권자(대다수가 석탄 광부) 고객층을 유지할 수 있었다. 이같은 모든 것으로 인해서 몇몇 정치인들의 삶은 매우 편해졌다. 이같은 행동이 아직은 예외적이긴 하지만, 우리가 경제-재정 정책상에 옳지 않은 형태의 인센티브를 만들어낸 것은 자명하다.

민주주의 체제는 그 자체로는 이같은 체제의 결함에서 비롯되는 남용을 견제할 수 없다. 연방 재정 규정의 복잡성과 불투명성으로 인해 다양한 단위의 정부(연방, 주, 지방 정부)상에서 유권자들은 자신들의 결정의 토대가 되는 책임을 이해할 수 없게 된다. 이런 현상은 다시 정치체제에 있어서 소수의 이익집단과 로비가 성행할 수 있게 부채질하며 민주주의를 약화시킨다. 우리는 실제로 주 의회의 중요성이 계속해서 감소하고 역할이 약화되어 가는 속에서 이같은 현상을 볼 수 있다. 오늘날 주 의회의 주된 역할이란 연방 차원이건 주 집행부 간의 협정을 통해서건 간에 다른 주체가 내린 결정에 대해 확인하는 데 있을 뿐이다.

Ⅳ. 연방주의 개혁과 방향

프리드리히 나우만 재단은 "세계의 경제적 자유"(Economic Freedom of the World)에 관한 보고서를 발행하고 있다. 이 보고서는 전 세계 119개국에 있어 경제적 자유의 정도를 분석, 이를 경제성장과 연관시키는 비교연구이다. 이같은 연구는—언론의 대다수 정치 평론가들의 상식적인 분석과 마찬가지로—독일의 시장경제가 분명하게 쇠퇴하고 있음을 보여준다. 확실하게 말할 수 있는 것은 이 쇠퇴의 이유 중 하나가 오늘날 독일의 연방주의 형태에서 비롯되었다는 것이다.

그렇다면 무엇을 할 수 있는가? 그 답은 "독일의 연방주의는 개혁되어야 한다"라는 것이다. 이를 위해서는 해석이 왜곡될 수 있는 여지를 거의 남기지 않도록 헌법을 매우 엄격하게 해석해야 한다. 독일 예에서 보듯이 연방주의의 경쟁적 측면은 재분배적 이해관계에 의해서 잠식될 가능성이 매우 높다. 연방주의를 어느 정도 연방 정부 구조에

의 참여수단으로서만 인식할 때 이같은 경향은 증가한다. 이같은 경향을 뒤집기 위해서는 "보충성 개념"을 더 뚜렷하게, 거의 모든 정책 영역에 있어서의 주의 배타적인 주권으로서 재정의내려야 한다. 이것이 나우만 재단이 전 연방 경제장관인 람스도르프 경의 리더십 아래 얼마 전 발표된 4개의 마니페스토를 통해서 한 일이다. 이들 공약은 연방주의 개혁문제를 정치의제로 크게 부각시켰다. 공약에서 제시된 주된 제안들은 이제 광범위하게 논의되고 있다.

- 다른 수준에서 정부들 간의 배타적인 관할 혹은 권력("Trennsystem"–혼합된 참여형 권한 대신에 "분립체제")
- 각 단위별(연방, 주, 지역 차원) 입법권과 조세주권 간의 상관관계의 복원(예를 들면 "입법주체가 또한 그 입법의 대가를 지불해야 한다"는 원칙)
- 연방 정부는 조세평가를 위한 기본적인 법적 틀을 제공하는 데 그쳐야 한다(조세 경쟁을 더 투명하게 만드는 것 같은 틀).
- 가능한 많은 권력이 배타적으로 가장 하위단위에게 주어져야 한다(보충성).
- 수많은 부문 간 이전은 단일 연방 긴급 기금으로 축소되어야 하는데, 이는 주 정부가 자신의 기본적 헌법상 책무를 완수하지 못하는 경우에만 이전이 가능하다.

많은 나라에서—이탈리아, 영국, 캐나다, 폴란드, 러시아 그리고 더 많은 세계 각 국의 나라들— 분권화에 대한 논의가 있다. 거대하게 확장된 민족국가—그리고 특히 복지국가 형태—가 언제나 우리 시대의 경제적 · 사회적 문제에 대한 가장 적합한 해결책이 되는 것은 아닌 것 같다. "세계화"의 시대에 있어서는 더 유연한 정치적 구조가 필요하다. 우리는 아르헨티나의 예를 통해 이러한 것을 이미 목격했다. 즉, 소모적이고 제대로 조직되지 못한 연방주의가(독일의 경우보다 더 심각한 형태) 현재 위기의 진짜 원인이라는 것을 말이다. 그러므로 독일 연방주의를 비판하는 것은 연방주의 그 자체를 겨냥한 것이 아니라, 오히려 독일에 있어서 더더욱 진정한 연방주의에의 요청이다.

4. 연방주의와 한국의 지방분권

1987년 제9차 개정헌법은 국민의 열화와 같은 민주화 운동에 힘입어 탄생하였다. 한국 헌정사에 있어서 여야가 헌법개정을 위하여 위원회를 구성하고 합의에 도달하여 개정안이 처리된 것은 처음이었다. 동 개정안은 국회를 통과하고 곧 이어서 국민투표에 회부되어 압도적 지지를 받으며 통과되었다. 그리고 4번에 걸친 대통령 선거가 있었고, 이제 민주화의 완성을 눈앞에 둔 공화국이 되었다.

참여정부는 출범 초기부터 지방분권을 위한 혁신위원회를 구성하여 지방자치 시대에 있어서 지방자치제도의 완전한 정착을 통하여 민주화를 완성하고 우리 사회의 고질적 병폐였던 지역구도를 깨뜨리기 위한 작업을 해왔다. 벌써 2년이 넘는 시간 동안 지방분권을 위한 작업은 상당히 괄목할 만큼 진전되었다. 그러나 2004년 소위 신행정수

김상겸
동국대 법대 교수

도특별법의 시행과 함께 추진되던 지방분권화는 헌법재판소에 의한 동 법의 위헌결정으로 제동이 걸렸다. 그렇지만 수도권에 집중된 기능의 분산을 위한 정부의 노력은 행정복합 도시의 건설로 이어지고 있으며, 국공립기관의 전국 분산화를 추진하면서 가속되고 있다. 물론 관련 법에 대한 헌법소송으로 정부가 추진하고 있는 각종 분권화 작업의 장래는 아직 확실하지 않다.

우리 현행 헌법은 국가의 형태를 명문으로 규정하지는 않고 있다. 그렇지만 헌법을 들여다 보면 민주공화국인 우리나라의 국가형태는 단일국가라는 것을 알 수 있다. 헌법의 규정은 정부의 형태를 대통령을 수반으로 하는 중앙 정부만 규정하고 있을 뿐이다. 다만 지방자치제도를 규정하여 지방자치단체와 지방의회의 구성을 허용하고 있다. 지방자치단체는 제한된 범위 내에서 입법권과 행정권을 행사하고 사법권은 독자적으로 행사할 수 없다. 이런 헌법의 태도는 우리나라가 연방국가가 아닌 단일국가로서 지방자치제를 통하여 권력분립원칙을 운용하고 있음을 보여주는 것이다.

우리의 역사에서도 우리나라는 한번도 연방국가로서의 국가형태를 가진 적이 없다. 연방국가의 전통을 가지지 못한 국가에서 연방국가화는 국가의 정체성 자체를 근본에서부터 변경하는 것으로 어려운 일이다. 우리의 경우 북한과의 관계에서 통일이란 민족의 과제 앞에서 통일을 위한 전 단계로 북한이 주장하였던 연방제가 있지만, 그 내용이 연방제의 구성요건을 전혀 충족시키지 못하는 것이기에 고려의 대상이 되지 못한다. 더구나 남북한 간의 통일에 대한 목표나 방법이 전혀 다르다는 점에서 연방제 논의는 전혀 다른 성격을 갖으며, 논의에 한계를 갖는다. 그렇지만 지구상의 상당수 국가가 연방제를 취하고 있다는 점에서 연방제 자체는 부정적인 국가형태라 볼 수 없다.

21세기에 들어오면서 국가 간의 경쟁은 날로 치열해지고 시장의 세계화로 인한 단일시장화는 향후 경제로 인하여 국가의 명운이 결정된다는 것을 보여주고 있다. 이런 상황에서 우리는 분단국가라는 한계와 오랫동안 고질적으로 내려온 지방 간의 갈등으로 인하여 국가의 균형발전과 선진국으로의 진입은 지방분권화로만으로 해결하기는 어려울 것이다. 그래서 우리에게도 지방분권을 넘어서 연방제의 도입이 가능한지 여부에 대한 검토의 필요성이 제기된다. 본 글에서는 우선 연방주의에 관한 기본적 검토와 현행 헌법을 근거로 지방자치 및 지방분권에 대하여 고찰하고, 연방제 도입 가능성과 국가의 균형발전을 위한 지방분권화에 대하여 검토하고자 한다.

Ⅰ. 연방주의와 권력분립원칙

1. 권력분립원칙과 법치국가

17세기 이후 영국과 유럽대륙에 불어닥친 시민혁명은 군주주권의 시대를 국민주권의 시대로 변화하게 만들었다. 국가권력을 장악한 시민은 근대 입헌주의 헌법을 통하여 시민사회를 정착시키려고 노력하였다. 집중된 국가권력이 시민의 자유와 권리에 얼마나 커다란 위협이 되는지 익히 알고 있던 시민세력은 국가권력의 분할과 권한의 배분을 위한 권력분립의 원칙을 도입하였다. 로크와 몽테스키외에 의하여 이론화되었던 권력분립원칙은 1789년 프랑스의 인간과 시민의 권리선언 제16조에 "권리의 보장이 확보되어 있지 않고 권력의 분립이 규정되어 있지 아니한 모든 사회는 헌법을 가지고 있지 아니하다"라고 실정화되었다. 이후 권력분립원칙은 헌법상의 핵심적 원칙으로 자리잡게 되었다.

권력분립의 원칙은 우리 헌법에 명문의 규정을 두고 있지는 않으나 개별 조항을 통하여 구현되고 있다. 현행 헌법은 개별적으로 제40조에 입법권, 제66조 제4항에 행정권과 제100조 제1항에 사법권, 그리고 제111조에 헌법재판소의 지위와 권한 등을 규정함으로써 권력분립의 원칙을 천명하고 있다. 또 이와 관련하여 국가권력의 법기속성은 개별 조항을 통하여 찾을 수 있다. 즉, 입법작용의 헌법과 법기속성은 규범통제조항(제107조 제1항, 제111조 제1항 제1호)을 통하여, 사법작용은 헌법과 법률에 기속되며(제103조), 행정작용은 법률적합성, 즉 합법성의 원칙(제107조 제2항)과 국가기관의 조직과 직무에 대한 법률주의(제96조, 제102조 제2항) 등으로 통제된다. 헌법은 기본권 보장을 위하여 기본권 규정과 함께 국민의 권리를 보호하기 위하여 사법절차적 보장을 규정하고 있다(제12조, 제27조, 제101조, 제103조, 제109조, 제111조 제1항).

근대 시민사회의 발전은 자유주의와 민주주의의 발전과 함께 더욱 가속되었다. 특히 19세기 이후 세계 각 국은 형식적이든 실질적이든 그 효력을 불문하고 헌법을 제정하여 국가의 최고규범으로서 헌법을 정점으로 하는 법체계를 구축하였다. 양차 세계대전을 경험으로 한 인류사회는 20세기 중반 이후 헌법의 규범력을 강화하는 여러 규정을 헌법에 두고 헌법의 우위를 원칙으로 하는 실질적 법치국가를 형성하였다. 법치국가는 권력분립과 국민의 대표기관에 의하여 제정된 법률이라는 조건을 갖춘 헌법국가를 전제로 한다. 또한 법치국가라는 이념은 국가권력의 구속과 제한, 개인 자유의 보장을 핵심으로 한다.

우리의 현행 헌법은 헌법재판소를 설치하여 헌법의 최종 해석권을 부여하고 있으며, 법치국가의 핵심인 기본권의 보장과 권력분립, 국가권력의 헌법에 대한 기속 등을 기본으로 하여 사회적 정의와 법적 평화의 실현을 목표로 하고 있다. 법치국가 원리를 구성하는 헌법규정은 총체적 국가생활에서 기준과 형태를 부여한다. 법치국가에서 법은 핵심으로서 임의적이 아닌 이성, 정당성, 정의의 관념에서 도출된 내용을 담고 있기 때문에 법 우선(Primat des Rechts)의 원칙이 국가생활을 지배한다. 즉, 법의 지배나 법률의 지배는 인간의 자의적 행사를 막으며, 국가권력의 헌법과 법기속은 평등과 법적 안정성에 최소한의 기준을 세움으로써 법적 영속성(Rechtsewigkeit)을 형성시킨다. 국가 공권력은 궁극적으로 인간의 존엄과 가치에 대한 보장을 목표로 행사되어야 한다. 법치국가는 기본권 보장과 권력분립의 두 요소에 의하여 자유와 평등, 정의를 보호한다.

2. 연방주의와 권력분립원칙

(1) 국가형태에 있어서 연방국가

국가형태는 국가의 조직형태와 기본적 가치질서에 의하여 사회적 공동체가 정치적 일원체로 통합되는 것을 기준으로 하는 국가의 유형을 말한다. 과거 국가형태는 군주국과 공화국으로 나뉘어졌지만 현대에 오면서 국가형태는 단일국가, 연방국가, 국가연합 등으로 구분하고 있다.

먼저 단일국가는 통치권이 중앙 정부에 부여되어 있는 국가로 중앙 정부가 의회에서 제정된 법에 의하여 지방 정부에 권한을 부여하는 국가형태이다. 단일국가는 지방 정부에 부여하는 권한위임의 범위에 따라 중앙집권적 국가와 지방분권적 국가로 구분할 수 있다. 오늘날 대부분의 국가는 단일국가로 우리나라 역시 이에 속한다. 우리나라는 1990년대부터 지방자치를 실시하면서 지방분권적 단일국가로 변모되었다.

그 다음 국가연합은 오늘날 지구상에서 거의 자취를 감춘 국가형태로 각자 주권을 보유하고 있고 독립된 군대도 가지는 국가들 간의 연합형태로 주로 연방국가로 가기 전의 잠정적인 형태였다. 예를 들면 미국은 1776년부터 1789년 연방 정부가 수립되기 전 13개 주가 연합규약에 의하여 국가연합 형태를 취하였다. 또한 독일은 1815년 빈협약에 의하여 오스트리아, 프로이센, 바이에른 등 39개의 제후국가들이 각자 독립성은 유지한 채 독일연방(Der Deutsche Bund)이란 연합국가를 구성하였었다. 그외에 20세기 말 구소련이 해체되는 과정에서 잠시 국가연합 형태인 독립국가연합(CIS)으로 존속되었었다.

그런가 하면 연방국가는 자주적인 조직과 권한을 가진 2개 이상의 지방국가로 구성된 국가를 말한다. 연방국가는 분할된 지방국가들이 결합되어 대외적으로 단일주권을 행사한다는 점에서 단일국가와 같지만, 각 지방국가들이 극히 제한된 범위 내에서 국제법상의 능력을 인정받는다는 점에서 차이가 있다. 연방국가에서는 국방과 외교 등 전 국가적으로 행해야 하는 사항은 연방 정부(중앙 정부)의 권한이고, 교육, 보건, 가족 등에 관한 것은 지방 정부의 권한에 속한다. 연방국가에서는 연방헌법에 근거하여 중앙과 지방 간에 권력을 분점하면서 정치권력이 분할되어 있다. 오늘날 연방국가는 독일과 미국을 필두로 하여 러시아, 스위스, 오스트리아, 캐나다 및 말레이시아 등 상당수에 이른다.

〈표 1〉 국가연합과 연방국가의 차이점

	국가연합	연방국가
헌법의 존재	각국의 독자헌법	통일된 단일헌법
의회	연합의회	양원제의회
통치권	조약	통치권의 분할
법원	부존재	연방 최고법원

(2) 권력분립원칙과 연방국가의 구조

연방국가는 복수의 독립한 국가가 헌법적으로 결합하여 하나의 국가를 형성한다는 점에서 특징을 갖는다. 즉, 연방국가는 지방국가들이 국가적 성격을 갖고 있음에도 불구하고 대외적으로 하나의 독립국가로서 나타난다는 점이다. 연방국가는 일정한 범위 내에서 독립성을 갖고 있는 지방국가들로 구성된다는 점에서 일찍이 그 구조에 관한 이론이 구축되었다. 연방국가의 구조에 관한 이론은 초기에 삼원적 구조론으로부터 출발하여 이원적 구조론으로 변천해 왔다.

먼저 삼원적 구조론은 연방국가란 지방과 연방, 그리고 지방과 연방을 합쳐 전체를 이룬 전체국가의 3원적 요소로 되어 있다는 것이다. 이는 연방과 지방이 대등한 관계에 있고 이를 아우르는 전체국가라는 상위의 조직이 존재한다는 이론이다. 이 이론에 따르면 연방기관은 지방을 위한 국가작용을 할 수 없으며, 전체국가의 기관과 연방의 기관은 구분된다고 본다. 그러나 전체국가의 기관과 연방의 기관을 구분한다는 것은 현실을 무시하는 것으로 현대 다원화된 국가기능이라는 점에서 볼 때 효과적 국가기능을 이끌어낼 수 없는 문제가 있다.

이에 반하여 이원적 구조론은 연방국가란 연방과 지방의 이원적 구조로 이루어진 국가로, 지방국가들의 결합으로 연방국가가 성립되고 연방기관은 전체국가의 기관을 의미한다는 점에서 연방과 전체국가는 동일하다는 것이다. 이 이론에 따르면 연방은 연방헌법이 정하고 있는 범위 내에서 지방국가들보다 우위의 입장에서 권한을 행사하고, 그 입법활동을 통하여 지방국가의 권능을 조정할 수 있는 권한을 갖는다. 따라서 연방과 지방의 관계는 기능적 측면에서 연방이 우위에서서 지방에 영향력을 행사하는 구조로 이루어진다.

연방국가는 국가권력을 입법, 집행과 사법 등 수평적으로 분할하면서 이를 다시 연방과 지방 간에 수직적으로 분할함으로써 권력분립의 원칙이 최대한 적용된다. 연방국가는 권력분립을 수평과 수직으로 입체화하여 그 효과가 극대화되도록 하고 있다. 이러한 연방국가의 권력분립은 연방국가의 구조를 더욱 정당화하는 근거가 된다. 정치적 측면에서 연방국가는 연방 정부와 연방 의회를 지배하는 정치세력과 연방참사원(상원)을 지배하는 정치적 세력이 동일하지 않을 경우 수평적 권력분립의 효과는 더욱 뚜렷하게 나타날 수 있다는 점에서 단일국가의 권력분립과는 다르다고 할 수 있다.

II. 지방자치와 지방분권

1. 지방자치제의 의미와 내용

지방자치는 일정 지역의 단체 또는 주민이 자치권에 기초하는 자치권력에 의하여 당해 지역에 고유한 자치 사무와 국가위임 사무 등을 자기 책임에 따라 실현하는 제도라고 할 수 있다. 지방자치는 민주주의에 있어서 핵심적인 요소로 현내 사회에서 정치적 다원주의를 실현하는 제도적 장치이며, 지방의 공동 관심사를 자율적으로 처리하면서 주민의 자치역량을 배양하여 국민주권과 민주주의를 실현함을 목적으로 하는 정치제도이다. 지방자치는 헌법에 국가의 기본 제도로서 규정되어 중앙 정부와의 기능적 교차관계를 통하여 국가영역에서도 실현하는 기능을 한다. 또한 지방자치는 주민의 자치권을 중심으로 하는 민주주의의 실현 기능과 자치단체의 자치권력을 중심으로 하는 법치주의의 실현 기능을 가지고 있다. 나아가 지방자치는 지역에 근거하여 주민의 선거로 구성된 의회를 통하여 대의제 민주주의를 구현하며, 지방 관련 정책의 결정에 있어서 중앙 정부의 국가권력과 교차관계에 의한 분권화를 추구한다.

지방자치는 지역주민의 자치권을 중심으로 발전해 온 정치적 성격의 주민자치와 자치단체의 자치권력을 중심으로 지방분권 사상에 기초하는 단체자치의 유형으로 발전해 왔다. 우리는 1948년 건국헌법에서부터 지방자치제도를 규정하고 지방자치법을 제정하였고, 지방의회를 구성하여 지방자치제도를 운영하였다. 1961년 군사 쿠데타에 의하여 지방의회가 해산된 후 1980년 헌법에 이르기까지 지방자치제는 휴면상태에 있었다. 그러다가 1987년 헌법이 제117조와 제118조에 지방자치제도를 명문화하고 지방자치법을 정비하면서 1991년 지방의회의 구성을 시작으로 지방자치제도가 부활되었다.

현행 헌법에 의한 지방자치제도는 지방자치단체의 자치권을 제도적으로 보장하고 있다. 지방자치에 관한 헌법의 규정은 법령의 범위 내에서 자치입법권을 인정하여 국가권력에 의하여 승인된 전래권뿐만 아니라, 주민의 복리에 관한 사무를 스스로 처리하는 고유권으로서의 성격도 인정하고 있다. 또한 헌법은 자치고권에 전권능성을 인정하여 자치단체 구성권, 자치 사무권, 자치기능권 등 권능도 인정하고 있다. 이렇게 우리 헌법은 지방자치제도를 제도적 보장의 틀 속에서 그 근간을 보호하고 있다.

2. 지방분권과 국가의 균형발전

(1) 지방분권의 기본 이념과 개념

분권화는 집권화에 대응하는 개념으로 국가의 의사결정권이 하나의 정치조직에 집중되지 아니하고 수직적인 관계에 있는 각 정치단위에 분산되는 정치조직 원리이다. 분권화와 집권화는 조직적 관계의 존재를 전제로 하는 개념으로 양자는 중앙 정부와 지방자치단체의 관계에서 명확하게 나타난다. 한 국가에 있어서 정책결정권과 업무가 중앙 정부에 집중되어 있고 지방자치단체가 중앙 정부의 하부 집행기관으로 존재한다면 중앙집권적이라 할 수 있고, 지방자치단체에 중요한 결정과 업무가 이전되어 있는 국가형태는 지방분권적 국가라고 할 수 있다.

지방분권은 국가권력을 중앙 정부에 집중시키지 않고 지방 정부에 분산시키는 정치원리로서, 중앙 정부와 지방 정부 간 역할분담에 있어서 지방 정부에게 역할의 중점이 주어지도록 하는 정부 간의 역할배분의 원리를 말한다. 지방분권은 중앙집권적 권력체계가 요구하는 획일성 대신에 사회구성원들의 생활욕구의 다양성을 충족시키는 것이 중요한 목표이다. 그래서 지방분권은 외형적이고 통계 중심의 양적 성과보다는 개별화된 욕구에 초점을 맞추는 질적 만족을 추구한다.

우리나라는 지방자치제의 활성화 이후 지방분권을 추진하고 있다. 우리나라의 지방분권은 중앙에 집중되어 있는 권한의 이양과 국가의 관여를 최소화하는 중앙 정부에서 자치단체로의 권한이양을 넘어서 수도권에 집중되어 있는 자원과 시설을 비수도권으로 분산하는 분권적 분산체제의 성격을 띠고 있다. 그렇지만 지방분권특별법 제2조는 지방분권을 “국가 및 지방자치단체의 권한과 책임을 합리적으로 배분함으로써 국가 및 지방자치단체의 기능이 서로 조화를 이루도록 하는 것”이라고 정의하여 단지 분권의 개념을 국가와 지방자치단체의 권한배분이나 사무배분에 초점을 맞추고 있다.

(2) 지방분권의 헌법적 근거

현행 헌법은 제117조와 제118조를 통하여 지방분권에 헌법적 근거를 제시하고 있다. 지방자치제를 헌법에 규정하여 운영하고 있는 우리에게 지방분권은 우리 사회에 고질적 문제인 중앙집중을 완화하고 지방의 균형발전을 통하여 국가 균형발전을 도모하는 데 있다. 헌법 전문은 국민생활의 균등한 향상을 선언하고 있으며, 헌법 제119조 제2항은 균형 있는 국민경제의 성장과 안정을 위한 국가의 의무를 규정하고 있다. 나아가 헌법은 제120조 제2항에 국토와 자원의 균형 있는 개발과 이용을 위한 국가의 의무를 명문화하고 있으며, 제122조는 국토의 효율적이고 균형 있는 이용과 개발 및 보존을 위한 국가의 책무를, 제123조 제2항은 국가에게 지역 간의 균형 있는 발전을 위한 지역경제 육성의 의무를 지우고 있다. 따라서 헌법은 국토의 균형발전과 지방분권을 위한 국가의 의무를 명문화하고 있다.

(3) 지방분권화의 전개과정

2003년 참여정부가 출범하면서 지방분권을 강력하게 추진하기 시작하였다. 그렇지만 지방분권화 작업은 참여정부에서 처음 시작한 것은 아니고, 지방자치가 부활하면서 중앙행정기관의 권한과 사무에 대한 지방이양 논의가 계속되었다. 1991년 지방의회가 구성되면서 구 총무처에 최초의 지방분권 추진기구인 '지방이양 합동심의회'가 설치되어 운영에 들어갔다. 그러나 동 기구는 비법정기구였기 때문에 체계적인 지방분권 작업이 이루어질 수 없었고, 지방분권화는 답보상태에 있었다.

1999년 지방분권을 확실하게 추진하기 위하여 중앙행정권한의지방이양촉진등에관한법률을 제정하여 2000년 '지방이양추진위원회'를 설치하였다. 과거와 달리 법적 기구인 지방이양추진위원회는 다른 방식으로 사무배분을 추진하면서 점차 성과를 나타내기 시작하였고, 2001년 9월까지 제1기 위원회를 거쳐 2003년 9월까지 제2기 위원회를 성공리에 마쳤다. 참여정부에 들어와서 '정부혁신 · 지방분권위원회'가 대통령 직속 자문기구로 설치되면서 2004년 제3기 지방이양추진위원회도 출범하는 등 명실상부한 분권형 선진국으로 발돋움하기 위한 작업이 지속되고 있다.

Ⅲ. 지방분권과 연방제 수용가능성

1. 수직적 권력분립과 연방제

오늘날 권력분립의 원칙은 단지 권력의 분리에만 있는 것이 아니라 분리된 국가권력이 각자 독립된 권한을 가지고 그 기능을 행사하면서 국민의 자유와 권리를 위하여 효율적으로 기능해야 한다는 것을 의미한다. 그런 점에서 전통적 관점에서 권력분립인 입법, 집행(행정), 사법 등과 같은 수평적 권력분립인 소위 삼권분립뿐만 아니라, 중앙 정부와 지방 정부 간의 수직적 권력분립도 권력분립원칙에서 중요한 내용이 된다.

수평적 권력분립은 중앙 정부 내에서의 권력분립이기 때문에 각각 독립성을 기초로 한 권력 간에 대등한 관계가 이루어진다. 그렇지만 중앙 정부와 지방 정부 간에 이루어지는 수직적 권력분립은 그 자체 어느 정도 종속성을 내포하고 있다는 점에서 수평적 권력분립과는 차이가 있다. 즉 수평적 권력분립에서 입법과 집행, 사법은 각자 고유한 기능을 갖고 있으면서 견제와 균형을 이루려고 하나 수직적 권력분립에서는 지방 정부는 중앙 정부에 의하여 위임된 권한과 자신의 고유한 권한을 통하여 독립성과 종속성의 이중성을 갖게 된다. 예를 들어 현행 헌법 제117조는 지방자치단체가 법령의 범위 안에서 자치에 관한 규정을 제정할 수 있게 함으로써 중앙 정부의 입법권 내에서 입법권을 행사해야 하는 한계를 명확히 하고 있다.

단일국가에서 나타나는 수직적 권력분립은 권력분립원칙의 기본적 요소인 권력의 독립성보다는 권한의 배분으로 형성되는 권력의 균형성에 초점을 두고 있다. 그러나 연방국가에서 수직적 권력분립은 단일국가와는 달리 주로 독립성 내지 독자성에 중점을 둔다. 예를 들어 독일은 기본법에서 이미 입법권을 중앙과 지방에 명문으로 배분하여 연방국가의 특성을 그대로 표현하고 있다. 즉, 독일 기본법 제72조는 연방과 지방 간의 경합적 입법사항을 규정하여 연방의 입법권의 범위와 지방의 입법권을 구분하고 있다. 이렇게 연방국가는 지방국가의 집행권뿐만 아니라 입법권과 사법권까지 그 독자적 영역에 대하여 헌법에서 보장함으로써 연방국가의 구조를 유지하고 있다.

2. 지방분권의 형태로서 연방국가

지방분권은 중앙 정부에 국가권력과 권한을 집중시키지 않고 분산시키고 배분함으로써 국가의 균형발전을 추구한다. 지방분권을 실현시키는 방법으로는 지방자치제도와 연방제를 들 수 있다. 연방제는 분권화된 구성단체에 국가성을 인정하여 국가 속의 국가를 수용하는 제도이나 지방자치제도는 국가의 한 구성부분으로서 국가가 아닌 구성단체를 인정하는 제도이다.

연방국가에서는 연방을 구성하는 지방 역시 국가라는 점이다. 연방국가에서 지방국가가 갖는 권력은 연방으로부터 전래된 것이 아니라 연방에 의하여 승인된 고유한 권력이다. 지방국가는 헌법에 의하여 자기 책임성을 보장받지만 주권은 연방만이 행사하며, 법질서에 의하여 연방과 지방 간의 상호관계가 결정된다. 예를 들면 독일 기본법 제31조는 지방법에 대한 연방법의 우위를 인정하고 있으며, 제30조는 국가적 권능의 행사와 국가적 과제의 수행은 기본법에 다른 규정이 없는 한 지방의 사항으로 하여 지방의 국가적 기능을 인정하고 있다.

독일과 달리 우리 현행 헌법은 연방국가적 규정을 전혀 두고 있지 않다. 다만 지방분권을 지방자치제로 수용하면서 여러 관련 규정을 갖고 있을 뿐이다. 즉, 연방국가를 구성하기 위한 지방의 국가성을 인정할 만한 헌법규정을 갖고 있지 않기 때문에 현행 헌법으로는 연방제를 운영할 수 없다. 현재 우리는 지방자치의 활성화를 통한 분권화된 단일국가의 형태를 취하고 있다. 물론 지방분권이 극도로 진행되어 중앙 정부의 권한이 지방 정부로 이양되어 수직적 권력분립뿐만 아니라 수평적 권력분립에서 중앙과 지방 간에 균형을 이루게 된다면 단일국가라 하여도 연방국가에 준하는 형태를 갖게 된다고 본다.

지방분권의 측면에서 단일국가와 연방국가를 비교한다면 절대적 구별은 불가능하다. 양자의 구분을 명확하게 할 수 있는 방법은 분권의 정도가 아니라 실정 헌법상의 규정이다. 독일처럼 헌법상 명문으로 연방국가를 하나의 기본 원리로 본다면 연방국가로서 형태를 가지는 것으로 볼 수 있으며, 우리 현행 헌법처럼 연방국가에 관한 언급이 없고 단지 국가의 균형발전을 위한 규정만 지방자치제와 함께 있다면 분권화된 단일국가라고 볼 수 있다. 그런 점에서 우리가 연방국가로 가기 위해서는 헌법 현실에서 국민적 합의와 이를 바탕으로 한 헌법 개정작업이 있어야 한다.

3. 통일헌법과 지방분권 및 연방제 논의

남북으로 분단된 지 어언 반세기를 훌쩍 넘어서 분단 자체가 이제 고정된 역사적 현실로 한반도에 자리잡고 있다. 그렇지만 2000년 남북정상회담 이후 남북 간에는 평화를 위한 새로운 분위기가 조성되고 있다. 남북관계는 최근에 이르러 급속도로 발전하고 있으며, 남북교류는 정치를 제외한 사회 · 경제 및 문화분야 등 다양하게 전개되고 있다. 이러한 발전 뒤에는 양 당사자의 법과 제도개선의 노력이 병행되고 있기에 가능한 것이라 볼 수 있다. 남북 간의 관계개선은 우리 민족의 궁극적인 목표 통일에 있다는 점에서 그동안 통일을 위한 남북의 입장이 개진되었었다.

우리의 경우에 남한은 민족공동체 통일을, 북한은 낮은 단계의 연방제를 주장하였다. 그러나 북한이 주장하는 연방제는 국가통합이란 구성요건을 충족시키지 못하는 치명적인 문제점을 안고 있었다. 즉, 연방국가이든 단일국가이든 국가는 정치적 공동체로서 국가성의 기반이 동일해야 하나 북한은 서로 존재하는 사상과 제도를 그대로 두자는 것으로 독립국가의 정체성의 문제가 발생하게 된다. 그런 점에서 북한의 주장을 수용할 수는 없다. 다만 통일이라는 민족의 지상과제를 성취하기 위해서는 지방의 균형발전과 세계화에 부응하는 지방의 독자성을 인정해야 한다는 점에서 지방의 분권화를 넘어서 연방제의 가능성도 검토될 수 있다고 본다.

Ⅴ. 맺음말

우리나라가 연방국가로 체제 전환를 하는 데 어려운 점은 우리가 역사적으로 연방국가로서 존재하지 않고 지속적으로 통일된 단일국가로서 존재하여 온 점이다. 연방국가 경험이 없는 국가에서 연방제를 채택하여 성공한 예는 찾아볼 수 없다. 그러나 연방제가 그 정치적 환경에 의하여 완전히 독자적으로 형성된 제도가 아니고 또 국가형태가 아니란 점은 헌법의 역사에서 보면 당연하다. 연방제로서 국가통합을 이루며 성공적으로 발전하여 온 나라는 얼마든지 많이 있다.

오늘날 연방제를 채택하고 있는 국가들은 독일처럼 과거 오래 전 부족국가에서부터 출발하여 동일민족의 다국가체제를 유지해 오다가 특정한 정치적 원인으로 국가연합의 잠정적 형태를 유지하다가 연방국가로 변신하였다. 그런가 하면 미국의 경우 출범 초기부터 연방국가에 대한 논의가 전개되었고, 갈등과 충돌이 있었지만 연방헌법을 제정하는 과정에서 잠시 국가연합으로 머물다가 바로 연방국가로 탄생한 경우도 있다. 그외에도 오스트레일리아나 스위스, 20세기 후반의 러시아 등 각기 주어진 정치적 환경에 따라 연방국가의 형성도 달리하고 있다. 그렇지만 연방국가는 그 형성과정에서 보듯이 지방국가의 독립성을 존중하면서 대외적으로 하나의 국가로서 존재한다는 점에서 단일국가보다 오히려 더 많은 장점을 갖는다고 볼 수 있다. 지구상에는 이미 상당수의 선진국이 연방국가체제를 갖고 있다.

우리는 1990년대 들어오면서 헌법상의 제도로만 규정되어 있던 지방자치제도가 활성화되기 시작하였다. 1991년 지방의회를 구성한 이후 1995년부터 지방자치단체 선거를 통하여 지방자치단체장이 선출되면서 본격적인 지방자치의 시대를 맞이하였다. 참여정부에 들어오면서 지방자치는 지방분권화를 통하여 더욱 구체화되고 있다. 그렇지만 이 과정에서 항상 문제로 남아 있는 것은 재정자립도이고, 이 문제의 해결에는 중앙 정부의 권한이양의 문제가 남아 있다.

앞에서 본 것처럼 연방제의 경험이 전무한 우리에게 연방제 도입의 가능성이 있는지 검토하는 것은 그리 쉬운 일이 아니다. 비록 연방제의 경험이 없어도 국민의 요구에 의하여 헌법에 근거를 마련하여 연방제를 시행한다면 할 수 있다고 본다. 또한 연방제가 갖고 있는 장점을 잘 활용한다면 현재 우리 사회가 안고 있는 지역문제, 장차 통일의 경우 좀더 효율적 국가운영이 가능하지 않을까 하는 점에서 연방제는 일정 부분 가능성을 갖는다. 국가통합의 원리로서는 더욱 그러하다.

그러나 다른 한편에서는 연방제란 단순히 국가권한을 배분하는 문제가 아니라 국가의 정체성을 바꾸는 작업이기에 헌법개정과 함께 입체적 검토가 필요한 문제이다.

2. 서구 연방주의와 정치체계

5. 미국 : 연방주의 발전과 특징

연방주의는 독재의 출현과 독재권력의 행사를 억제하며 다양성 속에서 고유성을 보장한다. 또한 연방주의는 각 주로 하여금 자신들에 맞는 정책적 실험실로서 기능하는 것을 가능하게 하여 줌으로써 지역에 맞는 적합한 정책적 개발을 가능케 해준다. 이런 정책과 더불어 주는 자신들의 시민에 더 가까이 다가갈 수 있으며, 시민들의 요구를 들어주기에 적합하다. 또한 시민들도 그 지역에서 정치와 정책과정에 참여할 더 많은 기회를 갖게 된다. 이와 같이 미국 사회에서 연방주의 체계는 전제정치를 억제하고, 획일화(uniformity) 없는 통일(unity)을 이루며, 다양한 실험과 계기를 보장함으로써 정부로 하여금 국민에 더 가까이 가게 하는 것으로 평가된다.

미국 헌법 초안자들은 각 주들이 연방정치체계에서 주요 정책결정

정재각
한양대 지방자치연구소 연구부장

자로서 활동하기를 기대했으며, 연방 정부의 권력을 외교와 군사문제에 국한시키고자 하였다. 그러나 미국 연방주의는 일련의 경제, 행정, 정치적인 특징을 띠면서 변화하고 있으며, 이는 다시금 정책체계에 영향을 미치고 있다. 무엇보다 미연방주의는 1787년 미합중국 헌법 채택 이후 연방 권한의 확대를 경험해 왔다. 남북전쟁, 대공황 시기에 채택된 루즈벨트 대통령의 사회복지 프로그램, 1950 · 1960년대의 시민권리 확대, 존슨 대통령의 '위대한 사회' 사회복지 프로그램 등은 연방의 권한과 주에 대한 연방의 간섭과 지원의 확대를 가져온 대표적인 사례들이다.

20세기가 끝나가면서 다시금 연방정치체계에서 주의 권한에 대한 강화가 지적되었다. 이러한 주 권한의 재강화는 일련의 대법원 판결에서 보이며, 특히 1996년 사회복지법의 개정은 연방 정부의 권한을 주·주 정부에 되돌려 주는 예이다. 윌슨(Woodrow Wilson)은 일찍이 미국의 연방주의에 대한 평가를 하고 있는데, 그의 평가는 매우 적절한 것으로 여겨진다. 그는 미국의 정치체계에서 주 정부와 연방 정부의 관계는 미헌법에서 중요한 문제이며, 이는 어느 한 시기나 한 세대에 의해서 결정되며 고정되는 것이 아니라고 보았다. 왜냐하면 연방주의는 '성장의 문제' (a question of growth)이며, 정치경제의 지속적인 발전에 따라 새로운 모습을 갖게 되며, 다시금 새로운 문제들을 제기하기 때문이다.[1)]

---

1) Woodrow Wilson, Constitutional Government in the United States, New York: Columbia University Press, 1961, p. 173.

Ⅰ. 연방헌법 제정과 초기 연방주의

초기 미연방주의(American Federalism)는 미국 헌법회의에서 중앙 정부가 주권을 가지며, 주(州)나 또는 지역 정부는 단순한 중앙 정부의 행정적인 팔로서 기능하는 단일체제가 거부됨으로써 시작되었다. 대표자들은 또한 주연합(Confederation of States) 안도 반대하였다. 이 안에서는 각 구성 주들은 연합을 형성하고, 주권은 각 주에 있으며, 시민들은 주의 시민이지 중앙 정부의 시민은 아니었다.

미국 연방체계에서 국민들은 국민으로서 자신들의 주요 권리를 가지며 중앙 정부에 대해 위임권한을 갖는다. 또한 주와 국민으로서 기타 권리를 갖는다. 즉 미국인들은 연방 정부와 동시에 자신들이 속한 주 정부의 시민이다. 미국은 이와 같은 '이중적 연방주의'(dual federalism)로 시작되었다. 연방 정부와 주 정부는 서로 완전히 구별된 권한과 책임을 나누어 갖게 된다.

헌법기초자들은 주(州)가 국내정책에서 주요 역할을 하도록 기대하였다. 이런 가운데서 헌법은 주들의 기능에 대해서 상세히 다루지 않고 있다. 이런 가운데서 연방 정부는 군사와 국내 통상, 산업, 외교 문제에 권한을 갖는 반면 주는 교육, 가족법, 형법에 대해 권한을 갖는다. 그러나 연방의 주들은 전쟁을 수행할 수 없으며, 화폐를 발행할 수 없다. 반면에 주들은 헌법에서 연방의 권한으로 명시된 것을 제외하고 그외 모든 권리를 갖는다.

미국 발전의 첫 75년(1790－1865) 기간에 연방주의의 방향을 놓고 헌법적 · 정치적 갈등을 겪었다. 이는 이미 필라델피아 헌법 초안에서부터 시작된 문제이다. 조지 워싱턴, 알렉산더 해밀턴에 의해서 주도된 연방주의자들은 연방에 좀더 많은 권한을 주고자 하였다. 이들은 식민지 국가의 유지보다 연방 정부의 수립에 더 많은 관심을 가졌고, 미국인 분열의 위험을 피하기를 원한다면 연방 정부의 위상과 권한을 강화하여야 한다고 보았다. 반면 토마스 제퍼슨, 제임스 메디슨은 가능한 한 미국연합을 느슨한 연합체제로 하며, 대부분의 권한을 주에 주고자 하였고, 권력의 중앙집중화에 반대하였다.

대부분 미국인들은 헌법이 연방 정부와 주 정부 간의 관계를 설정하고 있다고 보았지만, 주요 언론들은 연방 정부가 동등한 파트너가 될 수 없었으며, 오히려 중앙의 연방 정부는 주의 창조물(creation)로 보며, 따라서 주에 부속된다고 주장하였다. 이는 특히 남부 주들에서 심하였는데, 가령 주의 의회는 자신들이 동의하지 않으면 연방 의회의 법을 무효화할 수 있다고까지 생각하였다.[2)]

1850년까지 노예문제가 연방권한인가 아니면 주의 권한인가를 놓고 연방주의에 대한 논란이 집중되었다. 따라서 미국의 연방주의는 13개 주의 필요성을 고려하면서, 즉 메디슨이 '배합'(composition)이라고 불렀듯이 무(無)에서 유를 창조하는 새로운 것은 아니었다.[3)] 연방 정치체계에 대한 초기의 정당화는 권력의 과도한 집중에서 오는 우려에 기초하고 있음을 볼 수 있다. "The Federalist Paper"(페더럴리스트 페이퍼)는 특히 수평적으로 3권의 분립과 수직적으로 연방과 주 간의 권력분립이 권력의 과도한 집중을 방지할 것으로 보고 있다. 권력의 기

---

2) 이러한 견해는 남북전쟁이 일어난 후에 비로서 더 이상 통용되지 않았다.

3) James Madison, Federalist Paper No. 39, in Alexander Hamilton, James Madison, and John Jay, The Federalist Papers The New American Library, 1961, p. 246.

관에서 주들이 실제로 국가의 권력의 제한과 균형을 이룰 것으로 보았다. 견제와 균형(checks and balances)은 미국의 연방주의가 국가의 정치체계를 균형화시킨다는 것이다.

그러나 미국의 남북전쟁은 권력을 주 정부에서 연방 정부로 이동시키는 계기가 되었다. 북부의 승리와 뒤이은 제13, 14, 15의 헌법 수정안이 채택됨으로써 미국 시민권이 새로 정의되었고, 주가 시민의 권리, 자유 등에 개입하는 것을 제한하였다. 노예제도를 금하는 조치 등은 주의 권한이 제약받게 되는 것을 의미하기도 한다. 남북전쟁을 겪으면서 연방과 주 간의 갈등적인 문제들이 상당히 해결되었으며, 전체적으로 주에 대해 연방 헌법과 법 우위가 확립되었다. 남북전쟁 후 워싱턴의 연방 정부의 주에 대한 영향력은 사회와 경제문제 등에서 증가되었다. 또한 미국 국가에 대한 정체성이 증가되어 연방 정부의 역할에 대한 기대와 기능에 대한 요구가 증가되었다. 한편 이전보다 매스미디어의 발달과 더불어 사람들의 이동성이 증가되어 이는 국가 간의 통일성(uniformity)을 강조하는 방향으로 작용하였다.

한편 국내정책에 대한 판결에서 '주의 주권'(state sovereignty)을 침해하는 연방 법안에 대해서는 위헌판결이 내려졌다.[4] 타일러(John Tyler)는 주 정부와 연방 정부 간의 권한체계를 유지하기 위한 목적으로 거부권을 사용한 최초의 대통령이다. 그는 1841년 은행법에 대해, 1842년 임금관련 법에 대해서 거부권을 행사하였는데, 그는 이 법이 주와 연방 정부 간의 권력의 관계를 모호하게 할 것으로 보았다.

---

4) K. C. Wheare, Federal Government, 4 ed., New York: Oxford University Press, 1964, p. 62 ; Richard H. Leach, American Federalism, New York: W.W. Norton and Co., 1970, p. 1.

그러나 20세기에 들어서 이런 책임과 권한의 관계는 불명확하게 되었다. 따라서 심지어 무엇이 연방 정부의 소관이며 주 정부의 소관인가 언급하는 자체가 무의미하다고 할 정도가 되었다. 따라서 미연방주의는 주의 권한이 강한 반면에, 연방 정부의 권한이 약한 초기의 '이중적 연방주의'(dual federalism)에서 일종의 혼합형태로 변화되었다. 중앙과 지역 정부가 자신의 독자적인 영역을 갖지 못하며 상호 의존적으로 되어가는 것이다.

〈표 1〉 미국 연방주의의 주요 흐름

주 중심 연방주의 (State-Centered Federalism)		연방-주 협력 (Federal-State Cooperation)		이전 (Evolution)	협력 (Cooperation)
연방우위 (National Supremacy)	이중적 연방주의 (Dual Federalism)	협력적 연방주의 (Cooperative Federalism)	창조적 연방주의 (Creative Federalism)	신연방주의 (New Federalism)	
1789	1832	1932	1960	1980	2000
국가독립노력 연방주의자 – 반영방주자 대립	대법관 Roger Taney Pollock 사건 --- 남북전쟁 후 연방우위확립 산업화	대공황 뉴딜정책 사회복지 확대	존슨 "위대한사회" 베트남전쟁 연방교부금 확대 160개 연방 프로그램	주의 권한 재강화 연방부채 확대 연방지원 감소	연방권한 이전 지속 정부혁신 세계무역센터 공격 경제성장 둔화

Ⅱ. 뉴딜정책기

1930년대 대공황은 연방 정부로 하여금 경제정책을 주도하고 결정을 하도록 하여 연방 정부의 권한이 증가되는 계기가 되었다. 루즈벨트 대통령은 뉴딜 프로그램을 추진하였으며, 이 기간 동안 연방 정부의 권한과 범위가 여러 방식으로 상당히 확장되었다. 뉴딜 사회복지 프로그램에 사회 안정, 실업 보상, 연방복지 프로그램, 노동조합에 대한 단체협상의 권한이 포함되었다. 이와 같은 정책들은 주 정부에 의해서 관리되나 연방 정부 지원의 확장을 가져왔다. 미대법원 판결은 국민들에 나라 전체 복지를 지원하기 위한 이와 같은 연방 정부의 역할과 권한들을 인정하고 있다. 또한 연방 정부는 주 간 상업에 관한 규제의 권한을 갖고 있었다. 이와 같은 뉴딜정책은 연방 정부의 자원과 권한을 통해 전체 사회와 경제정책에 상당한 범위로 간섭하게 됨으로써 연방주의의 균형을 깨트리게 되었다.

이전에 전적으로 주 정부 소관이었던 것들이 연방 정부의 간섭과 지원의 영향에 들어가게 된 것이다. 대법원은 연방의 권한을 상당히 넓게 해석함으로써 연방 정부는 거의 모든 경제 · 사회 · 문화영역에 관여할 수 있게 되었다. 이러한 연방의 폭넓은 정책들은 나라의 균형잡힌 수준, 사회복지에 최소한의 기준을 확립할 뿐만 아니라 균등한 경제발전을 촉진하는 긍정적인 효과도 낳았다.

'협력적 연방주의'(cooperative federalism)는 1950 · 1960년대를 거치면서 주 정부 간의 관계를 특징짓는다. 협력적 연방주의는 케네디(1960–1963) 대통령과 존슨 대통령(1964–1968)에 걸쳐서 지속되어 왔다. 협력적 연방주의의 주요 도구는 연방 정부가 지원하는 교부금이다. 연방교부금(federal grants)은 주와 지방 정부에 필요한 재원의 제공, 국내 최소한의 생활 수준의 평등화, 주 간 재원의 균등화, 국내문제의 해결과 동시에 연방 정부 기관의 확대를 억제하는 목적을 갖고 있다.

이 교부금은 크게 3유형으로 나뉜다. 연방 의회가 특별 목적(specific purpose)에 허락하거나 또는 제시된 조건 하에서 쓰일 수 있는 항목별로 설정된 교부금(Categorical-formula grants), 연방 의회가 일정액을 정하여 주나 지방기관이 쓸 수 있도록 하는 프로젝트 교부금(Projects grants), 연방 정부가 내거는 약간의 제한적인 조건 하에서 주들이 큰 재량을 가지고 쓸 수 있는 항목 교부금(Block grants)이 그것이다. 이와 같은 연방 교부금에 대해서 연방 정부는 계획에 대한 승인권, 최소한의 기준에 대한 요구와 결과에 대한 감사권을 갖는다. 이에 대해 공화당은 최소한의 재정적인 감시를 선호하는 반면, 민주당은 상세하게 규정된 교부금 지원을 선호한다.

각 주들의 협력적 차원에서 볼 때, 연방 정부는 주 정부에 교부금을 줌으로써 주 간에 상호 목표에 협력하도록 압력을 행사할 수 있는 제도이다. 예로 미국의 주 간 고속도로 건설이 이런 협력적 연방주의의 좋은 예이다. 연방 정부는 고속도로 건설비용의 90%를 지원하였고, 이를 통해 국가의 표준을 확립하여 이에 맞는 도로건설을 할 수 있도록 하였다. 각 주들은 실제로 도로 건설과 유지를 맞는다. 또 다른 협력적 연방주의는 공항건설, 주택 및 도시개발에서 볼 수 있다.

이런 연방 교부금에 대한 적절한 수준에 대한 논란은 계속되고 있다. 교부금제도에 대한 지지자는 연방관계를 파괴하거나 주의 책임을 감소시키는 것이 아니라 연방관계의 붕괴에서부터 구원하고 있다고 본다. 이들은 이 교부금제도에 대한 대안은 결국 연방 정부의 직접 통제로 이어질 수밖에 없다고 본다. 따라서 교부금제도를 통해 결국 주 정부가 프로그램을 계획하고 집행하는 데 참여하게 되며, 이는 결국 여전히 지방 정부에 그 주도권을 주고 있는 것이라고 본다. 한편 이런 교부금제도가 없다면 결국은 주 간의 부의 양극화는 심화되어 미국의 통일과 안정이 위협될 것으로 본다.[5)]

닉슨(1968–1974)과 레이건(1981–1988)은 선거에서 연방 정부의 권한을 주 정부와 지방 정부에 돌려줄 것을 주장하였다. 닉슨과 레이건 대통령 시기의 연방주의는 '신연방주의'(New Federalism)로 불리며, 이는 부시(George Bush)와 클린턴(Bill Clinton) 정부로 이어져 갔다. 1994년에 공화당의 승리로 인하여 연방 정부의 권한을 축소하고자 하는 체계적인 노력이 이루어졌다.

보수주의자들은 대체적으로 연방 정부는 국방, 외교, 외교통상에 집중하며 권력의 분권화를 선호한다. 이는 주와 지방 정부의 역할에 대한 강조이다. 이와 같은 견해에 반해 자유주의자들(민주당)은 연방의 권력에 대해 덜 회의적이다. 이들은 헌법 하에서 연방 정부가 주 정부보다 우위에 선다고 보고 있으며, 연방 정부가 약자들의 권리를 주 정부보다 더 잘 보호할 수 있다고 보고 있다. 이는 특히 1950–1960년대의 연방 정부의 역할에서 보인다. 대법원은 이 기간 동안 주 정부의 인종적 차별을 갖는 주법들을 위헌으로 판결하였으며, 여성에 대한 차별, 헌법 수정 14를 반하는 주 형사법 등을 위헌으로 판시하였다. 이런 판결로 인하여 시민들은 연방 정부, 특히 대법원이 주 정부로부터 자신들의 권리를 보호한다는 인식을 갖게 되었다.

뉴딜 시기 이전에는 연방 정부와 주 정부는 서로 다른 역할과 책임을 갖는다는 견해가 지배적이었다. 즉, 연방 정부는 국방, 외교와 같은

---

5) Alan Grant, The American Political Process, 5ed., Vermont, Dartmouth, 1994, p. 285.

문제를 주도하며, 주 정부는 교육, 가족과 같은 정책문제를 다룬다는 것이다. 뉴딜은 실제로 이와 같은 인위적인 구분의 경계를 없앴으며, 연방과 주가 사회·경제문제를 다루기 위해서는 서로 상호 의존하며 협조하여야 하는 체계로 바꾸었다. 따라서 이런 상호 의존적인 정부 간 관계가 1950-1960년대의 연방주의의 특징이라 하겠다. 정부 간 관계의 체계에서 정치행위자(players)의 수는 연방 정부와 주 정부를 합한 51개에서 당시에 존재한 지방 정부의 수를 감안하면 8만 개로 팽창한 것이다.

Ⅲ. 위대한 사회기

'위대한 사회'(The Great Society)의 사회복지 프로그램의 확대는 1960년대에 이르러 이런 협력적 연방주의 시기를 마감하였다. 과거 뉴딜정책은 재원을 주에 주는 것이 아니라 직접 지방 정부에 주는 정책이었다. 존슨은 이런 관계를 창조적 연방주의(Creative Federalism)라 불렀으나 실제로 과도한 관료화, 중앙 정부의 주 정부에의 방대한 범위에서의 침투로 이어졌다. 가령 소도시, 도시, 마을 그리고 학교들이 직접 재원을 받았다. 따라서 연방 정부는 '위대한 사회' 프로그램들은 과거에 전적으로 주의 권한과 책임이었던 거의 모든 정책영역으로 침투해 들어갔다 : 교육, 경찰, 소방, 역사 보전, 소비자 권리, 공공 도서관, 유아 건강, 도시 재개발, 공원, 상수도, 쓰레기, 공공 교통 등이 그것이다.

존슨 대통령과 연방 의회는 주 간의 상업을 규제하기 위해서 헌법적인 권한을 행사했으며, 심지어 시민들의 생활, 결혼, 이혼에 대해서 주에 대해서 직접적인 규제를 가하였다. 연방 의회는 동성 결혼을 금하는 연방법을 통과시켰다. 중앙 정부의 우의적 지배에 대한 2가지 이유는 교부금과 균등화(uniformity)에 대한 열망에서 찾아진다.

주와 지방 정부들은 자신들의 독자적인 프로그램이 무엇인지 결정하기 어렵게 되었고, 워싱턴에서 자신들의 이해를 대변하기 위해 사무소를 열었다. 연방 정부는 자신들의 기준에 따라 제출된 사업에 대해서 선택적으로 사업을 결정하고 교부금을 주었다. 지방 정부들은 이 교부금을 얻기 위해 로비를 벌어야만 하였다. 이런 상황에서 연방 정부 기관이 주 정부의 영역을 감축시키려 하며, 또한 행정에서 획일성을 강제한다는 불만도 제기되었다. 결국 이런 협력적 연방주의는 권력관계에서 연방 정부의 독점적 지위를 강화시켰다고 본다.

1950 · 1960년대 동안에 연방 정부는 시민의 권리를 촉진하고 보호하는 정책을 펴나갔다. 대법원은 인종차별, 여성을 차별하는 법, 미국 헌법 14조 수정안에 반하는 형사법 등을 포함해서 몇몇 주 법들에 대해 위헌판결을 하였다. 또한 연방 정부의 교부금은 정책의 일부에 제한되었으나 이제는 시민의 공공 생활의 모든 영역에 대해 영역을 미치게 되었다. 이러한 시민의 생활에 대한 연방 정부의 개입은 조정, 책임, 정책의 우선순위에서의 정치적인 문제들과 정책의 중복성의 문제들을 야기시키고 있다.

워커(David Walker)는 결국 '위대한 사회'는 미국의 공공 정책에서 "초정부제도화"(hyperintergovernmentalization)를 초래하였다고 보았다.[6)]

---

6) David S. Walker, Toward a Functioning Federalism, Longman, 1987.

영국의 학자 윌슨(Wilson)과 게임(Game)은 지방 정부에 직간접으로 관련된 의회의 행위와 규제, 지침 등을 측정하였으며, 결론적으로 영국의 중앙 정부의 감시와 개입이 상당하다(massive)고 보았고, 이들은 이를 '초중앙집권화'(hypercentralized) 라고 불렀다.[7)]

Ⅳ. 연방 정부의 권한 제한과 신연방주의

1960년대 말에 이런 지속적인 연방 정부의 확대되는 기능과 역할에 대한 반대 움직임이 일어났다. 워싱턴에 의한 엄청난 지원에도 불구하고 특히 도시들의 상황은 더 악화되어 갔다. 이에 닉슨 대통령은 집권 초기에 연방과 주 간 권력의 적절한 균형의 도모를 선언하였다. 닉슨은 지난 수십 년간 권력과 책임이 지속적으로 워싱턴으로 집중되어 왔으며, 이제는 이런 경향을 역전시키며 다시금 주에 더 많은 책임과 역할을 주겠다고 선언하였다.

이에 닉슨은 소규모의 여러 가지 교부금제도를 큰 항목 프로그램으로 그룹화함으로써 연방 정부의 역할과 권한을 축소하고자 하였다. 큰 항목을 통한 교부금(Block grants) 프로그램을 통해 주 정부는 연방 정부의 지원금을 어떻게 쓸 것인가에 대해 더 많은 자율적 권한을 부여받았다. 이는 주 정부가 연방 정부보다 그 현지에서 문제를 더 잘 알 수 있고 그에 대한 적절한 정책을 할 수 있다는 것이다. 그러나 연방

7) David Wilson, Chris Game, Local Government in the United Kingdom, Palgrave Macmillan, 2002.

정부의 권한을 주와 지방 정부에 이양하고자 하는 노력은 먼저 의회에서 반대에 부딪쳤다. 민주당 의원들은 조건 없이 주에 교부금을 주는 것을 반대하였다. 닉슨 대통령직이 백악관을 떠날 때 집권 초기보다 더 많은 600개 이상의 교부금제도가 시행되었다. 이에 대한 재정은 거의 매년 400억 불에 달하였다.

레이건 대통령은 취임하면서 연방, 주, 지방 정부 간의 적절한 균형을 이룰 것을 밝혔다. 이를 위한 위원회[8]를 1981년 구성하였다. 이 위원회는 연방체계를 점검할 것을 요구하였고, 너무나 많은 권한이 워싱턴에 쏠려 있다고 주장하였다. 이들은 주와 지방 정부가 연방 정부보다 정책들을 더 효율적으로 운영할 수 있다고 주장하였다. 이에 레이건은 연방 정부 기관의 기구와 기능을 축소하였고, 권한을 주와 지방 정부로 이양하고자 하였다.[9]

레이건 대통령은 연방 주와 지방 정부에 대한 연방 정부의 개입범위를 3가지 정책영역으로 축소하였다. 즉 세금 삭감, 증가된 군사비 지출, 사회 안전보장 지출 등이다. 따라서 연방의 국내 교부금제도 프로그램에 가용할 수 있는 연방 정부의 재정은 감소되었다. 특히 연방 정부의 다양한 교부금을 항목 교부금(Block grants)으로 전환하는 것은 레이건 대통령의 주요 조치이다.[10] 연방 정부의 역할을 국민들의 생활에 제한하고자 하는 전략은 성공적이었다. 그러나 연방 정부 역할

---

8) the Advisory Commission on Intergovernmental Relations and the National Governors' Association.

9) 닉슨과 레이건 대통령 이후 연방주의 발전과 관련하여 뉴 페더럴리즘(New Federalism)기로 불린다.

10) Thomas R. Ascik, Block Grants and Federalism : Decentralizing Decisions, Hertiage Fundation, Backgrounder #144, 1981.

의 축소는 새로운 여러 문제들을 가져왔는데, 그것은 다름 아닌 '지원금 없는 연방 업무'(Unfunded Federal Mandates)이다.

연방 의회는 주들로 하여금 많은 새로운 규제에 따르도록 요구하였지만 연방 정부가 지시하는 환경, 건강, 교육, 역사 보전, 주택, 복지, 장애인 서비스, 소비자 권리, 시민권리 그리고 다른 프로그램들을 실행하는 데 재정지원을 하지 않았다. 이러한 규제들은 주와 지방 정부로 하여금 정책수행에 있어서 매우 비용이 드는 것들이다.

주들은 이러한 재정지원이 따르지 않는 연방 권한이양에 대해 강력하게 반대하였다. 의회를 장악한 공화당은 1985년에 연방 정부로 하여금 필요한 재정지원 없이 주와 지방 정부에 대해서 어떤 새로운 규제들을 부과하지 못하게 하는 교부금 지원 없는 연방법을 금하였다. 이런 입법은 연방 의회가 자신들의 행위를 스스로 통제하고자 하는 노력이며, 의원들의 재정지원 없는 연방 정부의 업무를 주 정부에 떠넘기는 사항에 대한 심각한 인식을 반영하는 것이다.

레이건의 신연방주의(New Federalism)는 어느 정도 연방 정부의 관여를 제한함으로써 연방체계에서 워싱턴으로 권력이 집중되는 경향을 역전시켰다. 이어서 빌 클린턴 대통령도 권한의 이전(devolution)을 강조하였다. 이는 연방 정부에 의해서 주된 프로그램들을 주에 이전하는 것이다. 가령 1996년에 연방 프로그램(자녀를 가진 가정 지원)을 주로 성공적으로 이전시킴으로써 주가 이 복지 프로그램을 관장한다. 클린턴 대통령은 주를 새로운 정책 아이디어를 개발하며 이를 테스트할 수 있는 실험실(laboratories)로 보았다.

V. 대법원 판결을 통한 연방권한의 축소

미국의 대법원은 연방 정부와 주 간 권한의 논쟁에 대해 법원의 자율제한(judical restraint)의 시대는 지났음을 예고하는 몇 가지 판례를 보여주고 있다. 가령 Carcia v. San Antonio Metropolitan Transit Authority(가르시아 대 산안토니오시운송국, 1985)의 사건, New York v. United States(뉴욕 대 미국, 1992), United States v. Lopez 사건(미국 대 로페즈, 1995), Seminole Tribe of Florida v. Florida 사건(플로리다의 세미놀족 대 플로리다, 1996) 등이다.

대법원은 1992년에 '저준위방사성폐기물정책 수정법'(The Low Level Radioactive Waste Policy Amendments Act)을 위헌으로 판결하였다. 즉, 연방 정부는 주 정부로 하여금 산업, 병원, 실험실 등에서 나오는 저순위 방사물 쓰레기 처리문제에 주 정부로 하여금 연방 정부의 규제 프로그램을 강제적으로 따르도록 할 수 없다는 것이다.

대법원은 또한 1995년에 미국 대 로페즈(United States v. Lopez) 사건에서 주에 대한 연방의 권한을 축소하는 판결을 내렸다. 이 사건에서 연방 의회가 공공 학교 건물 근처 1천 피트 내에서 권총 소유를 금하는 입법은 의회가 자신의 헌법적인 권한을 뛰어넘는 행위라고 판결하였다. 대법원은 공공 학교 근처에서의 권총의 소유와 주의 통상권리 제한과는 상관성이 없다고 판시하였다. 실제로 무기소유 및 판매는 주의 통상문제이기도 하다. 이와 같은 대법원의 판결은 의회의 권한 행사에 심각한 의문을 제기한 주요한 사건이 되었다.

반면 연방 정부가 연방 프로그램의 지원을 축소시키거나 중지함에 따라 주와 지방 정부의 재정적인 위기가 발생하였다. "위대한 사회"의 복지 프로그램은 1960년대와 1970년대 초에 도시와 각 주에 상당한 양의 교부금을 지원하였다. 그러나 시민들은 이러한 연방 프로그램들이 계속되거나 또는 확장되어야 한다고 요구하였다. 미국에서 지방 정부들은 부족한 재정을 차입하는 데에 제한된 권한을 갖고 있다. 시민들은 더 많은 서비스를 요구하는 반면, 연방 교부금의 축소와 지방 정부의 재원 제한들로 인하여 결국 미국 지방 정부들은 더욱 행정 혁신화의 압박을 받고 있다.

이와 같은 국내정책에서 재정을 통한 연방 정부 권한의 확대는 연방 정부와 주 정부 간의 관계뿐만 아니라 연방 정부와 지방 정부 간의 관계에도 영향을 미쳤다. 마틴(Roscoe Martin)은 이러한 관계를 1950년대 중반에 이미 '확대된 관계'(the expanded partnership)로 표현하였다.[11)]

이런 확대된 관계는 또한 비정부조직(NPO)과의 관계에서 나타난다. 비정부조직들은 특히 '위대한 사회'(The Great Society) 시기 이후 상당한 수준에서 공공 서비스를 제공해 오고 있으며, 실제로 행정부와 파트너로 일을 하고 있다. 한편 이러한 비정부조직의 확대와 이들—"거리 수준의 관료"(street-level bureaucrats)—의 자원봉사적인 공공 서비스 제공과 활동은 행정부(연방 정부, 주 정부)의 간섭 영역을 넘어서고 있다.[12)]

---

11) Roscoe C. Martin, The Cities and the Federal System, New York: Atherton Press, 1955, p. 171.

12) Michael Lipsky, Steet Level Bureaucracy: Dilemmas of the Individual in Public Service, New York Russel Sage Foundation, 1980.

Ⅵ. 맺는 말

연방주의에 대한 논의는 무엇보다 1) 어떤 정부가 특별한 문제를 다루는 데 더 효율적인가, 2) 어느 수준에서 그룹들의 의견이 가장 잘 청취되어지는가, 3) 자유를 보호하며 평등을 추구하는 가장 좋은 방법이 무엇인가를 놓고서 이루어질 것이다. 연방 정부보다 주 정부는 소수 그룹에 더 접근 가능성을 가지며 또한 문제해결 능력을 가지고 있다. 반면에 산업화, 세계화, 정보기술의 발달과 더불어 다양한 이익단체는 연방 정부에 문제해결을 요구하는 경향이 높아졌으며, 또한 정치가, 법관, 연방관리들은 연방 수준에서 문제해결을 우선적으로 고려한다.

미국 사회에서 연방주의 지지자들은 주의 권리를 보호하는 것이 또한 개인 권리의 보호와 자유의 보장을 위해서도 중요함을 다시금 인식하고 있다. 미국의 연방주의는 이제 21세기의 시대로 들어가고 있으며, 이는 비중앙집권화의 새로운 기회가 되기도 한다. 미국의 역사를 되돌아 보면 미국 시민, 개혁가, 보수주의자들, 모든 유형의 정당인들 모두가 자신들의 주를 위대한 것으로, 싸워서 지켜야 되는 것으로 보았던 때가 있었다. 사실 이는 미국이 산업화 · 도시화되어 감에 따라서 각 주들이 서로 연계되는 과정에서도 지지되었다. 반면에 권력은 분산보다 집중을 선호하는 경향이 있어서, 권력의 분산을 이루기 위해서는 먼저 권력이 집중되어야 한다고 보는 견해도 있다.[13)]

13) Mortin Gordzins, The American System, Chicago: Rand McNally, 1966, Chapter 12.

지난 20세기를 보면 권력의 집중화에 우호적인 여건들이 지속되어 왔다. 주 정부나 지방 정부가 국가의 도전들에 대해서 책임을 가지고 대응을 하였든 또는 그렇지 않든 간에 연방 정부의 지속적인 간섭이 확대되어 왔다. 특히 전후의 세대들은 권력의 집중이 필요로 하는 제반적인 환경들을 보아왔다. 경제면에서 본다면 기업들은 전국단위로 조직화되며, 합병 내지는 대형화 · 글로벌화되어 갔다. 도시화와 인구의 도시 거주의 집중화는 새로운 많은 사회와 도시문제를 가져왔다. 교육이나 또는 법적 지위와 같은 영역에서도 연방의 개입이 확대되어졌다. 이런 집중화 경향은 심지어 종교영역에서도 보여졌다. 통신의 발달, 커뮤니케이션 시스템의 변화는 워싱턴을 집중 조명하게 되었으며, 이는 항상 정치권력의 핵심으로 떠오르게 하였다.

반면에 한편에서는 21세기에 들어서면서 이러한 권력의 집중화에 대한 문제제기가 이루어졌다. 이는 무엇보다 연방 정부의 규모가 과연 21세기의 새로운 환경에 적절히 대응할 수 있는가 하는 것이며, 한편 연방 정부 조직의 효율과 문제해결의 능력문제이다. 따라서 정부간의 조직, 공공영역과 민간영역에의 활동이 필요하며, 이는 정치권에서 관심을 받게 되었다.[14)]

1980년대 말경에 이르러 확실히 권력의 집중화의 신뢰에 대해 변화가 일어났다. 경제문제에서 본다면 미국의 주의 역할을 강조하는 산업의 재발전(Industrial redevelopment)과 외국의 시장 확대가 일어났

14) Robert Reich, The Next American Frontier, New York: Penguin Books, 1983 ; John Naisbitt, Megatrends : Ten New Directions Transforming Our Lives, 6th ed., New York: Warner Books, 1983.

다. 또한 교육과 시민의 권리문제에서 연방 정부의 역할이 1970년대 중반부터 확실히 감소하기 시작하였다. 레이건 정부 기간 동안 시민 권리에 대한 연방 정부의 관여가 감소되었다. 한편 미국의 교육 시스템에 대한 비판은 주의 역할과 책임성을 높이는 계기가 되었다.

이러한 '신비집권화'(new noncentralization)의 특징은 물론 과거 지역 정부의 민주주의로의 복귀를 의미하지는 않는다. 그것은 다만 지역에 기초를 두며, 비지역적인 행위자가 다양한 가능성에 활동하는 새로운 단계를 의미한다. 현재 미국 사회는 과거에 비하여 다양한 층의 국민들을 통합하며 또한 교육문제 개선, 경제발전, 시민의 종교에의 헌신과 사회적 삶을 이루어 가도록 하는 과제를 안고 있다.

한편 국제무역은 미연방주의에 새로운 국제압력으로 작용하고 있다. 이는 자유무역협정, 무역과 관세에 관한 일반협정(GATT), 북미자유무역협정(NAFTA), 2005년에 통과된 중앙아메리카 자유무역협정(CAFTA) 등은 지속적으로 주와 지방 정부에 새로운 규제를 더하고 있다. 이에 따라 대부분의 관찰자들은 주의 권한이 앞으로 더 잠식당하게 되며 경제발전, 환경보호, 허가업무와 같은 주의 정책들이 이런 국제협정에 종속되어 갈 것으로 예견하고 있다. 이러한 국제 간 협정들은 반면에 국제협정을 실행함에 있어서 미국의 주들이 '자문적 역할'(consultative role)을 할 여지를 줄 것이다.

미국 사회가 갖는 과제들에 대해 적절한 정책적 대안을 찾으며 극복해 나가기 위해서는 무엇보다 각 주가 자신의 정치체제(polity)를 갖도록 하는 과제에 직면해 있다. 한편 연방 정부와 주 정부가 서로 도움을 줄 수 있지만 어느 쪽도 다른 주에 대한 '간섭하는 팔'(administrative arm)이 되어서는 안 된다. 연방주의는 바로 하위에 지방 정부, 중위에 주 정부, 상위에 연방 정부가 있는 일종의 권력의 피라미드가 형성되는 것을 방지하는 정치체계로서 가치를 가지며 기능을 한다.

6. 캐나다 : 연방주의와 정책

건국 초기 캐나다의 중앙 정부는 통합국가에게 요구되는 일상적 기능, 즉 국방, 치안, 조세기능 등의 "기본적 역할"뿐만 아니라 복합국가의 구성단위 간 근본적 차이, 즉 인종, 민족, 언어, 문화, 종교 등의 차이를 극복하는 "부수적 역할"을 소화해야 했다. 캐나다에게 특이한 점은 부수적 역할을 제대로 수행하지 않으면 기본적 역할 수행 자체가 불가능해진다는 사실이었다. 따라서 캐나다의 건국과정에 있어서 부수적 역할은 기본적 역할에 대한 추가라기보다 오히려 통합국가의 성립을 위해 필수불가결한 본질을 구성했다. 이러한 딜레마는 오늘날에도 캐나다 연방제도가 유지되기 위해서 퀘벡문제의 적절한 대응이 해결의 단서를 제공한다는 사실에서 반복되어 입증되고 있다.

건국 초기부터 특정 지역인 퀘벡에서 다수를 차지하면서도 캐나다

이옥연
서울대학교 정치외교학과 교수

전역 혹은 북아메리카 전체로는 소수에 해당하는 프랑스계 이주민에게 그들만의 고유한 문화적 · 정서적 특성, 그리고 궁극적으로 정치-경제적 자치권을 보장할 수 있는 유일무이한 주체가 지역 정부라는 인식이 팽배했다. 그러므로 지역 정부의 영역을 침해하는 연방 정부에 대한 의구심을 불식시키기 위한 각고의 노력이 필요했다. 결과적으로 통합국가를 상정하는 연방제도의 도입은 시작부터 평탄치 않았다. 결국 효율적인 연방제도를 정립하고 지속적으로 운영하기 위해서 캐나다는 한편으로 중앙 정부와 지역 정부 간의 권한배분을 적절하게 유지하는 동시에, 각 수준의 정부 내 부서 간에 기능을 적절하게 안배해야 했다. 반면, 다른 한편으로 지역주의와 국가통합 간의 긴장관계를 적절한 균형을 통해 해소해야 했다.

캐나다는 건국부터 현재까지 하나의 국가와 두 개의 문화, 언어, 종교지역이 동시에 존립할 수 있는 전제조건을 찾으며 통치하는 정치체제이다. 복합사회에서 연방제도에 의존해 다층 거버넌스를 구현하는 연방국가 캐나다는 갈등 해소의 난제를 어떻게 접근해 왔으며 어떤 시정조치가 필요한지, 또 왜 그러한 요구에도 불구하고 시정이 되지 않는지 잘 보여주는 사례이다.

우선 연방주의를 구현하는 근거로서 캐나다 헌법의 정치적 체계를 검토하여 연방제도의 정립과정을 보고자 한다. 그리고 실질적인 권력분산의 면모를 선거-정당체제, 행정조직과 재정분산 등을 통해 검토하고자 한다. 이를 통해 구체적인 중앙-지역/지방 간 권력분산의 실상을 정부 조정단계 기구의 운영과 사회복지제도 중 육아정책에 초점을 맞춰 분석하고자 한다. 마지막으로 연방주의를 통해 국민화합과 분권화라는 두 마리의 토끼를 잡기 위해 반드시 집고 넘어가야 할 문제들을 강조하고자 한다.

Ⅰ. 연방주의의 제도화 과정

1867년 캐나다 연방이 수립되기까지 그 이전 백여 년의 기간은 영국계와 프랑스계 식민지인들 간에 갈등의 심화와 완화의 반복으로 점철되어 있었다. 먼저 1763년 파리조약에서 영국과 프랑스는 7년전쟁(Seven Year War)을 종식시키면서 프랑스가 북미주의 신프랑스(New France)에 대한 자신의 권리를 포기하자 캐나다의 프랑스계 식민지인들 사이에는 자신들이 정복당한 민족이라는 인식이 형성되었다.[1] 주시할 점은 비록 1763년 왕실 포고령(Royal Proclamation)을 통해 영국이 프랑스계 식민지인들의 동화를 도모했지만 동화가 강요되거나 또한 그에 대한 거부를 이유로 프랑스계 식민지인들이 추방되는 등의 사례는 없었다는 사실이다. 오히려 1774년 퀘벡법(Quebec Act)이 통과되면서 1763년 왕실 포고령을 완화시켜 프랑스계 지역 내의 독자적인 정치적 · 법적 체제를 보호하였다.

이후 1791년 헌정법(Constitution Act)의 선포를 계기로 지금의 온타리오(Ontario)에 해당하는 상 캐나다(Upper Canada)와 지금의 퀘벡에

1) 퀘벡이 영국에게 할양되자 지배민족이었던 프랑스계는 수적 다수였던 영국계에 상대적으로 소수계 민족으로 전락한 것을 깨달았다. 따라서 독자적 정체성 유지와 영국계 식민지인과의 공존이라는 두 가지 부담을 떠안게 되었다. Douglas Verney, Three Civilizations, Two Cultures, One State : Canada's Political Traditions, Durham : Duke University Press, 1986, p. 21.

해당하는 하 캐나다(Lower Canada)가 분리되었으며, 각각 총독, 행정위원회, 의회 및 사법부로 구성된 정부체제가 구축되었다. 그러나 영국을 주축으로 하여 수립된 정부체제는 상, 하 캐나다 거주민들의 반발을 사게 되었다. 특히 상 캐나다보다 하 캐나다의 반란은 민족주의적 성향을 띠었다.

동화를 두려워하는 프랑스계 식민지인들은 정치, 경제 및 사회문제를 민족과 계급문제로 비화시켰다. 또한 그들은 선출된 의원으로 구성된 입법부를 요구하기도 했으나 반란으로 확산시키지는 않았다.[2] 그러나 1837년에서 1838년에 걸쳐 반란이 발발했다. 이에 대한 조사결과로 더햄 보고서(Durham Report)가 작성되었다. 이 보고서는 선출된 입법부에 대한 행정부의 책임 부재 및 하 캐나다 내 영국계와 프랑스계 식민지인들 간 대립 등의 문제를 다루었다. 그러나 이 보고서는 프랑스계 식민지인들에게 반란의 상당한 책임을 전가하고 프랑스계의 동화를 촉구하는 내용을 담고 있다. 따라서 더햄 보고서의 공표로 인해 더 깊은 분열이 조장된 측면도 있었다.[3]

---

2) 대통령제를 채택한 미국과 대조적으로 캐나다는 영국 군주를 국가원수로 추대하고 영국 정부에 의해 임명된 총독을 행정부 수반으로 삼고 수상은 단지 내각의 총수에 해당하는 의원내각제를 채택했다. 따라서 내각은 캐나다 의회의 신임에 관계없이 통치할 수 있었으며, 이는 프랑스계에게 영국계 지배체제로 동화될 수 있다는 불안감을 증폭시켰다. 결과적으로 구체적 정책문제들이 민족이나 계급문제로 비화되는 경우가 비일비재했다. Donald Creighton, The Road to Confederation: The Emergence of Canada, 1863－1867, Toronto: McClelland & Stewart, 1997.

3) 그러나 동시에 식민지인에게 좀더 많은 자유를 허용하여 대영제국에 대한 충성심을 고양할 수 있다고 권고하기도 했다. 미국의 독립전쟁을 겪은 영국은 캐나다가 유사한 전철을 밟을 가능성에 대해 고심하고 있었기 때문에 소요사태는 초미의 관심사였다. Christopher Taucar, Canadian Federalism and Quebec Sovereignty, New York, Peter Lang, 2000, p. 37.

후속 해결책으로 새로이 제정된 1840년 통합법(Act of Union)에서 캐나다 권력구조의 근간은 기본적으로 중앙 정부의 권한을 강조하며, 상 캐나다와 하 캐나다가 각각 서 캐나다와 동 캐나다로 명칭이 바뀌어 통합 주(United (rovince of Canada)로 합병된다고 명기하였다. 그러나 캐나다 주 의회(Legislative Assembly of the Province of Canada)는 프랑스계 캐나다(Canada East)보다 영국계 캐나다(Canada West)에게 우호적이었다. 이 때문에 또 다시 영국계 식민지인들과 프랑스계 식민지인들 간 마찰이 심화되는 등 동서분열이 야기되었다. 서 캐나다의 의회와 동 캐나다의 의회 간 합의를 이룰 수 있는 여지가 거의 희박하였다. 이런 상황에서 상원(Legislative Council of Canada)과 하원(Legislative Assembly of Canada) 내 상 · 하 캐나다 각각의 의회에서 다수결로 통과된 법안만이 효력을 발휘한다는 이중 다수(double majority) 의결방식은 중앙 정부가 지역적 · 감정적 갈등을 해소하는 데 걸림돌이 되었다.[4)]

이러한 교착상태에 대한 해결책을 모색하며 해안 연안 주(Maritime provinces)들이 해안연맹(Maritime Union)을 결성하려는 움직임을 보이자 이를 저지하고 동시에 동서 간 분열 극복을 위해 연방제도가 논의되기 시작되었다. 이는 급기야 1864년 샬롯타운 회의(Charlottetown Conference)가 개최되어 연방제도의 도입과 동서 간 타협이 거론되기 시작했다. 이 회의에서 프랑스계 식민지인들은 퀘벡의 권한을 보장받고 고유의 민족성과 종교를 유지하고자 했다. 이에 새로운 연방헌법

4) 책임정부의 부재가 반란으로 이어졌다는 판단 하에 중앙 정부의 권한을 강화하고 입법 연합을 통한 통합국가를 정립하려는 목표 하에 1840년 캐나다 통합법이 제정되었으나 갈등해소의 장이 본연의 기능을 제대로 수행하지 못한 결과로 결국 다시 한 차례 더 제도적 치유책을 시도하기에 이르렀다.

에 지역 자치권을 명시하여 퀘벡이 영국계 영향력으로부터 벗어날 수 있는 기틀을 마련하고자 하였다. 따라서 같은 해의 퀘벡 회의(Quebec Conference)를 통해 프랑스계 식민지인들은 강력한 중앙 정부에 대한 반감을 표명했고, 이를 해안 연안 주들도 수용하면서 중앙집중화를 주장하는 진영을 상대로 타협점을 찾으려는 노력이 경주되었다.

구대륙으로부터 캐나다에 건너온 이주민들은 이민 기간에 따라 해안 연안지역(Maritime), 퀘벡(Quebec), 온타리오(Ontario), 초원지역(the Prairies), 서해안지역(West Coast) 등을 중심으로 정착하며 지역적 특이성을 나타내기 시작했다. 이러한 독특한 인구분포로 인해 캐나다에는 통합을 추구하면서 발전하기보다 개별 지역을 토대로 발전하는 경향이 강했다. 무엇보다 지역적 특징을 상징하는 핵심 요소로 영국계와 프랑스계 식민지 간 언어 사용권을 중심으로 문화, 종교, 그리고 궁극적으로 경제 주도권을 둘러싼 갈등이 형성되었다.

결국 "하나의 국가"라는 사실에 합의하여 동부 13개 주(state)를 중심으로 "자유의 보장"과 동시에 일정한 수준의 "권력집중"을 위한 정치제도의 하나로 등장한 미국 연방제도와 달리, 캐나다의 연방제도는 "하나의 국가"라는 사실에 대한 합의가 없이 출발하였다.[5] 즉, 미국과 대조적으로 캐나다의 연방제도는 다양한 지역적 특성과 민족 간 차별성으로 인한 분열을 극복하기 위해서 전국적 통합을 시도하는 동시에 지역과 민족의 특성을 인정하지 않을 수 없다는 필요성에 의해서 촉발되었다.

5) Robert Vipond, 1787 and 1867 : The Federal Principle and Canadian Confederation Reconsidered, Canadian Journal of Political Science, Vol. 22 No. 1, 1989, pp. 5–24.

드디어 런던 회의(Lond Conference)를 기점으로 캐나다 연방제도는 1867년 캐나다 헌정법(Constitution Act, 또는 British North America Act)의 통과로 성사되었다.[6] 헌정법은 연방제도의 도입에 동의하는 참가자들에 의해 작성되었다. 그러나 영국이 궁극적 제정권한을 가지고 있었기 때문에 기본적으로 영국의 법령이었다. 따라서 연방헌법은 캐나다의 외교권이 결여되어 있는 등 그 내용면에서 불완전했을 뿐만 아니라, 캐나다 국내에서 가능한 헌법 개정절차조차 명시되어 있지 않는 종속적 헌법이었다고 평가할 수 있다. 그러나 영국식 의회제도를 근간으로 한 캐나다의 의회우선주의는 영국에서와 달리 강력한 상원을 두고 있었고, 대법원에 의한 사법심사권을 규정함으로써 영국식 의회주의를 존중하되 미국식 연방제도의 운영을 지향했다는 주장도 설득력을 지닌다.[7]

건국 초기의 캐나다 연방제도 창설에 대한 논지는 크게 세 가지 입장으로 분류할 수 있다. 첫째는, 캐나다라는 통합국가로의 동화를 요구하며 중앙집중적 권력구조를 선호하는 중앙집권주의자(centralist)인 존 맥도널드(John McDonald)의 논점이다. 둘째는, 동부 캐나다 지역을

---

6) 지역정부주의자들과 더불어 연방헌법의 채택에 반대한 다른 세력인 뉴펀들랜드, 에드워드 군도, 노바 스코시아, 뉴브런스윅의 해안 연안 주들은 강력한 중앙 정부 체제가 조세부담을 증가시키고 정책을 간섭할 가능성에 대해 염려했다. 그러나 국내외 상황으로 인한 당시의 재정악화 해소와 국경수호를 유일하게 강력한 중앙 정부만이 수행할 수 있다는 기대감에서 결국 이들 해안 연안 주들은 연방법을 지지하게 되었다.

7) 궁극적으로 연방제도를 수립했지만 오랜 기간 동안 문제해결을 위해서는 여전히 영국에 의존해야 했던 탓에 연방제도가 오히려 비효율성과 긴장을 영구적으로 만들었다는 비판도 있다. Kenneth McRoberts (ed.), Misconceiving Canada: The Struggle for National Unity, Ontario: Oxford Univ, Press, 1997, p. 43.

중심으로 공식 언어로서 불어의 지위가 타협될 수 없으며 연방 정부의 창설은 단지 소수파 프랑스계 캐나다인이 다수인 영국계 캐나다인에게 지배당하는 결과를 초래한다고 주장하는 지역정부주의자(provincialist)들의 논점이다. 마지막으로 셋째는, 두 민족, 문화, 언어, 종교 간 공존을 기초로 한 통합국가의 수립이 가능하다고 주장하는 연맹주의자(confederalist) 카르티에(Cartier) 등의 논점이다.

지역정부주의자 내 중도파인 주권주의자(sovereignist)와 극한파인 이탈주의자(separatist)의 대립은 오늘날까지 이어져 오고 있다. 이는 1995년 퀘벡 주의 연방 이탈을 둘러싼 국민투표로 치닫기도 했다. 그러나 건국 초기에는 맥도널드와 카르티에를 주축으로 중앙집권주의자와 연맹주의자가 상호 간 이견에도 불구하고 공통적으로 영국식 체제를 근간으로 하는 연방 정부 체계를 수용하는 데 합의했다. 또한 맥도널드나 카르티에 이외 다른 건국 참여자들도 미국의 남북전쟁을 곁에서 지켜보며 미국식 공화제 민주주의(republican democracy)의 폐단을 방지해야 한다는 데 중지를 모았다.[8] 결국 연방국가로서 탄생한 캐나다는 중앙집권을 지향한 맥도널드의 주장을 중심으로 지역적 · 문화적 · 인종적 다양성을 연방제도 내에서 수용할 수 있다고 본 카르티에의 주장이 결집되면서 이루어진 것이었다.

다음의 <표 1>은 1840년의 통합법과 1867년의 헌정법에서 분권과 관련된 조항을 비교하고 있다. 그렇다면 연방제도가 확립된 전후부터 캐나다의 헌법은 어떻게 변하였고 연방국가로서 캐나다는 어떻

8) 미국의 내전인 남북전쟁은 캐나다에게 충격과 공포를 안겨주어 유사한 내전을 사전에 막기 위한 제도적 장치로 강력한 중앙 정부를 전제한 연방제도를 받아들여야 한다는 공감대가 형성되었다.

〈표 1〉 캐나다의 통합법과 헌정법 비교

캐나다 통합법(1840)	캐나다 헌정법(1867)
주요 목적(1조) : 상 · 하 캐나다를 연합주로 합병	정부 권한(91, 92, 93, 95조) : 주의 권한은 상세한 항목으로 명기 ; 대다수 잔여 권한은 연방 정부 귀속
중앙–지역 정부 관계(52, 53조): 구체적 언급은 없고 영국 의회의 최종 입법권만 명기	지역 정부에 대한 연방 정부의 권한(56, 57, 90, 92–100, 102, 104, 106, 108, 112조) : 주법에 대한 입법거부권, 퀘벡 이외 주법에 대한 통합권, 주의 종교적 교육권한 침해보상법 제정권, 중앙에 이양되는 공공 사업영역 결정권, 주에 대한 보조금 지급 결정권
	정부조직 용어 차별화 (연방/지역) –행정부 수반 : Gevrnor General/Lieutenant–Governor –행정단위체 : Dominion/Province –연방상원 : Senate/Legislative Council –연방하원 : House of Commons/ Legislative Assembly –내각총수 : Prime Minister/Premier
연방 의회 의원선출(5조, 12조, 세칙 13–20): 입법심의회(상원) 의원은 총독/영국 국주 임명; 입법의회(하원) 의석수는 상 · 하 캐나다에 동등하게 배정, 종신제	연방 상원의원 선출(24조): 연방 정부의 추천에 의거해 총독/영국 군주 임명, 종신제
연방 의회의 역할(3조): 캐나다 연합 주 내 "평화, 복지, 통치"를 위한 입법권	연방 의회의 조세권(91–93조): 어느 항목, 체계를 통해 세금 징수 가능
지역 정부의 헌법적 지위(2조): 통합국가에 귀속	주지사 선출(58조): 연방 정부의 추천에 의거 총독/영국 군주 임명
지역 정부의 고유권한(47조): 통합법에 위배되지 않는 범위 내 상 · 하 캐나다 지역의 민법, 형법 효력 인정	사법권(101조): 연방 정부가 연방과 주 고등 사법부 통제

*출처: 손병권, 이옥연(2004)의 < 표 1> 과 < 표 2> 재정리

게 영토를 확장하였는가? < 표 2> 는 1982년 헌정법에 의해 1867년 헌정법 제정 이후 캐나다를 연방국가로서 확립시킨 22개의 첨부 법안

과 1982년 이후 첨가된 9개의 헌법 수정안을 열거한다. 캐나다의 헌법은 공식적으로 이와 같이 복수의 법령(statute), 명령(council–in–order), 사법부 판결과 같은 문서를 종합적으로 가리키지만 실질적으로는 "헌법 약정"(constitutional conventions)이라고 불리는 비공식적 수칙과 전통, 관습 등까지 포괄하고 있어 전문과 수정조항으로 구성된 미국의 헌법과 대조적이다.

〈표 2〉 캐나다의 헌법체계

1870 마니토바법(캐나다 의회 발안)	현 Winnipeg에 해당하는 북서부를 Manitoba주로 조직–합병
1870 Rupert's Land and North–Western Territory Order	Rupert's Land and North–Western Territory를 Northwest Territories로 조직–합병
1871 British Columbia Terms of Union	British Columbia주 합병
1871 헌정법	캐나다 연방 의회의 영토 합병권과 정부조직 수립권 명시
1873 Prince Edward Island Terms of Union	Prince Edward Island주 합병
1875 캐나다 의회법	
1880 Adjacent Territories Order	모든 북미 영국령과 열도 합병
1886 헌정법	
1889 캐나다 온타리오 경계법	
1905 Alberta Act (캐나다 의회 발안)	Northwest Territories 일부를 Alberta주로 재구성–합병
1905 Saskatchewan Act (캐나다 의회 발안)	Northwest Territories 일부를 Saskatchewan주로 재구성–합병
1907 헌정법	
1915 헌정법	
1930 헌정법	
1931 Statute of Westminster	캐나다 연방 정부에게 대외정책결정권 양도

1940 헌정법	캐나다 연방 정부에게 실업보험 권한 양도
1949 헌정법+뉴펀들랜드법	캐나다 연방 정부에게 연방 정부에 관한 개헌 권한 일부 부여+Newfoundland주 합병
1960 헌정법	
1964 헌정법	캐나다 연방 정부의 연금에 관한 입법권 명시
1965 헌정법 (캐나다 의회 발안)	
1974 헌정법 (캐나다 의회 발안)	
1975 헌정법 (캐나다 의회 발안)	
1982 헌정법	캐나다의 정치적 독립과 개헌절차 명시; 권리장전 포함+개헌 권한 완전 부여
1983 개헌선언*	원주민 권한 거론
1985 헌정법*	법령에 의한 연방 의회 의석수 조정권한 명시
1993 New Brunswick법 개헌선언* Prince Edward Island법 개헌선언*	New Brunswick주 영어와 불어 공식어 지정; PEI주 페리 대신 영구연결교량 허가
1997 Newfoundland법 개헌선언*	Newfoundland주에게 교회기반교육체제를 대체하는 사교육체제 설립 허가
1997 Quebec법 개헌안*	Quebec주에게 교파별 학교위원회를 언어지역별 학교위원회로 대체하도록 허가
1998 Newfoundland법 개헌안*	Newfoundland주에게 교파별 학교체제 폐지 허가
1999 헌정법*	Nunavut Territory에게 연방상원과 하원 내 대표권 인정
2001 Newfoundland and Labrador법 개헌안*	Newfoundland주를 Newfoundland and Labrador주로 공식 개명

*출처: http://polisci.nelson.com/constitution.html ; Schedule to the Constitution Act, 1982 ; Modernization (www.solon.org/Constitutions/Canada/English/ca_1982.html) 의 내용을 종합하여 재정리

* 1983년부터 모든 법안을 캐나다 의회가 발안하고 캐나다 의회가 최종적으로 통과함.

Ⅱ. 다층구조의 분권 실현

1. 협력집행 연방주의

캐나다는 앞서 살핀 바와 같이 집단 간 알력다툼을 해소하는 동시에 국가라는 최고권위에 대한 공감대를 형성해야 하는 절박함에서 연방제를 도입했다. 그 결과 캐나다의 연방주의는 지역 정부의 독자적 이익이 제도적으로 대변될 수 있으나 절차상 실제로 이루어지지 않는 이중적인 형태로 발전했다. 이러한 이중성은 구체적으로 연방상원의 실질적 무력화와 '협력집행 연방주의'(cooperative executive federalism)로 나타난다.

캐나다 헌법은 연방상원에게 재정법안의 법안내용에 대한 이의제기, 법안개정, 법안통과 권한을 부여하므로 비록 발안권이 없어도 이론적으로 강력한 지역 정부의 대변기관의 역할을 수행할 수 있다. 그러나 연방상원 의원들은 연방하원의 다수당 당수이며 집권내각의 총수가 지명한 인사들을 총독(Governor−General)에 의해 임명된다. 상원의원은 1975년 이후 종신 임기에서 75세 정년으로 바뀌었고, 1986년부터 지역 정부에게 자문을 구한 후 상원의원들을 지명하는 관행이 정립되었다. 이러한 선출방식으로 인해 상원의원직은 집권정당에 대한 충성의 대가(the choicest (lums in the patronage basket)에 그치므로 그 출신 주의 민선 정부를 위해 정치적 책임성이 없는 상원의원이 대변인 역할을 하리라고 기대할 수 없다.

협력집행 연방주의는 중앙과 지역 간 주요 정책결정이 각 정부단계의 의회를 통한 심의보다 각 정부단계의 행정부를 통한 조정에 의해 이루어지는 권력분산 형태를 의미한다. 캐나다에서는 지역 정부의 문제를 다루는 연방상원의 역할이 실효를 발휘하지 못하기 때문에 의회 중심으로 연방주의를 실현하는 입법연합(legislative union) 대신 각 정부단계의 행정부 부처 간 정책 공조를 위한 연방체제가 성립된다. 그러나 일반적으로 지역 정부보다 중앙 정부가 더 큰 재원을 보유한다는 점을 감안할 때, 중앙–지역 간 표면적 협조는 중앙 정부의 지역 정부 회유–포섭으로 이루어지는 공조, 즉 매수한 협조로서 근본적으로 중앙 정부에게 유리하나. 그 결과 캐나다의 연방주의는 실질적으로 지역 정부의 요구를 연방 정부의 기대치보다 중요하다고 강조하지만 공식적으로는 지역 정부의 우선순위를 명문화하지 않는 특이한 형태로 발전했다.

캐나다 헌법은 중앙–지역 관계에서 중앙 정부가 명분상 우위 입지를 고수하는 동시에 중앙과 지역 정부 간 독자적 권한이 있다고 명시한다. 그러나 지역 정부의 독자적 권한은 품목별로 명확하게 제시되었다기보다 중앙 정부와 공조해 복합적으로 얽혀 있는 권한들을 성립시켜야 하기 때문에 정부단계 간 관계는 주로 구체적 정책에 대한 비공식적 타협과 합의를 통해 형성된다.[9)]

캐나다의 협력집행 연방주의와 더불어 무력한 연방상원을 대신해 연방과 주 관계, 특히 퀘벡과 이외 다른 주 간의 관계를 조정하는 실질

---

9) 따라서 연방 정부와 주 정부 간 회동뿐만 아니라 주 정부 간 회동도 다른 연방국가들과 비교해 월등하게 빈번하다.

적 기능을 수행하는 기관은 다름 아닌 내각이다. 통상적으로 주당 최소한 한 명의 각료가 포함된다. 만약 하원에서 해당 주 출신 의원이 없으면 상원에서 기용하여 모든 주 출신 의원이 각료를 구성하고 있다. 또한 소수집단이나 여성에 대한 각료 안배도 통례이다. 무엇보다 퀘벡과 비퀘벡 주 출신 당 지도부 간 정기적으로 주도권이 교체되는 것과 "퀘벡 보좌관"(Quebec lieutenant)을 대체적으로 내각에 포함시키는 것 등은 관례로 정착되었다.

〈표 3〉 캐나다 28대 연방내각, 2006년 3월 현재*

퀘벡 주	온타리오 주	이외 주
–노동&퀘벡 경제개발 –산업 –교통&인프라&공동체 –국제협력/공식언어 –공공사업&정부사업	–하원 원내총무 –상원 원내총무 –정부단계 관계조정/스포츠 –인적자원&사회개발 –국방 –캐나다 유산&여성지위 –보건&북 온타리오 경제개발 –재무	–AL:시민권 & 이민, 환경, 인디언 문제&북방개발 –BC:국제무역/태평양 교류, 농업 & 캐나다 밀, 천연자원, 공공 안전 –NB:퇴역군인 문제 –NS:외무/대서양 교류 –NL:수산업&대양 –SK:국세/서부 경제분화 –MB:법무/검찰

*출처: http://pm.gc.ca/eng/cabinet.asp

* PE 출신 각료는 현재 포함되어 있지 않음. 2006년 1월 23일 총선결과 보수당이 39대 의회의 소수집권당으로 부상하여 내각을 구성함. 이 중에서 5명이 여성임.

결국 미국, 독일 등 다른 연방국가들과 대조적으로 캐나다에서는 연방 정부 단계에서 주와 지방 정부의 이익을 공식적으로 대변하는 경로가 결여되어 있으나 이렇게 엘리트가 주도하는 정치 타협의 관례가 제도화된 권한분산의 이익대변 과정을 대체하고 있다. 각료 개개인이 출신 주의 이익을 대변하는 유일한 창구역할을 하던 4, 50년 전 시절에 비교해서 현재는 각료의 영향력이 현저하게 축소되었다. 그러나 지역의 명망 있는 정치인을 내각에 고용하여 그 출신 주에게 지역이익이 제대로 정책에 반영된다는 인식을 심어주려는 집권정당과 그 당수인 수상에게 각료직 안배는 아주 효율적인 정부단계 관계 조정의 도구이다. 앞의 <표 3> 은 현재 보수당 수상인 스티븐 하퍼(Stephen Harper) 내각을 구성하는 각료들의 출신 주 분포를 나타낸다.

2. 정부체계와 정당

캐나다의 행정체계는 10개의 주(province)와 3개의 자치령(territory)으로 구성되어 있다. 통상적으로 지역 주의 성향이 강한 탓에 이들 행정단위를 지정학적으로 묶어 서부(British Columbia, Alberta, Saskatchewan, Manitoba의 4개 주와 Yukon, Northwest, Nunavut의 3개 자치령), 온타리오(Ontario주), 퀘벡(Quebec주), 그리고 대서양 연안(New Foundland and Labrador, Prince Edward Island, New Brunswick, Nova Scotia의 4개 주) 등 4개 지역으로 분류하기도 한다. 이러한 지정학적 분류는 특정 정당에 대한 지지와 밀접하게 연관되어 있어서 연방과 독립적인 정당체계의 지지기반을 형성한다.

양원제를 채택한 연방 정부와 달리 모든 주/자치령 정부는 하원(Legislative Assembly) 중심의 단원제를 채택했다. 또한 연방선거와 주/자치령 선거는 각기 다른 선거일에 치러지며, 주/자치령마다 선거일도 다르다.[10] 특이하게 13개의 주/자치령 중에서 1993년 누나부트 법(Nunavut Act)에 의해 조직된 누나부트 테리토리(Nunavut Territory)와 1870년 루메르트 란트와 북서지역 명령(Rupert's Land and North-Western Territory Order)에 의해 합병된 노스웨스트 테리토리(Northwest Territories : NWT)는 비당파적 주 의회를 운영하고 있다.

캐나다의 사법체계도 정치-행정체계처럼 복합적인 사회의 법질서를 정착하기 위해 복합적인 제도를 채택하고 있다. 기본적으로 주 법원, 주/자치령 상위법원-연방 소송법원, 주 항소법원-연방 항소법원, 캐나다 대법원의 4단계를 가진 사법체계이지만 법원 명칭이 정부 단계마다, 주마다 조금씩 다르며, 심지어 재판관할권도 각기 다르다.[11] 또한 군사법원과 군사 항소법원, 조세법원, 그리고 정규 사법체계 밖에서 사법기능을 행사하는 주 행정재판소-연방 행정재판소 등이 있다. 주 사법체계와 연방 사법체계의 재판관할권이 서로 분리되어 있다는 점에서는 미국과 유사한 법체계를 가지고 있으며, 따라서 연방 정부와 주 정부가 따로 법관을 임명한다. 연방법관은 75세 정년, 주법관은 주에 따라 다소 차이가 있지만 대부분 70세 정년이 보장되

---

10) 각기 다른 선거일에 치르는 경우에 주 선거의 결과는 연방집권 정당에 대한 신임투표의 의미를 가지게 된다. 특히 이러한 현상은 퀘벡에서 두드러지며, 한편으로 이는 주 단계 정당조직의 자율성을 의미하기도 하지만 다른 한편으로는 중앙-지역/지방관계에 있어서 영구한 흔적을 남기지 않는 중앙으로부터의 통치에 대한 주 정부의 반발을 상징하기도 한다.

11) 위어(Wheare)가 캐나다를 "준연방"으로 일컬은 이유는 단지 캐나다 헌법(British North America Act)의 조문을 준거로 연방제도의 기본 요소를 갖추지 못한 점에만 초점을 맞췄기 때문이지만, 연방주의는 법제도적 구조인 동시에 정치구조이므로 연방제도의 비공식적 측면도 세밀하게 검토해야 한다고 베이어(Baier)는 지적하고 있다. François Rocher and Miriam Smith ed., New Trends in Canadian Federalism, 2nd ed., Peterborough: Broadview Press, 2003, pp. 111-134.

어 있다.

사법심사권은 미국과 마찬가지로 연방법원체계에 주어져 있으며, 특히 캐나다 대법원은 연방–주/지방 관계의 틀을 규정하는 판례를 통해 권력분산에 중대한 영향력을 미치고 있다. 캐나다 대법원은 모든 법원의 최고법원으로 대법원장과 8명의 대법관은 연방 정부에 의해 임명되며, 관례적으로 3명은 퀘벡, 3명은 온타리오, 2명은 서부 캐나다, 1명은 대서양 연안지역 출신으로 구성된다.[12] <그림 1> 은 캐나다의 사법체계를 단계별 · 기능별로 분류하고 있다.

〈그림 1〉 캐나다 사법체계

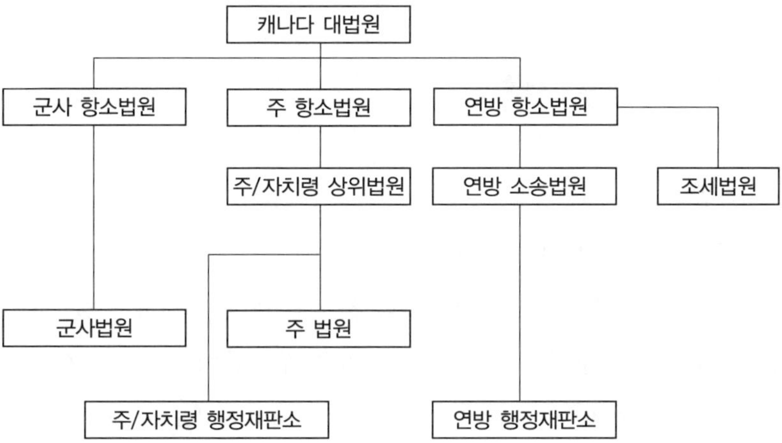

12) 대법관 임명의 이러한 지역안배도 캐나다의 복합성을 반영한 조치라고 볼 수 있다.

〈그림 2〉 캐나다의 재정집중도

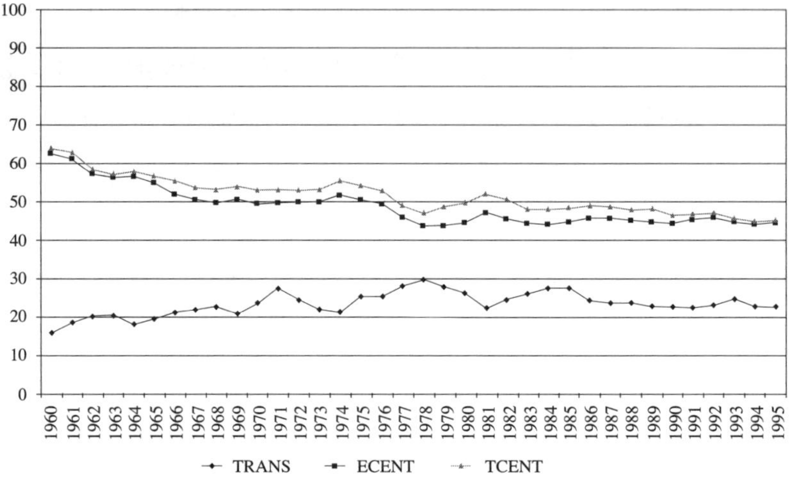

- ECENT : 총 정부 지출 중 중앙 정부 지출이 차지하는 비율
- TCENT : 총 정부 세수 중 중앙 정부 세수가 차지하는 비율
- TRANS : 중앙 정부 지출 중 지역/지방 정부 이전이 차지하는 비율

캐나다의 다층구조 분권의 실상은 < 그림 2> 에 나타나는 재정집중도를 통해 잘 나타난다. 비록 재정집중도가 상당히 낮지만 이를 연방주의의 성공사례로 해석하기보다 사회 저변에 산재하는 갈등해소를 위해 중앙 정부가 지역 정부를 회유한 부산물이라는 평가가 지배적이다.[13] 즉, 좀더 주의깊게 < 그림 2> 의 이상적으로 보이는 재정분산 정도를 검토하면, 그 이면에 캐나다 연방으로부터 탈퇴를 도모하

13) 이옥연, 「연방주의, 재정분산과 정당간 경쟁」, 『국제정치논총』 제42집 3호, 2002, p. 86. 중앙-지역/지방 간 재정분산을 통해 나타나는 표면적 협조가 실질적으로는 연방 정부가 주 정부를 상대로 얻어낸 '매수한 협조'로서 근본적으로 연방 정부에게 치우쳐 영향력이 분포되어 있음에 유의해야 한다.

려는 소위 '퀘벡 주 문제'에 대한 해결법으로 연방 정부가 다른 모든 주들에게도 동등한 조세징수와 예산지출에 대한 자율권을 부여한 결과 나타난 조작된 재정책임 소재지 분산이라는 특이한 사실을 발견할 수 있다.[14] 그러나 동시에 이러한 자율권의 집행은 헌법 외 정부단계 간 기구를 통해서 지역 행정부처 간 협상이 성립되어야 가능하다는 구조적 제약점을 안고 있다. 더구나 협조집행 연방주의 관행으로 인해 독립적으로 선출된 지역의회가 지역 재정운영에 있어서 실질적인 거부권을 행사할 수 없다.

이러한 상황에서 표출창구를 상실한 지역주민의 불만은 결국 연방 정부, 좀더 정확하게 말하면 연방 집권정당에 대한 반사적 역반응으로 지역의회 선거에서 표출된다.[15] 즉, 지역의회와 연방상원 간 지역을 기반으로 한 연대관계가 없는 캐나다식의 연방주의 체제에서 지역의회는 연방 정부에 대한 지역 이익을 대변할 수 있는 장(場)을 잃었을 뿐만 아니라, 지역 정부 간의 접촉에서도 지역 행정부에게 밀려 발언 기회를 상실했다. 따라서 지역 거주 유권자들은 독립적인 지역선거라는 절차를 지역 정부에 대한 정무책임을 묻는 기회가 아니라 현 연방 집권정당에 대한 반감을 표시하는 출로로 활용하고 있다. 그리고 이러한 지역주의는 퀘벡 주 이외에도 다른 주에서도 현저하게 드러난다.

---

14) 퀘벡을 가리켜 "a province unlike the others"라고 칭하는 이유에서도 알 수 있듯이 비록 수적으로 열세이지만 프랑스계는 캐나다라는 통합국가의 분열을 가져올 수 있는 잠재력을 지니고 있기 때문에 캐나다의 연방–주/지방관계는 수직적 관계뿐만 아니라 주 간 수평적 관계에서도 기묘한 줄타기를 연상시킨다.

15) 결국 주회의 독자적 정당구성이 재정분산과 주선거를 연계하는 매개체 역할을 하지 못하지만, 이러한 주 의회의 반동적 행보를 빌미로 삼아 주 정부는 연방 정부를 상대로 구체적 정책/프로그램별 재정지원의 근거를 마련할 수 있다.

캐나다에서는 정당체계마저 지역할거주의가 반연방 집권정당 성향으로 표면화되는 분권체제로 발전했다. 흔히 캐나다의 정당발전사를 정당 지지기반의 변동에 초점을 맞추어 1) 1867년 헌정법 제정-1917, 2) 1921-1958, 3) 1962-1980, 4) 1984-1997 그리고 5) 1997년 이후의 5단계로 나눈다. 이와 같은 변천을 거치며 캐나다의 정당제도는 뿌리 깊은 지역정서가 연방 차원의 정치과정에서 정치적 영향력을 발휘할 수 없는 취약점을 타고 지역 차원의 선거를 통해 정당성향이 분산되어 나타나는 다층구조로 발전했다.

다음의 < 그림 3> 과 < 그림 4> 는 이러한 분절된 형태의 정당체계를 잘 보여준다. 구체적으로 연방하원과 주 의회의 정당별 의석률을 대조해 보면 1960년대부터 1980년대까지 자유당은 연방 정부 단계에서 지속적으로 과반수 의석을 차지했지만 주 의회에서는 전체적으로 훨씬 못 미치는 지지를 얻었다. 더구나 New Democratic Party/Cooperative Commonwealth Federation이나 지역정당인 Parti Québécois 및 Social Credit/Créit Social 등 제3당들이 활보하던 1970년대에는 지역 정부 단계에서 자유당과 보수당 모두 지지기반을 잃었다. 그러나 1984년 총선에서 지난 20여 년간 집권내각을 꾸려온 자유당이 실권하자 연방 집권정당인 보수당에 대한 반감표시로 지역 정부 단계의 자유당 지지도가 증가하면서 1970년대 수준이 회복되었다. 따라서 캐나다의 분권은 법제도적 권한 분산과 재정적 책임소재지 분산 이외에도 정당제도의 지역화로 나타나는 복잡한 다층구조로 발현되고 있다.

〈그림 3〉 연방선거 정당별 의석률, 1962-1993

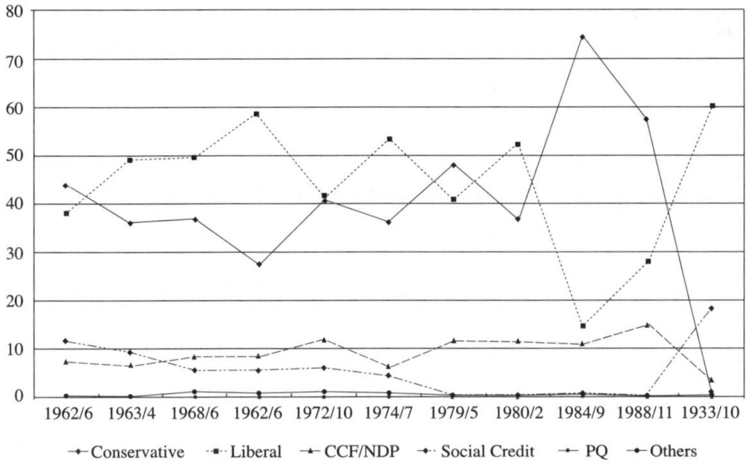

〈그림 4〉 주선거 정당별 의석률, 1962-1993

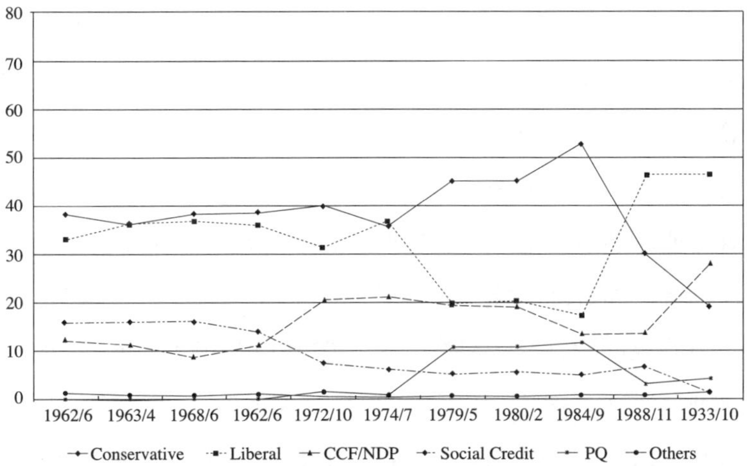

*출처 : Okyeon Yi Hong (2002), Federalism, Fiscal Centralizationand Partisan Competition, Appendix의 표를 그림으로 전환함.

1. 주 의회의 정당별 의석률을 합산하는 방식에 대해서는 이옥연(2002), "연방주의, 재정분산과 정당 간 경쟁", 372쪽 참조.
2. 연방선거에서 Québec주의 지역 정당은 Bloc Québécois이며, 주 선거에서는 Parti Québécois이다.

Ⅲ. 지역 균형발전의 실상

캐나다 연방제도의 특징 중 가장 두드러지는 것은 여기에 나열할 수 없을 정도로 수많은 협약(Accord)이 특정한 정책을 중심으로 정부 간 관계에서 구속력을 가지고 집행되고 있다는 점이다. < 표 4> 에서 보듯이 캐나다의 정부 간 관계기구는 대다수의 주에서 1970년대 말 이후 독립적인 부처로 발전하였다. 빈도면에서도 캐나다는 중앙과 지역 정부 간 접촉뿐만 아니라 지역 정부 간 접촉도 빈번하다. 그러나 이렇게 빈번한 정부 단계 간 기구의 접촉은 동시에 지역 정부의 자율권을 명문화하는 경로 대신 실질적인 연방 정부의 권한 일부를 잠정적으로, 그러나 지속적으로 부여하는 부단한 협상의 경로를 택한 결과라 할 수 있다. 결국 분리주의자들로 인해 연방이 와해될 뻔한 쓰라린 경험을 지닌 캐나다 연방 정부는 퀘벡 주의 독립옹호자들에 의한 법제도적 함정에 다시 말려들지 않기 위해 사실상의(de facto) 양보를 광범위하게 채택하는 대신 합법적인(de jure) 지역 정부의 자율권이 명시되는 것을 저지하려 한다.

그러나 보다 근본적으로 지역 균형발전의 배경에는 행여 연방 정부가 퀘벡 주에게 특별한 지위를 부여할지 우려하는 다른 주들을 진정시키려는 의도가 깔려 있다.[16] 결국 퀘벡 주의 '주권을 행사할 수 있는 공동체'(sovereign nation)라는 인식이 공식화되는 것을 저지하기 위해 연방 정부와 다른 주들은 실질적으로 퀘벡 주만의 독자적 영역을

16) 80여 년이 지난 지금에도 이러한 상황은 크게 변한 바가 없다.

제한된 영역에서 허용하는 것을 앞서 언급했듯이 빈번한 합의를 통해 결정한다.

〈표 4〉 캐나다의 정부 단계 간 관계 조정기구

주*	연도	주 부서	명칭
연방	1974	주 총리	Ministry of Intergovernmental Affairs
Alberta (AB)	1972	주 내각	Ministry for Federal and Intergovernmental Relations
British Columbia (BC)	1976	주 수상; 내각	Executive Council Department; Ministry of Intergovernmental Relations
Manitoba (MB)	**	주 수상; 내각	Executive Council Office; Ministry of Intergovernmental Affairs and Trade
New Brunswick (NB)	1974	주 수상; 내각	Executive Council Secretariat; Ministry of Intergovernmental and Aboriginal Affairs
Newfoundland & Labrador (NL)	1973	주 수상	Executive Council Secretariat; Ministry of intergovernmental Affairs
Nova Scotia (NS)	1975	주 수상; 내각	Ministry of Intergovernmental Affairs
Ontario (ON)	1965	주수상; 내각	Executive Council Secretariat; Ministry of Intergovernmental Affairs
Prince Edward Island (PE)	1979	주수상; 내각	Executive Council Secretariat; Ministry of Intergovernmental Affairs
Quebec (QC)	1961	주 내각	Ministry for Intergovernmental Affairs → Ministry for Canadian Inter–Governmental Affairs
Saskatchewan (SK)	1977	주 수상; 내각	Executive Council Office; Department of Intergovernmental Affairs → Ministry of Intergovernmental Relations

*자료 : 최신 정보에 의거해 재정리함.
(원출처 : Warhurst, Managing Intergovernmental Relations, in Federalism and the Role of the State. Bakvis and Chandler eds., 1987 ; Hunter, ed. The Statesman's Year–Book, 134판, 1997/1998.)
*괄호 안의 주 명칭 약자는 < 그림 5> 와 연관해서 참고하기 바람.
**정부 간 관계기구의 설립연도에 관한 자료가 미비함.

실례로 연금제도나 건강보험제도는 퀘벡 주를 제외한 모든 주에 적용되는 체계와 퀘벡 주에만 적용되는 체계로 구성된 이중구조로 운영된다. 주목할 점은 이러한 이중구조에 대해 퀘벡 주 이외 유권자들은 강한 반감을 나타낸다는 사실이다.[17)] 따라서 정부 차원에서 지속되는 퀘벡 주의 특권에 대한 묵인을 무마하려는 노력의 일환으로 주의 재정상태를 균등화하려는 정부 단계 간 보조금이 1982년 헌정법 제정 이후 명시되었다.

실제로 다음의 <그림 5> 에서 2000년부터 2004년까지 평균값에 의하면 가장 부유한 Alberta(AL)주와 가장 빈곤한 Prince Edward Island(PE)주의 일인당 GDP 비율은 1.6에 이른다. PE 이외에도 Newfoundland and Labrador(NL), Nova Scotia(NS), New Bruswick(NB) 등 평균보다 재정적 형편이 좋지 않은 주들은 평균 이상인 퀘벡 주에게 부여되는 특권에 상응하는 실질적 보상을 요구해 왔으며, 1982년 이전부터 연방 정부는 이를 수용해 왔다.

이는 앞서 <그림 2> 에서 지역/지방 정부에 대한 연방 정부의 이전이 1970년대 이후 큰 변동 없이 일정 수준을 유지하고 있다는 사실로도 확인할 수 있다. 현 헌법에 의거해 연방 정부는 주 정부에게 '균등화 자금' (equalization payments)과 '프로그램 자금' (program payments)을 지불해야 한다. '균등화 자금' 은 상대적으로 빈곤한 주에게 재정적 취약점을 보완할 수 있도록 연방 정부가 재원의 일부를 재조정하여 주 간의 재정적 격차를 감소시키기 위한 목적으로 만든 보조금이

17) 이러한 경향은 예를 들어 사회복지제도 전반에 걸쳐 나타나며, 후에 상세하게 검토하는 육아정책에서도 두드러진다.

〈그림 5〉 캐나다 주별 일인당 GDP, 2000–2004 평균

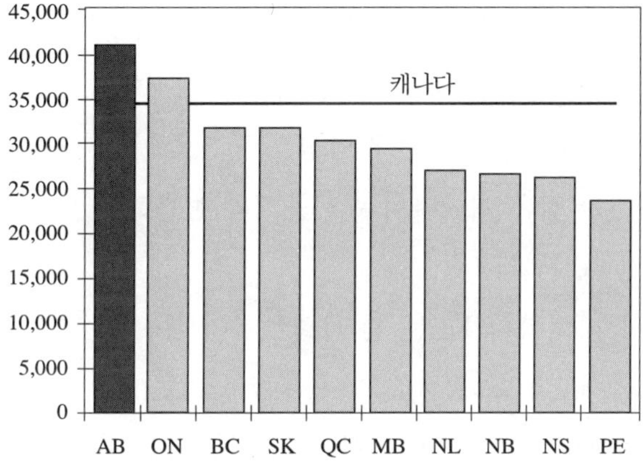

*출처 : 캐나다 통계청

다. 반면에 '프로그램 자금'은 2004년 이후 '캐나다 건강보험 보조금'(Canada Health Transfer : CHT)과 '캐나다 사회비용 보조금'(Canada Social Transfer)으로 양분되어 있다. 여기서 전자는 주의 건강보험 경비지출을 연방 정부가 재정지원하고 있으며, 후자는 주 정부에게 연방자금을 이전하여 고등교육, 사회부조, 아동복지 프로그램 등을 지원하도록 한다.

이론적으로 이렇게 제도화된 재정 연방주의는 지역 간 재정자원의 격차를 줄여 헌법이 명시하는 지역/지방 정부의 책무를 충실하게, 그리고 민주적으로 이행할 수 있게 도와준다. 그러나 이러한 원론적 이점의 이면에는 세원 재분배의 결정권을 선점하고 있는 연방 정부가 자금을 이전하는 조건으로 지역/지방 정부에게 요구사항을 강요할 수 있는 허점이 있다. 이러한 연방 정부의 우위권 행사는 경우에 따라, 특히 재정자원이 결핍된 주에게 연방주의를 통해 추구하는 탈중앙화 대신 중앙의존이 심화되는 결과를 초래하기도 한다.

흥미로운 점은 재정연방주의가 대부분 지방분권을 실현하는 주요 도구로 유용하게 활용될 수 있지만 특정 정책분야에서는 역으로 연방 정부의 주 간 불균형을 시정하려는 의지를 저지하거나, 심지어 균등화의 필요성 자체를 부정하는 정당성의 근거로 인용되기도 한다는 사실이다. 이러한 점은 캐나다의 퀘벡문제와 연관하여 사회복지제도의 실상에서 잘 나타난다.

캐나다의 사회복지제도는 1) 사회보험인 동시에 공적연금제도인 캐나다 연금제도(Pension Plan)와 노령보장제도(old-age security pension), 2) 또 다른 사회보험이면서 공적 연금제도를 보완하는 역할을 하고 1997년에 대대적인 제도변혁을 거친 고용보험(employment insurance, 1997년 이전엔 실업보험 unemployment insurance), 3) 공적 부조에 해당하며 1996년에 전면 개편된 캐나다 지원제도(Assistance Plan), 그리고 4) 민영화의 압력을 지속적으로 받는 의료보험(medicare)으로 구성되어 있다.[18] 이 중 육아정책에 연관된 프로그램들을 시대순으로 정리하면 다음 < 표 5> 와 같다.

캐나다 지원제도(CAP)의 일부로 도입된 육아정책은 미국과 비교해도 상당히 낙후되어 있다. 과거에는 사회결합을 둘러싼 이념적 갈등으로 인해 연방 정부가 주도하는 전국적 육아정책이 발전하지 못하였다. 반면에 근래에는 중앙과 지역-지방 간 관계를 규정하는 연방주의가 집권정당에 따라 차별적으로 정책화되면서 여전히 미진한 전국적 육아정책을 초래했다. 따라서 1940년대와 1950년대 전후 연방 정

18) Ernie Lightman and Graham Riches, Canada: One step forward, two steps back?, Peter Alcock and Gary Craig, ed., International Social Policy, New York: Palgrave, 2001, pp. 52-56.

부의 권한 증대를 활용해서 사회복지 분야의 연방 정부 역할 확대도 지역 간 갈등의 소지가 비교적 적은 "범캐나다"적 성향의 프로그램에 한정되었다. 특히 퀘벡 주의 경우, 연방 정부의 침투에 대해 회의적이었지만 대다수 주민들이 연방 프로그램을 지지했기 때문에 퀘벡 주만의 프로그램 수립에 대한 열의가 저조했다. 결과적으로 캐나다의 육아정책은 연방주의의 사생아처럼 연방 정부뿐만 아니라 퀘벡과 그 이외 주들의 줄다리기 속에 버려져 왔다고 볼 수 있다.

〈표 5〉 캐나다의 사회복지제도, 1944–현재

1944	1966	1971	1972	1990	1993	1996	1998	2002
□	—	—	Family Allowances	—	□			
	□	—	Canada Assistance Plan	—	—	□		
		□	—	Maternity Leave	—	—	—	□
			□	Child Care Expense Deduction	—	—	—	□
				□	—	Parental Leave	—	□
				□	—	(Canada) Child Tax Benefit	—	□
							National Child Benefit	

*출처 : Linda White, 2002. The Child care agenda and the social union, in Bakvis, Herman and Grace Skogstad. eds. Canadian Federalism: Performance, Effectiveness, and Legitimacy, Table 6.1, p. 107을 재정리함.

육아정책을 포함한 사회보장 서비스 제공의 주요 책임소재는 주 정부에 있다. 그러나 재정적으로 연방 정부의 보조금에 의존해야 주 간의 조세원 격차를 해소할 수 있을 뿐만 아니라, 재정적으로 취약한 주들에게 연방 정부의 보조금은 사회복지 서비스를 제공할 수 있는 주요 재정원이다. 물론 각 구성 주 간 경제 여력의 격차가 극심하다는 점이 캐나다에 독특한 건 아니다. 어느 나라에서나 이러한 구성지역 간 재정원의 격차를 구성지역 간 자발적 조정기구나 연방과 주들 간 정부단계 협의회에 의해 어느 정도 조절하지 않으면 궁극적으로 국민들은 주거지에 따라 심히 불균형한 형태의 사회복지 서비스를 제공받게 된다. 따라서 중앙/연방 정부의 참여가 공평한 복지국가 정책의 집행을 위해 필수불가결하다. 그러나 유사한 연방국가면서도 캐나다는 미국과 달리 지역주의와 민족, 문화, 언어 이중성이라는 장벽에 부딪혀 전국적 정책을 구상 · 정립하는 데 난관이 아주 많다.

연방 정부의 참여 확대가 동시에 주 정부의 영역침범이라는 영합적(zero-sum) 성격을 띠기 때문에 연방과 주 정부 단계 간 권력분산은 모든 관련자들의 요구를 수용할 수 있는 균형점을 찾는 데 주력하고 있다. 캐나다의 경우에는 특별한 지위를 요구하는 퀘벡 주와 이러한 요구에 대해 강력하게 반발하는 다른 주들을 공평하게 달래기 위해 연방 정부는 정기적으로 헌법외 기관인 정부단계 조정기구(intergovernmental relations organization)를 통해 특정 정책 및 프로그램을 중심으로 끊임없이 협의안(accord)에 도달해 왔다. 또한 연방 의회와 주 의회 간 입법통합에 의존한 전국적 정책 추진보다 연방내각과 주 내각 간 수상회의 및 각료회의 위주로 구현되는 행정적 연방주의에 의존해 전국적 정책의 구상과 집행을 도모하고 있다.

그러나 사회보장에 대한 수요와 공급에 있어서 이러한 다층구조의 거버넌스로 인해 캐나다의 육아정책은 그 공급규모나 투자액에 있어서 다른 선진국가보다 쳐져 있으며, 심지어 사회복지 제공에 대해 전반적으로 수동적인 미국보다 뒤떨어진다. 캐나다 육아정책은 전후 지난 30여 년간 축적된 사회보장제도의 기본 틀을 1990년대를 기점으로 완전히 변환했다. 1996년까지 연방 정부의 육아정책에 대한 주요 지출은 캐나다 지원제도(CAP)를 통해 각 주에게 이전되었으나 그후 정액 교부금인 캐나다 건강-사회 보조금(Canada Health and Social Trans-er)으로 대체되었다.

연방 정부의 참여는 그나마 거의 종적을 감췄고, 상당히 이질적인 육아 정책 프로그램인 전국 아동수혜(National Child Benefit)가 1998년에 종전의 주 정부가 제공하는 육아정책 프로그램을 대체했다. 그러나 NCB는 연방, 주/영토 단계의 아동 빈곤퇴치 프로그램인 캐나다 아동 세금우대(Canada Child Tax Benefit)의 일환으로 출범했으면서도 육아 프로그램에 대한 지원은 정작 총액의 1/3 수준에 그쳤다.

연방 정부의 육아 프로그램에 대한 지원은 직접적 재정지원이나 프로그램 제공이 아닌 수입의 일정액에 대한 세금우대를 우선시한다. 게다가 1972년에 도입된 육아비용 감세(Child Care Expense Deduction)의 경우 탁아시설의 영수증 발부 기피와 저소득층의 자격미달로 실제 수혜대상은 그리 많지 않다.[19] 또한 캐나다에는 미국의 "Head Start"에 준하는 유아기 교육 프로그램이 없는 실정이다. 더욱이 연방 정부 역할의 소멸로 생긴 공백을 주 정부가 채우면서 각 주마다 제각기 다른 수혜대상, 범위, 한도 기간 등을 채택하며, 오히려 사회보장의 효과는 주/영토에 따라 체계적으로 판이하게 나타난다. 결국 정책시혜에서 나타나는 이러한 격심한 주 간 차이가 각 주 간 극심한 재정원의 격차와 결합되면서 캐나다의 육아정책은 통합된 정책구상과 집행뿐만

19) 결국 이렇게 CCED의 혜택을 포기한 잠재적 수혜자들의 총 손실액은 520만 불에 달한다.

아니라 주민 개개인에게 유사한 사회보장 서비스를 효율적으로 제공하기에 연방제도가 취약하다는 점을 잘 보여준다.

미국과 대조적으로 캐나다는 연방 정부 차원에서 적극적으로 전국적 육아정책의 채택과 시행에 그다지 관심과 열정을 보이지 않았다. 구체적으로 1960년대에는 전국적 육아정책을 수립하기 위해 육아에 대한 정부지원을 성 평등과 여성의 노동시장 참여 증진이라는 목표달성으로 합리화했다. 그러나 그러한 논리는 전통적 가족관과 여성관을 고수하는 일반대중에게 설득력이 부족했고, 이러한 세태를 거스르는 정책을 추진하려는 의지가 연방 정부에게 결여되어 있었다. 그 결과 각 주에게 권한행사의 재량권을 부여했다.[20] 그러자 전국적 유아정책 시행을 목표로 상정한 압력단체들은 1970년대와 1980년대 들어서며 육아정책의 중요성을 유아기 발달과 자녀양육 지원문제와 결부시켰다. 이러한 전략적 변경은 마침내 일반대중과 입법부 내 지지기반을 끌어내는 데 성공했다.

그러나 이러한 오랜 시간에 걸친 노력에도 불구하고 현재까지도 전국적 육아정책은 실질적으로 출범하지 못한 상태라고 해도 과언이 아니다. 또한 주 간에도 육아정책의 수혜대상과 규모가 제각각일 뿐만 아니라, 육아정책에 대한 재정지원 자체도 점차 긴축되는 실정이다. 결과적으로 노령보장이나 의료보험 등과 같은 집합적 성향이 강한 다

20) 가족과 여성에 대한 가치관이 전통적인 주류 규범과 합치하지 않으며 그러한 부조화를 타파하려는 기업창업주 정신(entrepreneurship)도 미흡한 상황에서 연방 정부는 원론적으로 주 정부의 권한영역인 육아정책에 개입하길 주저했다. Linda A. White, The Child care agenda and the social union, Herman Bakvis and Grace Skogstad (ed.), Canadian Federalism: Performance, Effectiveness, and Legitimacy, Oxford: Oxford University Press, 2002.

른 사회보장 프로그램과 대조적으로 유독 캐나다의 육아 프로그램은 상대적으로 개인 위주의 잔여성향이 강한 사회보장 프로그램이 지배적인 미국의 육아 프로그램보다 낙후된 상태에 머물러 있다.

이러한 기이한 현상은 캐나다가 건국 이래 이념적 이상으로 사회결합을 추구해 왔다는 역사적 사실을 감안하면 현재와 같은 결과가 초래된 이유를 선뜻 파악하기 힘들다. 그러나 미국과 달리 지역주의와 이중 정체성이라는 난제를 끌어안고 하나의 통합된 국가를 정립-유지해 온 캐나다의 역사를 살펴본다면 실마리를 찾을 수 있다. 캐나다와 같은 복합적 다층구조 사회에서 권한분산이 제도화된 연방주의가 사회통합이라는 다소 규범적 정책목표와 결합하는 경우, 사회균열 구조를 따라 갈등이 증폭된다는 점을 육아정책을 통해 쉽게 접할 수 있다.

Ⅳ. 맺는 말

연방제는 보편적인 건의안이 아니다. 특정한 여건에서만 적합할 뿐이다. 실제로 킹(King)이 경고하듯이 "중요한 것은 연방제를 목적 자체나 본질적 요소를 다 갖춘 체제로 간주하면 안 된다는 점이다." 그러한 오류는 허황된 기대를 자아내 라이커(Riker)가 정확하게 지적하듯이 결국 지적 맹공을 불러일으키기 십상이다. 건국과 제도 재편성으로부터 혜택을 얻기 위해 목적에 합치하도록 적극적으로 모색하는 특정한 이익 배열에 따라 특정한 유형의 연방제에 대한 처방은 달라지기 마련이다. 연방주의가 다양하기 때문에 그에 상응해서 연방제도 다양하게 발달한다. 그러나 연방제와 연방주의 간의 단순한 관계는 성립하지 않는다. 우리는 단지 양자 간 지속적인 상호작용을 준거로 해서 상호관계를 이해할 수 있을 뿐이다.

사회복지제도의 일환으로 캐나다의 육아정책은 연방주의에 근간을 두고 이중사회와 지역주의의 부담 속에 통합국가를 건립하는 데 필요한 사회통합의 도구로 출범했다. 사회정책의 구현은 각 정부 단계에게 제각기 다른 기회를 제공해 주었기 때문에 출범 자체는 비교적 환대 속에 진행되었다. 즉, 사회정책의 정립은 캐나다의 통합 정부로서 연방 정부의 적법성을 캐나다 국민에게 각인시킬 수 있는 기회를 제공한 반면 주 정부, 특히 퀘벡 주 정부에게는 지역적 · 영토적 특이성을 부각시켜 지역 · 영토적 특색을 유지할 수 있는 기회로 인식되었다. 그러나 이렇게 상반된 기대를 충족시키지 않으면 존폐의 위기에 처할 육아정책은 출발부터 순조롭지 않았을 뿐만 아니라 궁극적으로 빈약한 프로그램을 초래했다.[21)]

원론적으로 제도화된 재정연방주의는 지역 간 재정자원의 격차를 줄여 헌법이 명시하는 지역/지방 정부의 책무를 충실하게, 그리고 민주적으로 이행할 수 있게 도와준다. 그러나 이러한 원론적 이점의 이면에는 세원 재분배의 결정권을 선점하고 있는 연방 정부가 자금을 이전하는 조건으로 지역/지방 정부에게 요구사항을 강요할 수 있는 허점이 있다. 이러한 연방 정부의 우위권 행사는 경우에 따라, 특히 재

21) 모든 사회정책 프로그램이 동일한 분권구조 속에서 구상 · 집행되지는 않았다. 예를 들어 건강보험의 경우 연방 정부가 강력한 참여의지를 밝히면서 각 주 정부의 관리와 운영에 대한 규제와 감독 역할을 중요시하게 되었다. Gerard Boychuck, Patchworks of Purpose: The Development of Provincial Social Assistance Regimes in Canada, Montreal: McGill－Queen's University Press, 1998, p. 15.

정자원이 결핍된 주에게 연방주의를 통해 추구하는 탈중앙화 대신 중앙의존이 심화되는 결과를 초래하기도 한다.[22] 더구나 문화-언어적으로 복합적 사회의 요구를 수용하려면 연방국가의 복지국가 정책은 주-지역-지방 정부들에게 한 국가를 전체적으로 대표하는 연방국가의 정책영역에 대한 정당성을 부여할 것을 전제로 한다.

캐나다를 통해 연방주의가 반드시 중앙과 지역/지방 간 분권을 보장하는 제도를 가져오지 않는다는 점을 목격할 수 있다. 진정한 의미에서 지역 균형발전이 가능하려면 연방주의를 제도화시키는 각종 절차와 도구들도 필요하지만 동시에 연방주의를 통해 궁극적으로 추구하는 목표가 무엇인지에 대한 공감대 형성 · 유지가 필수불가결하다. 캐나다는 제도적으로 지역/지방의 권익이 대변될 수 있는 절차와 도구들이 잘 정비되어 있다. 그러나 정치적 · 역사적 · 사회적 이유로 인해 이러한 정치과정이 정형화되지 못했기 때문에 대안적 경로, 즉 앞서 살핀 정례화된 정부단계 간 관계기구들을 통한 협의나 또는 연방내각을 구성하는 데 있어서 특정한 주 출신의 각료들을 기용하여 지역이익을 대변하는 장(場)을 제공하는 비공식적 경로가 발달되었다.

캐나다라는 통합국가를 유지하려는 이러한 부단한 노력에도 불구하고 1995년 퀘벡 주의 연방 이탈에 대한 국민투표 실시로 인해 다시 한 번 캐나다에는 개헌의 목소리가 높아지고 있다. 이는 현재와 같은 달래기식의 지역 균형발전 정책이 실제로는 연방주의의 발전을 저해하는 요인으로 작용하는지에 대해 캐나다 국민들이 심각하게 고민하고 있다는 증거다. 현재 캐나다는 궁극적으로 적절한 기능을 발휘하

---

22) 이는 특히 재정적 자립도가 낮은 주의 경우에 두드러진다.

지 못하는 제도 변혁에 대한 논의를 피할 수 없는 시점에 와 있다.

연방주의(federalism)는 복수단계의 정부에게 권력을 분산하는 통치 형태를 강조하는 주장이다. 이러한 주장을 실질적으로 헌법이나 기본법 등의 명문화된 규정을 통해 중앙/연방 정부, 주/지역 정부 및 지역 정부 등으로 권력을 나눠 운영하는 다층 거버넌스를 구현하는 정치제도를 연방제도라 일컫는다. 그러나 유의할 점은 연방제도가 중앙/연방 정부 이외의 하위 정부 단계인 주/지역 및 지방 정부를 주축으로 하는 자치(self-rule)만 지향하는 것이 아니라 오히려 중앙/연방 정부를 통한 협치(shared rule)도 동시에 추구하는 통치체제라는 사실이다. 따라서 연방국가는 중앙과 지역/지방 정부 간 원심력과 구심력의 경향을 다양한 형태로 배합할 필요가 있다. 또한 이러한 배합을 정당화하기 위한 헌법규정이 정치제도의 근간이 되며 그 규정에 대한 독립적 사법부의 유권해석이 효율적인 제도운영을 위해 요구된다. 비록 모든 연방국가가 헌법적으로 다원화된 정부구조를 명시한다는 공통점을 지니지만 각 연방국가는 시대적 필요에 따라, 집권정당의 목적에 따라 서로 다른 우선순위를 채택한다.

7. 스위스 : 연방주의와 직접민주주의

스위스의 기원은 4세기까지 거슬러 올라가며, 기원전 5세기경에 게르만 켈트족 계통의 헬베티족(Helveti族)이 스위스에 정착하면서 스위스 역사는 본격적으로 시작되었다. 5세기 이후 스위스는 프랑크왕국과 신성로마제국의 지배를 받게 되었고, 지리적으로 유럽의 남북을 연결하는 전략 요충지여서 이웃 국가들 간 영토싸움의 대상이 되어왔다. 13세기에 이르러 독립운동이 본격화되었고, 1648년 빈 회의를 거쳐 오스트리아의 지배를 벗어나 영세 중립국으로 승인되었다.

지난 19세기 말까지 매우 가난한 나라인 스위스는 오늘날에는 경제와 정치에서 세계 최고의 국가 중 하나로 변모하였다. 국내시장은 크지 않은 가운데서 다양한 분야에서 세계적인 경쟁력을 갖는 다국적 기업들[1]은 스위스의 성공적인 글로벌 경쟁력을 보여주고 있다. 국내

정재각
한양대 지방자치연구소 연구부장

1) Nestl, Novartis, UBS, Roche, Schindler, Swatch Group, Lindt, Sprüngli 등.

정치에서도 1세기 전에는 생각할 수 없었던 자유민주주의 국가를 이루고 있다. 이런 경제와 민주주의의 근간에는 국가 구성의 근본 원리인 연방주의가 자리잡고 있다. 따라서 연방주의가 없었다면 스위스도 없었을 것이라는 말은 타당성을 갖는다. 왜냐하면 서로 다른 4개의 언어를 사용하며 서로 다른 문화를 가진 소수민족들이 연방주의 하에 작은 공간에서 한 국가의 시민으로서 평화적으로 또한 성공적으로 더불어 살아가고 있기 때문이다.

스위스는 미국, 캐나다와 더불어 연방주의 국가에 속하나 스위스 주(칸톤)는 이들과 달리 더 많은 주의 자율성과 또한 연방 중앙 정부의 정책결정 과정에의 참여권리가 크다는 점에서 차이가 난다. 또한 스위스의 연방주의 정치체계는 독일과는 두 가지 점에서 큰 차이가 난다. 종교와 언어적인 면에서이다. 독일에 여러 종교가 있으나 언어는 독일어 하나이다. 반면에 스위스는 독어, 불어, 이태리어 등이 쓰인다. 반면 스페인과 벨기에는 여러 언어가 있지만 종교는 하나이다. 따라서 스위스는 탄생하기 이전에 존재하고 있던 갈등에 대한 조정방식이 무엇인지 스스로 찾아야만 하는 사항이었다. 즉, 다수결 원칙이 때로는 갈등의 해결에 적합하며 효율적으로 보이기도 한다. 그러나 다수결이 지배원리로 된다면 인종적 · 종교적 · 언어적 소수파는 선거와 정책결정에서 영향력 행사의 기회를 갖기가 어렵다. 반면에 권력공유는 구조적으로 소수파에게 비례적으로, 또 비례 이상의 영향력을 행사하게 함으로써 다수결 원리에 기초한 민주주의의 한계로부터 벗어나게 해주는 기능을 갖고 있다. 문화적인 충돌의 가능성을 가지고 있는 사회일수록 연방주의에 기초한 합의민주주의가 더 많은 장점을 가지고 있는 것으로 여겨진다.[2] 스위스의 이런 사회와 문화의 다양성은 독일과 같이 완전한 법의일치(Rechtsgleicheit)나 또는 같은 수준의 생활수준을 국가목표로 설정할 수 없는 배경이 된다. 스위스는 자체 내의 갈등을 해결하고 조정하는 정치문화의 전통을 찾아 세계에서 유래없는 높은 수준으로 발전시켜 왔으며, 스위스는 이를 앞으로도 계승·발전시켜 나갈 국가의 책무로 보고 있다.

본 글에서는 스위스의 연방주의와 직접민주주의를 살펴봄으로써 스위스 정치체계의 특징을 보고자 한다.

Ⅰ. 연방주의와 제도

1. 연방주의와 헌법

18세기 말에 이웃국가들이 근대화와 산업화를 이루면서, 특히 프랑스 혁명의 영향으로 스위스에서는 중앙집권화와 근대화의 요구가 발생하였다. 프랑스의 나폴레옹은 1798년에 스위스를 침공하여 칸톤을 폐지함으로써 국가를 중앙집권적 체제로 바꾸었다. 나폴레옹군이 퇴각함에 따라 스위스는 다시금 느슨한 연방주의 체제로 되돌아갔다.

---

2) Kenneth D. McRae, Theories of Power−Sharing and Conflict Management McRae, Josepf V. Montville (Hrsg.), Conflict and Peace−Making in Multiethnic Societies, Lexington, Massachusetts, Lexington Books, 1990, pp. 93−106.

1815년 비엔나 회의는 스위스의 중립국으로서 지위와 국경을 인정하였다. 그러나 스위스 내의 진보와 보수 간에 갈등이 발생하였다. 프로테스탄트 주들은 진보적인 권력분립, 정교분리 등의 민주정부체제를 선호하였고, 반면 가톨릭이 우세한 주들은 과거의 전통을 중시하며, 중앙 정부의 권한 강화에 회의적이며 보수적인 체제를 선호하였다. 구교를 중심으로 한 보수주의자들은 신교 주들의 압력을 제한하기 위하여 비밀리에 특별연합체(Sonderbund)를 구성하는 협약을 맺었다. 이 비밀협약은 연합국의 협약을 파기하는 것이었다. 가톨릭 중심의 주들은 비밀협약이 세상에 알려지게 되었지만 이 협약의 파기를 거부하였다. 이에 진보주의적인 주들은 무력을 동원하여 이를 해체하기에 이르자 1847년에 내란이 발생하였다. 한달도 채 안 되어 가톨릭 주들은 곧 전쟁에서 패하게 되었고, 사상자도 100명이 넘지 않았다.

내전의 결과로 스위스 연방과 국민들은 1848년 연방헌법을 채택하였다.[3] 이 헌법은 내전의 승자와 패자 간 절충 의견을 수렴한 것이다. 연방헌법에서는 어느 정도 중앙집권적 요소를 수용하였지만 중앙 정부의 구성과 권한에 한계를 정하였고, 연방 주들의 주권과 다양성을 보장하였다. 이는 통치의 공유와 자율을 보장하는 연방체제이다. 시간이 지남에 따라 이와 같은 국가제도들과 정치과정 요소는 더욱 발전하여 갔으며, 인구증가, 산업혁명, 단일통화 등의 문제로 1872년에 광범한 헌법개정이 이루어졌다. 최근 1999년에 전면적인 헌법개정이 있었다. 이와 같은 헌법개정에도 불구하고 한 가지 변화가 없는 점은 연방제이다.

---

3) Alfred Kölz, Neuere schweizerische Verfassungsgeschichte: ihre Grundlinien vom Ende der alten Eidgenossenschaft bis 1848, Bern: Staempfli, 1992, pp. 608–610.

2. 연방 주의 특징

스위스 헌법 1조는 스위스가 26개 칸톤으로 구성된 연방주의 국가임을 밝히고 있다. 그러나 스위스의 연방 주를 구성하고 있는 칸톤은 사회경제적인 면에서 보면 다양성을 갖고 있다. 먼저 인구에서 보면 인구가 가장 많은 칸톤은 취리히와 베른이며, 이 2개 칸톤의 인구수는 아펜잘 내곽 칸톤보다 70배 많다. 경제면에서 스위스 국민 총 생산의 20%가 취리히 칸톤에서 이루어지고 있으며, 스위스 전 인구의 16%가 이곳에 살고 있다. 1998년의 경우를 보면 바젤 시(BS)의 국내 총생산은 쥐라(JU)의 두 배에 이른다. 경제의 성장률에서도 슈비츠(SZ)는 베른(BE)의 6배에 달한다. 소득에서 보면 취리히, 추크, 바젤 시는 가난한 칸톤[우리(UR), 옵발덴(OW), 투르가우(TG), 쥐라(JU)]의 2배에 이른다. 재정면에서 스위스 전체를 100으로 기준으로 할 때 그 차이는 30에서 218에 걸쳐 나고 있다.[4] 도시화에서도 칸톤 간에 차이가 난다.

사회경제적으로 차이를 갖고 있는 칸톤을 연계하며 하나의 스위스를 이루고 있는 연방주의는 비중앙집권주의, 보충성의 원리, 연대성 및 협력적 연방주의 특징을 보여준다.[5] 또한 스위스의 연방주의는 자유주의적 법치주의를 보장하고 있다.[6]

---

4) 스위스 통계 참조.

5) Heidrun Abromeit, Föderalismus: Modell für Europa, Österische Zeitschrift für Politikwissenschaft, Vol. 22, No. 2, 1993, pp. 207–220.

6) Jean–Francois Aubert, So funktoniert die Schweiz, dargestellt anhand einiger konkreter Beispiele, Basel : Cosmos, 1980, p. 208.

〈그림 1〉 스위스 칸톤 간의 재정력 비교

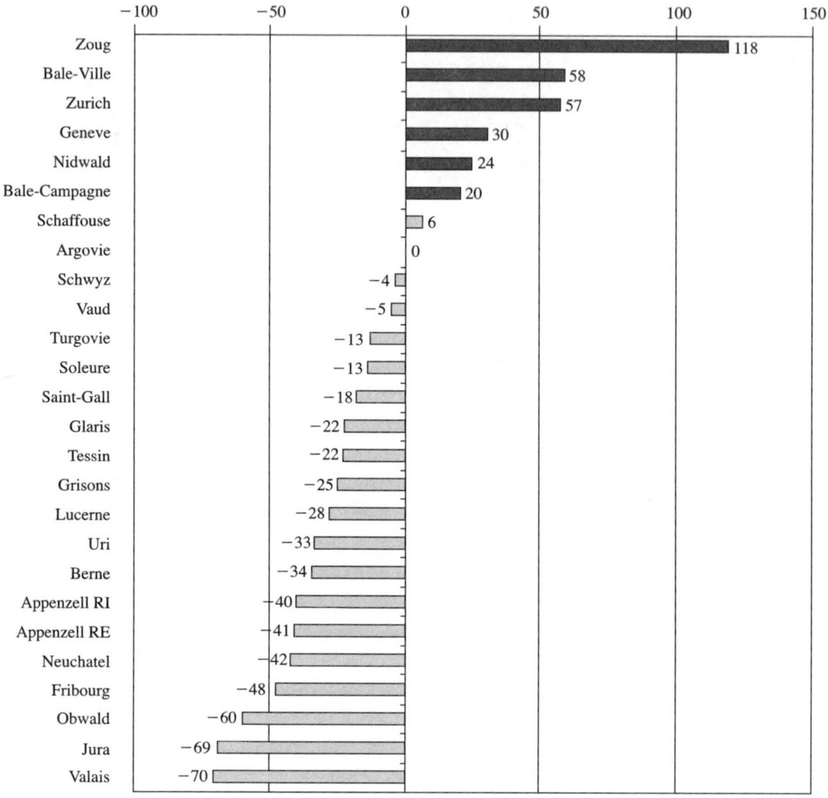

*출처 : Sonja Wäti, Balance and imbalance in the Swiss federal system, 2001, p. 5.

(1) **비중앙집권주의** : 연방과 칸톤 간의 업무분담은 헌법에서 규정된다. 스위스 헌법 제3조에 따라 연방에 대해 권한이 주어지지 않는 한 연방은 관여할 여력을 갖고 있지 않다. 따라서 칸톤의 권한을 새롭게 연방으로 이전하려고 하면 이에 대해 헌법개정이 필요하며, 국민투표에 따른 국민의 동의가 있어야 한다. 가령 새로운 연방세금의 도입, 사회 안정망 체계, 연방관할 고속도로 건설, 칸톤 대학에의 보조금 지

급, 새로운 환경정책의 도입 등은 모두 헌법의 개정을 요하는 대상들이다. 이러한 요소들은 견제되지 않은 연방 정부의 권한 증가를 억제하는 역할을 해왔다. 따라서 어떤 권력의 집권화도 헌법수정을 요한다는 사실은 스위스의 연방제도가 바로 집권적 체계의 특징을 보여준다 하겠다.

가톨릭 칸톤은 과거에 소수자로서 연방과 중앙 정부의 기관에 대해 전통적으로 자신의 권한을 지켜왔다. 비중앙집권주의 원칙은 따라서 칸톤과 꼬뮨에 가능한 많은 자율권을 주고자 하는 것이다. 자유주의 다수파들은(Die liberale Mehrheit) 작은 국가기관과 그리고 명확한 업무 분담을 위해 항상 노력하고 있다.

다음은 칸톤의 고유한 권한이며 영역이다.

1) **칸톤 헌법** : 칸톤 헌법의 제정은 전적으로 칸톤 소관이다. 칸톤은 자신의 정치제도를 스스로 정한다.
2) **지방자치** : 각 칸톤은 자신들에 속한 지방 정부에 대해서 다른 권한을 부여하고 있다. 그러나 이런 권한이 일단 법으로 정해지면 스위스 연방헌법이 기본권을 보장하는 것과 마찬가지로 지방자치법을 보호하며 보장한다. 지방 정부의 지역적인 경계와 분할은 스위스 지방자치의 매우 오랜 전통을 보여주고 있다.
3) **교육** : 교육은 모든 수준에서 칸톤의 관할이다. 칸톤은 자신의 관내에서 학교의 교과과정을 정하며, 교사를 선임하며 임명한다.
4) **공공 질서** : 평화시의 공공 질서는 칸톤의 소관이다. 연방 경찰은 존재하지 않는다.
5) **직접세** : 칸톤은 수입에 대해서 자신들이 세금을 부과하고 거둬들인다. 조세 중에서 직접세의 총액 중 10분의 3은 칸톤에 속하

고, 그 중 최소한 6분의 1은 칸톤들 간 재정균형을 위하여 사용하도록 헌법은 규정하고 있다.

〈표 2〉 업무별 연방, 칸톤, 꼬뮨 간 지출상황

주요 업무	연방	칸톤	꼬뮨	전 연방지출의 참여(share)
외교관계	100	0	0	2
국방	93	5	5	5
재정, 조세	78	42	34	7
공공경제	74	56	11	5
교통	64	40	21	11
사회보장	52	44	23	21
사법및 경찰	7	70	27	5
교육	14	64	42	18
건강	1	63	48	12
일반행정	19	39	45	6
문화/오락	13	32	58	3
환경 및 토지사용	15	29	75	4
전체지출	39	48	33	100*

* 출처 : Sonja Wälti, Balance and imbalance in the Swiss federal system, 2001, p. 8.
* 업무 간 중복되어 지출되는 경우가 있어 100이 넘음.

(2) **보충성의 원리** : 보충성 원리는 연방주의 수준에서 보면 칸톤의 능력을 벗어나는 업무만을 중앙 정부에 이전한다는 것을 의미한다. 이로써 보충성의 원리는 또한 비중앙집권주의와도 연계되어 있다.

(3) **연대성** : 미국의 연방주의에서는 각 개별 주 간의 경쟁이 매우 중요한 역할을 하며 특징을 이루고 있음을 볼 수 있다. 이와는 달리 스위

스 연방주의 칸톤 간, 그리고 연방주의 기관들 간의 연대성의 원리가 중요한 특징을 하고 있다. 물론 세금과 같은 예에서 볼 수 있듯이 칸톤 간의 경쟁에 있어 지역 간/칸톤 간의 재정력의 차이가 나고 있다.

(4) **수직적 연방주의와 협력적 연방주의** : 연방주의 체계를 갖고 있는 스위스에서 보면 각 기관과 각 영역 간의 상호 협력은 다양한 방법을 통해서 이루어진다. 연방과 칸톤 간의 협력이 있으며, 다른 한편에서는 칸톤 간의 협력이 있다. 중앙 정부에 대해 칸톤이 미치는 영향력 관계는 수직적 연방주의(vertikaler Föderalismus)로, 칸톤 간의 협력은 수평적 연방주의로 분류된다. 이 수직적 연방주의는 하위에서 상위로, 즉 칸톤에서 중앙 정부로의 영향뿐만 아니라 그 반대의 경우도 있다. 연방은 최고의 권력기관으로 칸톤의 권한이 아닌 것에 대해서는 칸톤의 우위에 있는 권한을 갖는다.

비중앙집권의 결과로 연방주의 국가의 건설에서 작은 규모의 연방행정부가 수립되었으며, 법률들은 이미 기초구조를 갖고 있는 간톤에 의해서 수행되어져야 한다. 이런 생각은 오늘날도 광범위한 지지를 받고 있다. 그러나 반면에 시간이 지남에 따라서 연방이 더 많은 업무를 넘겨받았고, 따라서 칸톤과의 협력, 칸톤 간의 협력이 강화되었다. 그래서 스위스는 20세기가 끝난 후 새롭게 연방과 칸톤 간의 정책 연계의 강화를 가져오는 영역을 넘겨받게 되었다.

연방과 주 간의 관계에서 권력, 재정, 행정구성과 같은 영역에 있어서 자율성이 얼마나 주어져야 되는가, 또 중앙 정부의 관계에서 권력의 참여와 권한의 배분이 어느 정도에서 이루어져야 되는가에 대해서 합의된 일반이론은 없다. 이는 결국 각 나라가 처한 역사적 · 정치적 조건에 의해 영향을 받게 된다. 스위스에서 연방주의는 중앙 정부와

이를 구성하는 주 정부 간에 항시적인 균형을 찾아가는 계속적인 과정으로 이해된다.[7)]

〈표 2〉 연방, 칸톤, 꼬뮨의 주요 권한 배분

연방과 칸톤 간 권한 배분				
주요 권한 및 기능	연방 고유입법권	칸톤 고유입법권	연방/칸톤 공유입법권	연방-법제정 칸톤-집행
외교관계	■			
국방	■			
관세 · 통화 · 화폐제도	■			
우편 · 통신 · 대중매체	■			
철도 · 항공	■			
핵에너지	■			
수력	■			
도로				■
무역 · 산업 · 노동법				■
농업			■	
민법 · 형법			■	
경찰		■		
교회		■		
공립학교 · 교육		■		
조세			■	
사회보장			■	■
환경보호				■
꼬뮨의 권한				
① 지방도로 건설 및 관리 ② 지방에서 공공교통 ③ 가스 · 전기 · 수도 · 쓰레기 ④ 지방개발 ⑤ 교사선출 · 학교건축 ⑥ 세금부과 ⑦ 복지제공				

*출처 : Wolf Linder, Schweizerische Demokratie, Bern : Haupt, 1999, p. 140.

제2차 세계대전 후 스위스 연방제도는 정책결정 과정에서 중앙집중화를, 그리고 재정면에서 보면 분권화를 겪었다. 국가의 업무, 가령 국토개발, 환경보호, 에너지 등의 영역에서의 정책문제로 인하여 결정과 책임이 연방으로 이전되어 갔으나 여전히 정책의 집행권한은 칸톤이 보유하고 있다. 교통과 사회보장 정책은 원래 연방 정부의 소관이나 칸톤에 의해서 행정업무가 처리되고 있다.

〈그림 2〉 스위스의 조세수입 구조 1950-2001

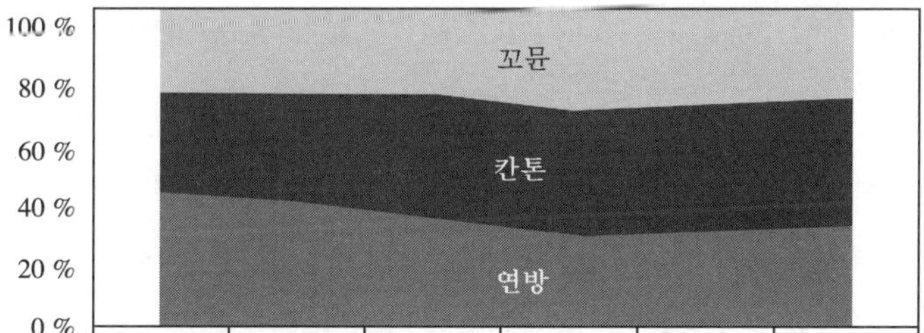

	1950	1960	1970	1980	1990	2001
꼬뮨	26	27	27	31	30	27
칸톤	32	33	39	39	39	41
연방	42	40	34	30	31	31

*출처: Eidgenössiche Finanzverwaltung, 2003, S. 2f.

7) 경쟁적 연방주의에 대한 논의는 본서 Nelf의 글 참조.

Ⅱ. 연방주의와 정치체계

1. 연방 정부의 권력구조

(1) 연방 내각

연방 내각(Bundesrat, Conseil Fédéral, Consiglio Federale)은 정부를 구성하고 스위스의 최고 집행기관이자 연방하원과 상원의 공동 회의인 연방회의(Bundesversammlung, Federal Assembly)에서 4년의 임기로 선출된다. 이는 연방선거 후 보통 12월에 선출된다. 연방 각료에 대한 임기제한은 없으며, 일부 각료는 20년이 넘기도 한다. 정부를 구성하는 각료 7명은 현재 정당비례원칙(magic formula)에 따라 4개의 정당에 배정되고 있다. 칸톤에서 본다면 동일 칸톤에서 1명 이상의 각료가 선출될 수 없다. 각료는 의회에서 절대다수를 얻어야 한다. 절대다수를 얻지 못하면 투표는 계속된다. 이때 후보 중에서 적은 투표수를 얻은 자는 다음 투표에서 탈락된다.

각료는 동등한 권리를 가지며, 부처의 장이 된다. 내각의 결정은 합의나 또는 다수결을 통해 결정된다. 내각은 연방회의의 선출에 의해서 구성되지만 연방회의는 정부에 대한 불신임권을 갖고 있지 못하다. 또한 정부 개개의 각료에 대해 사퇴를 강제할 권한을 갖고 있지 않다. 또한 의회의 다수가 항상 정부를 지지하지 않기 때문에 양 기관의 권력은 비교적 분리되어 있다. 행정부는 의회 내 정당 의석수 변화나 정당의 직접적인 영향으로부터 벗어나 독립적인 운용이 가능하다. 의회와 행정부 간 권력분립은 헌법에 의해서 기능적으로 분리된 것이 아니라 실제 운용을 더 염두에 두고 있다. 의회는 내각에 대해 불신임권을 갖고 있지 않아 내각제가 아니며, 또한 내각은 의회로부터 선출되기 때문에 대통령제로 보지 않고 내각과 대통령제의 혼합형태로 본다.[8] 임기에 따라 내각이 새로 구성되는 점을 감안한다면 스위스 정부는 운용에서 임기가 보장된 대통령제에 근접해 있다.

〈표 3〉 스위스 연방 정부 부처와 장관

부처	장관	의장	정당
내무	Pascal Couchepin		FDP
외교	Micheline Calmy-Rey		SP
에너지, 교통 및 환경	Moritz Leuenberger	2006	SP
경제	Joseph Deiss		CVP
재무	Hans-Rudolf Merz		FDP
사법	Christoph Blocher		SVP
국방 및 스포츠	Samuel Schmid	2005	SVP

* 2003년 선거 후에 구성되었으며, 2006월 1월 기준.
* Social Democratic Party (SP) ; Free Democratic Party (FDP) ; Swiss People's Party (SVP) ; Christian Democratic Party (CVP).

8) Alois Riklin/Alois Ochsner, Parlamente, Ulrich Klöti (Hrsg.), Handbuch Politisches System der Schweiz, Bern: Haupt, 1991, p. 79.

(2) 연방 대통령

스위스에서 국가의 수장에 대한 기능, 즉 스위스의 대통령에 대해 따로 헌법기구를 두고 있지 않다. 헌법에 의하면 스위스를 대외적으로 대표하는 것은 연방 대통령이 아니라 스위스 연방 내각이다(184조 1항). 이는 연방 내각이라는 합의체가 국가원수의 기능을 수행하고 있음을 뜻한다. 연방 대통령은 동료 가운데 수석(primus inter pares - first among equals)에 해당되며, 연방 내각을 대표하여 외국 대사, 내방객을 연방의 이름으로 영접한다. 연방 대통령은 매년 1월 1일과 국경일 8월 1일을 포함하여 주요 행사에서 연설을 한다.

(3) 연방 의회

스위스 의회는 상원(Council of States)과 하원(National Council)으로 구성되는 양원제를 채택하고 있다. 헌법은 연방 의회를 국가 최고기관으로 규정하고 있다(71조). 상원은 정부나 또는 하원에서 입안되는 법률에 대한 거부권 행사를 통해 권력의 균형을 이루는 것으로 평가받고 있다. 상원은 미국의 상원과 같이 칸톤을 대표한다. 상원은 46명으로 구성되며, 20개 주에 2명, 6개 주에 1석의 의석이 배분되어 있다.[9] 인구 백만 명이 넘는 '취리히' 칸톤은 3만 6천 명을 가진 '우리' 칸톤과 같이 2명의 의석을 갖는다. 상원은 각 주의 선거제도에 따라

9) 헌법 150조

선출되는데, 대부분의 경우에 다수대표제를 채택하고 있다. 이런 다수대표제는 소수정당의 득표를 어렵게 한다.

하원은 스위스 국민을 대표하며, 4년의 임기로 선출되는 200명으로 구성된다. 각 주별 인구수에 따라 의원수가 정해져 있으며, 의원선거는 주로 비례대표제를 채택하고 있다. 현재 3만 5천 명에 의원 1명의 비율에 따라 선출되고 있다. 1919년 이후 대부분의 칸톤에서 비례대표제를 채택하고 있다. 반면 1명만을 선출하는 5개 칸톤에서는 다수대표제를 선택하고 있다.[10] 각 주는 상원과 하원을 같은 날에 동시 선출한다. 선거권과 피선거권은 18세이다.

모든 안건은 상원과 하원의 동등성의 원리에 기인하여 양원에서 독립적으로 다루어지며 의결된다. 양원은 행정부에 대한 주요한 권한 중 하나로 예산의 심의 및 의결권을 가지며, 정부에 대해 의견진술을 요구할 수 있으며 질의권을 갖는다. 예산심의는 각 원에서 따로 심의되며, 양원의 동의를 얻어야 한다. 각 원의 동의를 얻지 못할 때에는 양원의 동의를 얻을 때까지 절충을 벌여야 한다. 의회는 통상 1년에 4번 열린다.

19세기에 상원은 보수주의자들에 의해서 지배되어 왔으며, 가톨릭의 다수당은 권력의 집중화를 반대해 왔다. 20세기에 들어 가톨릭과 신교 간의 균열(clevage)은 더 이상 존재하지 않으나 지역의 사회계층을 대표하는 데서 차이가 난다. 가령 사회민주주의자들은 산업과 도시지역을 대표하고 있다. 그러나 지난 150년간 동안에 도시보다 농촌

10) 1명의 의석을 갖는 주는 다수대표제를 통해서 선출하는 칸톤으로 아펜젤 외곽, 글라우스, 니발덴, 옵발덴, 우리이다.

지역이 압도적으로 대표되어 왔다. 이러한 농촌지역의 과대대표는 부유한 칸톤과 가난한 칸톤 간의 불균형을 제하고자 하는 상원의 노력으로 평가된다. 따라서 상원의 의원 대부분은 그 상대역이라 할 수 있는 하원의원에 비하여 도시문제, 여성문제, 외국인 및 청소년 문제들에 덜 민감하게 대응해 왔다. 상원은 국가의 간섭을 절제하며, 경제문제 등과 관련하여 좀더 자유주의적 결정을 하는 것을 볼 수 있다.[11)]

원내 교섭단체는 의회의 정책결정 과정에서 중요한 역할을 한다. 통상 적극적으로 교섭단체들이 법안을 제출하고, 정부에 대한 질문을 하며, 그외에도 의회의 다양한 주도적인 역할을 맡는다. 보통 다수당의 원내 교섭단체가 권력의 핵심이지만, 스위스에서는 불신임권이 없기 때문에 영향력이 제한되어 있다. 또한 정부의 유지에 다수당의 지지가 꼭 필요한 것이 아니기 때문에 원내 규율도 강하지 않다. 개개 의원은 비교적 상당 수준의 독자성을 가지고 있으며, 정당의 기율에서 자유롭다.

스위스 국회의원의 경우 의원직은 본업이 아니다. 의원들은 의원직 활동에 대해서 전문직의 노동에 해당하는 급료를 받는다. 의원활동에서 개인적 이익과 공무 간에 충돌은 없으나 대표성에서는 비판을 받고 있다.[12)] 스위스 의회는 연설 중심이라기보다 일 중심이며, 미국이

---

11) Annina Jegher, Der Einfluss von institutionellen, entscheiungspolitischen und inhaltlichen Faktoren auf die Gesetgebungssätigkeit der Schweizerischen Bundesversammlung, Bern, Stuttgart und Wien : Paul Haupt, 1988.

12) 이는 의원들이 주로 산업이나 단체 등에서 충원되고 있기 때문이다. Alois Riklin/Silvano Moeckli, Milzparlament?, Parlamentdienste (Hrsg.), Das Parlament– <Oberste Gewalt des Bundes> ? Festschrift der Bundesversammlung zur 700–Jahr–Feier der Eidgenosenschaft, Bern: Haupt, 1991, p. 163.

나 독일과 비슷한 체제를 가지고 있는[13] 반면에 의회를 지원하는 기구는 빈약하다.[14] 1990년대에 들어서 위원회의 개혁을 통해 의원들의 업무환경이 개선되었다. 또한 1990년대에 의회의 개혁을 통해서 의원의 역할을 강화하고자 하는 시도가 있었다. 특히 전문직업으로서 의원활동은 필요하다고 보고 있으나 여전히 대다수 의원들은 직업 정치인으로 전환을 반대하고 있다.[15]

2. 주 정부의 권력구조[16]

칸톤은 자신의 헌법, 내각, 의회, 법원, 경찰을 갖는다. 칸톤은 연방헌법, 다른 칸톤, 소수민족을 침해하지 않는 한 자신의 헌법을 구성하는 데 자유롭다. 따라서 행정조직, 업무, 선거에서 자치권을 갖고 있기 때문에 칸톤의 권력구조는 각 칸톤별로 다양한 형태를 보여주고 있다. 재정에서도 각 칸톤은 자신의 세금의 수준을 스스로 결정한다.

---

13) Jegher Annina, Der Einfluss von institutionellen, entscheidungspolitischen und inhaltlichen Faktoren auf die Gesetzgebungsstätigkeit der Schweizerischen Bundessammlung, Bern, 1998.

14) Eichenberger Kurt, Der Staat der Gegenwart, Basel, 1980, p. 422.

15) Alois Riklin/Silvano Moeckli, Milzparlament?, p. 161.

16) 정재각, 『스위스의 지방권력 구조』, 박호성 이규영 편, 『한국의 권력구조 논쟁 IV』, 인간사랑, 2005, p. 388-394 참조.

(1) 칸톤 의회

칸톤에서 전통적인 3개의 권력기관은 의회, 내각, 사법부이다. 칸톤 의회는 주의 시민을 대표하는 대의제적 기관이며, 공론의 장으로서 기능한다. 칸톤 의회는 입법기관으로서 주법을 제정하며, 주 정부와 각 행정기관을 통제 및 감독하는 기능을 갖는다.

칸톤 의회는 연방하원과 달리 단원제이다. 각 주에서 칸톤 의회의 임기는 4년이며, 의원수는 칸톤별로 인구수에 따라 차이가 있다. 의원 선출방식은 몇 개 주를 제외하고는 비례대표제를 채택하고 있다. 18만 7천 명의 주민수를 가진 그라우뷘덴 주는 다수대표제를 통해 120명의 의원을 뽑고 있다. 반면 아르가우 주는 인구가 55만 명이며, 비례대표제를 통해 의원 200명을 선출한다. 아펜젤 외곽 주의 의회는 임기 4년에 65명이 다수결에 의해서 선출되고 있다. 솔로돈 주는 의회개혁으로 2005년부터 의원수를 조정하여 현재 144명에서 100명으로 축소하였다. 칸톤 전체의 의원수는 2005년을 기준으로 최소 64명(UR)에서 최대 180명(SG, ZH)에 이르며, 전체 2,828명이다. 여성 의원이 차지하는 비율은 25,8%에 이른다.[17)]

칸톤 의회의 회기는 주별로 다르게 규정되어 있다. 취리히 주 의회는 180명의 의원이 여름, 가을의 휴가기간을 제외하고는 매주 월요일 오전에 회의를 갖는다. 아펜젤 외곽 주 의회는 1년에 7-9회 회의를 가지며, 매주 월요일에 회의를 개최하며 종일 갖는다. 아펜젤 내곽 주

---

17) Statistisches Lexikon der Schweiz

의회는 매년 5번의 정기회의를 갖도록 칸톤 헌법에서 규정하고 있다.

칸톤 의회 의원은 연방의원과 마찬가지로 의원직을 본업으로 하지 않는다. 즉, 의원은 의원직의 수행 외에 자신의 본업을 갖고 생업에 종사한다. 의원직이 본업은 아니지만 의원직 수행에 따라 정보수집, 입법준비, 위원회 활동 등으로 상당한 시간과 노력을 기울여야 한다. 의원은 본회의 또는 위원회에서 활동에 대한 수당을 받는다.

스위스에서는 칸톤 의회 외에 이른바 칸톤의 시민총회인 란쯔게마인데를 갖고 있는 칸톤이 있다. 이는 역사 전통에 기초하며, 그 권한은 칸톤의 헌법개정 및 법제정, 주요 기관의 대표 선출 등에 참여하는 것이다. 예로 아펜젤 내곽 주의 란쯔게마인데는 공식적으로 1403년에 처음 모인 것으로 기록되고 있다. 매년 4월 마지막 토요일에 아펜젤 내곽 칸톤의 남녀 유권자가 란쯔게마인데 광장에 모여 헌법개정, 주요 칸톤 안건의 심의, 칸톤 주지사 및 각료 등을 선출한다.[18)]

〈표 4〉 칸톤 의회의 정당 세력관계

연도	노동당 (PdA)	녹색당	스위스 사민당 (SPS)	기독 민주당 (CVP)	진보 민주당 (FDP)	진보당 (LP)	스위스 국민당 (SVP)	기타	무소속
2006	0.8%	7.5%	22.8%	16.7%	19.5%	3.7%	22.8%	0.0%	0.1%
2005	0.8%	6.9%	23.2%	16.7%	19.7%	3.7%	23.3%	5.7%	0.0%
2004	1.5%	6.1%	23.0%	16.5%	20.5%	3.9%	23.0%	5.4%	0.1%
2003	1.5%	5.7%	22.5%	17.2%	21.0%	3.9%	22.5%	5.6%	0.1%
1999	1.8%	4.8%	22.4%	17.9%	22.8%	4.2%	17.6%	8.5%	0.0%
1995	1.8%	4.7%	21.2%	18.6%	24.7%	4.6%	14.0%	10.4%	0.0%

*출처: BADAC – Idheap, Bfs, IPW – Bern.

18) http://www.ai.ch/de/politik/sitzung (2006년 8월 20일 검색)

(2) 칸톤 내각

칸톤 내각은 칸톤의 최고 집행기관으로서 칸톤의 정책목표를 설정하며 칸톤 사업의 계획을 수립 · 조정한다. 칸톤 내각은 궁극적으로 최종적인 집행의 권한을 갖으며, 주의 재정을 계획하고 투자업무를 관장한다. 칸톤 내각은 법에 따라 꼬뮨을 감독하며, 칸톤 의회에 대해서 책임을 지지 않는다. 따라서 칸톤 의회는 내각의 해산이나 각료의 사임권한을 갖고 있지 못하다.

칸톤의 주지사는 칸톤 내각의 의장이며, 칸톤을 외부에 대표한다. 그러나 주지사의 역할과 권한은 크지 않다. 임기는 대부분 1년(주그 칸톤에서는 2년)이며, 칸톤 각료들이 윤번제로 맡는다. 칸톤 각료는 내각의 각 부처를 관장한다. 칸톤 각료는 일부 작은 주에서는 겸직이 허용되나 대부분의 주에서는 허용되지 않는다. 칸톤 내각과 칸톤 지사는 대개 언어권별로 달리 부르고 있는데, 이는 칸톤이 과거 국가가 형성되기 전에 이미 존재한 역사성과 주권의 일면을 갖고 있기 때문이다.[19)]

칸톤 내각은 5–9명의 각료로 구성되며, 연방 내각처럼 합의제(Kollegialitaesprinzip)로 운영된다. 바젤 주의 경우 내각은 7명으로 구성되어 있으며, 주 의회(Grosser Rat)가 내각 수반(Regierungspräsident)을 선출한다. 내각의 칸톤 각료는 오늘날 2개 칸톤—테신, 주그—

19) 독일어권은 칸톤 내각을 Regierungsrat, 지사를 Landsmann으로, 프랑스권은 Council d'Etat, 지사를 Président라 부른다.

를 제외하고는 다수대표제를 통해 시민에 의해 직선된다. 정부 내각 각료는 칸톤 의회의 구성과 그 시기를 같이하고, 칸톤 전체가 하나의 선거구로 된다. 1차 선거에서 유효표의 절대과반수를 획득한 자의 순서로 선출된다. 두 번째 선거에서는 최고 득표자를 선출한다. 내각 임기는 2개의 칸톤—아펜젤 내곽(2년)과 프리부르 칸톤(5년)—을 제외하고는 4년이다. 스위스 칸톤 내각의 장관은 2005년을 기준으로 총 158명이다. 여성 장관은 35명으로 전체 22.2%에 이른다. 칸톤의 내각선거에서 정당들은 연방 차원의 선거에서와는 달리 유권자 시민에 더 민감하게 대응을 하며 다양한 연대를 시도하고 있다. 의회도 따로 선출되기 때문에 의회, 내각, 시민 간 권력의 3각 관계가 형성된다.

칸톤 내각의 운용은 칸톤에서도 합의제 정치체제의 면모를 보여준다. 칸톤 내각도 연방 정부가 헌법 177조에 따라 연방 내각이 합의제 기관(Kollegialbehöerde)으로 작용하는 것과 같이 운용된다. 또한 내각 장관도 동일한 권리를 갖으며, 내각에서 비밀투표로 다수결로 이루어진 결정은 그 결정이 하나의 일치된 결정으로서 외부에 대표하게 된다(Kollegialitätsprinzip). 이와 같은 합의제의 장점은 내각 구성원의 결정의 자유가 크다는 점이다. 즉, 내각 장관은 미디어나 정당의 관계를 고려하지 않고 결정에 참여할 수 있다. 또한 협의체로서 외부에 대변하기 때문에 집행에서 더 용이하다. 다만 단점은 다수의 의견에 반하는 내각 장관은 전체의 견해에 따라야 한다는 점이다. 또한 각 내각의 장관은 외부에 대해 자신의 프로필을 강력하게 어필할 수 없으며, 또한 그 결정에 대한 책임이 크지 않을 수 있다.

〈표 5〉 칸톤 내각의 정당 세력관계

연도	녹색당 (Grüne)	스위스 사민당 (SPS)	기독 민주당 (CVP)	진보 민주당 (FDP)	진보당 (LPS)	스위스 국민당 (SVP)	기타	무소속
2006	5.6%	25.7%	20.8%	25.2%	2.9%	14.0%	3.7%	2.1%
2005	3.8%	23.8%	20.7%	27.2%	2.9%	15.8%	3.7%	2.1%
2004	2.5%	24.4%	19.4%	26.4%	4.2%	17.3%	3.7%	2.1%
2003	4.8%	23.1%	20.6%	26.4%	4.5%	16.8%	1.6%	2.1%
2002	4.7%	19.9%	23.6%	26.8%	4.5%	16.8%	1.6%	2.1%
2001	4.7%	18.4%	23.8%	27.0%	5.7%	16.8%	1.5%	2.1%
2000	4.6%	18.4%	23.0%	28.6%	4.9%	16.8%	1.5%	2.1%
1999	4.4%	21.5%	21.1%	29.6%	4.6%	16.9%	1.5%	0.5%
1996	3.6%	20.6%	23.4%	29.7%	4.9%	14.6%	2.7%	0.5%
1990	0.2%	20.9%	23.1%	29.9%	4.2%	17.3%	3.9%	0.5%

*출처 : BADAC-Idheap, Bfs, IPW-Bern.

(3) 칸톤 사법부

각 칸톤은 민사, 형사, 행정 등의 법원을 설치하고 있으며, 조직과 절차에 따라 사법부의 구성을 달리하고 있다. 헌법 제122조와 제123조는 민법과 형법분야에서 입법을 연방의 사무로 규정하고 있는 데 반해 그 법원의 조직, 재판절차 및 사법은 칸톤의 사무로 규정하고 있다. 칸톤의 고등법원 법관들은 대부분 칸톤 의회에서 선출된다. 베른 주 의회는 베른 주의 고등법원과 행정법원의 법관과 대법관(의장)을 선출한다(베른 칸톤 헌법 77조 d, e). 지역주민들은 지역법원(도시 칸톤인 경우 구법원)의 법관을 직접 선출한다. 프리부르 주 사법부를 보면 7명의 법관과 14명의 예비법관으로 구성되어 있다. 이들은 주 의회에서 각각 임기 5년으로 선출된다(칸톤 헌법 60조). 또한 칸톤 의회는 주사법부의 대법관을 1년의 임기로 선출한다. 사법부는 비당파적이어서 법관의 당적이 선출과 재선에 영향을 미치는 경우는 거의 없다.

Ⅲ. 직접민주주의와 국민투표

스위스는 의회민주주의를 채택하고 있으나 직접민주주의가 가장 발달한 국가이다. 일부 칸톤에서 직접민주주의 제도가 이미 14세기 이후에 있었지만 공식적으로 연방 수준에서 도입된 것은 1848년 헌법 제정부터이다.[20] 스위스는 연방과 칸톤 수준에서 직접민주주의 제도를 통해 정치에 참여하고 있다. 스위스는 헌법개정 및 의회의 중요한 결정은 국민투표를 거치도록 하고 있다. 국민들은 또한 국민발안권을 통하여 국민제안을 할 수 있으며, 이를 투표에 부칠 수 있다.

스위스의 직접민주주의 제도는 밑으로부터, 즉 기초 민주주의에 근거하고 있으며, 의회주의 권한에 대한 제한과 중요한 결정에 대한 통제수단으로서 채택되고 있다. 결국 이는 대의민주주의에 대한 불신을 반영한 것이라 할 수 있다. 이에 따라서 정부, 의회 및 주권의 대표로

20) 국민투표 도입 시기: 헌법개정에 대한 의무적 국민투표－1848년 ; 국제조약에 대한 의무적 국민투표－1921년 ; 연방법에 대한 선택적 국민투표－1874년 ; 헌법전면개정에 대한 국민발의－1848년.

서 유권자라는 세 주체가 결과적으로 협력하여 정책결정을 하는 틀을 만들고 있다. 국민은 국민투표를 통해 최고의 권리자로서 중요한 문제에 대한 결정자로서 역할을 수행하며, 의회가 그 뒤를 이어 중요한 것을, 정부는 부차적으로 중요한 것에 의결권을 갖는 형식이 된다.

1. 국민투표와 국민발안

연방 수준에서 직접민주주의의 두 가지 대표적인 형태는 국민투표(referendumsu)와 국민발안(initiatives)이다. 이 둘은 서로 다른 목적과 그 절차를 갖고 있다.

국민투표는 사안의 중요성에 따라서 그 기능을 달리하고 있다. 즉 헌법, 법률, 결의 등으로 나누어 볼 수 있다. 이는 사안의 중요성에 따라서 국민투표의 수위를 결정하는 것이다. 그러므로 국민투표의 대상은 사안별로 임시적으로 결정되는 것이 아니라 헌법과 법률에서 이미 정해져 있다. 따라서 국민투표를 실시할 것인가 말 것인가는 정부가 결정하는 것이 아니라, 이미 헌법에 규정되어 있다는 점에서 다른 나라들의 국민투표와 큰 차이를 보여준다. 국민투표는 다음과 같이 분류할 수 있다.[21)]

---

21) 직접민주주의 제도인 국민참여와 이에 따른 투표는 ① 연방 수준에서는 국민투표로, ② 칸톤 수준에서는 시민투표로, ③ 꼬뮨 수준에서는 주민투표로 구분하여 쓰고자 한다.

〈표 6〉 연방 수준에서 국민참여와 직접민주주의 형태

결정의 종류	법의 형태	권고기관	국민참여
최고 중요한 사안	헌법개정 집단안전보장기구 및 초국가적 공동체가입	의회	의무적 국민투표 국민발안
중요한 사안	연방법률, 연방결의	의회	선택적 국민투표
부차적으로 중요한 사안	단순한 의회의결, 규칙	의회 정부	없음

*출처 : 연방헌법 제138-142조.

연방 수준에서 국민발안은 지금까지 헌법개정을 하는 데 이용되었다. 2003년에 스위스는 새로운 중요한 법개정과 관련해서도 국민발안을 이용할 수 있게 되었다. 국민발안이 시작되면 연방 의회가 이를 의무적으로 처리하게 하기 위해서는 일정한 수준의 국민의 서명이 필요하다. 헌법의 전면적 또는 부분적인 개정에는 국민 10만의 연서가 필요하다. 연방법에 대한 국민투표는 5만의 연서가 요구된다. 국민발안을 위한 서명은 18개월 안에 이루어져야 된다. 국민발의가 성공적으로 이루어지게 되면 연방 정부는 이 발안을 의회로 하여금 심의하도록 권고한다. 의회는 시민의 발의안에 대해서 반대안(Gegenvorschlag)을 만들어 제의할 수 있다.

헌법개정에 대한 발의안은 헌법의 수정에 대한 국민투표와 마찬가지로 연방 주와 국민의 이중적인 동의를 요구하고 있다. 칸톤의 투표수는 20개 칸톤은 1표를, 6개 칸톤은 반(1/2)표를 갖고 있다. 따라서 칸톤은 모두 23개 투표수로 계산되며, 그 과반수는 11.5일 때 사안이 거부된 것으로 처리된다. 지난 1848–2004년에 헌법수정안이 국민투표를 통해 통과되었지만 칸톤의 다수를 얻지 못하여 부결되었다. 이런 부결된 사항이 10개 중에서 6개가 지난 30년에 일어났다. 이와 같은 국민투표와 칸톤 간의 충돌은 결국 민주주의와 연방주의 원리 간의 문제를 보여준다. 한편 이와 같은 충돌은 주의 인구수의 차이에 기인한다. 즉, 작은 주민수를 가진 칸톤도 실제로 헌법개정에 비토권을 행사할 수 있음을 보여준다.[22] 가령 1848년에 취리히 칸톤 인구는 우리 칸톤보다 17배 많았으나 지금은 그 격차가 34배로 벌어졌다. 최소의 인구를 가진 칸톤은 11.5로 국민투표안을 부결할 수 있는데, 이들이 차지하는 인구는 스위스 전체의 9%에 불과하다.[23]

국민투표에서 발의안과 의회 대안이 동시에 수용되게 되면 국민 다수는 두 안에 대해서 어떤 안을 채택할 것인가를 결정하게 된다. 국민발안은 다양한 이해집단 내에서 자신들의 견해가 제도적인 과정에서 잘 대변되지 못할 때, 새로운 문제를 사회에 제기하고자 국민투표에 붙이는 길을 택한다. 따라서 국민발안의 대상은 고속도로에서 속도제한, 외국인 통제, 새로운 철도건설, 노동시간 단축, 산책로와 같은 환경문제에서 군대 폐지문제까지 다양하다. 1848년부터 2004년까지 517번의 국민투표가 이루어졌다. 1892년부터 2004년(5월)에 이루어진 국민발안은 244개에 이른다.

국민발안에서 투표의 과반수를 얻어 법안으로 통과된 것은 1891–

22) Adrian Vatter/Fritz Sager, Föderalismusreform am Beispiel des Ständemehrs, Swiss Political Science Review, Vol. 2, No. 2, 1996, pp. 164–200.

23) 이와 같은 소수 칸톤이 다수를 통한 국민투표 결정을 번복할 수 있는가에 대해 논의가 일고 있다.

12004년간 14개에 불과하여 국민발안이 법제정으로 이어지기까지는 매우 어렵다는 것을 보여준다. 의회는 국민투표에 무산된 국민발안의 내용을 차후 입법에 참고하여 그 내용을 반영하고자 노력한다. 국민발안은 연방 수준에 비하여 칸톤 수준에서 비교적 성공 가능성이 높다.

국민발안은 선거전에서 이용되기도 한다. 이는 보수 및 진보야당들의 도구로 모두 이용되고 있다.[24] 특히 군소정당이나 한 가지 이슈만을 내거는 정당들은 살아남기 위해서 선거시점에 국민발안을 시도하고자 노력한다. 따라서 법률개정의 수준에서 이루어질 사안이 헌법개정안으로 나타난다.

연방 수준에서 결정되는 모든 입법안이나 국제기구의 가입과 같은 국제조약은 의회의 결정에 이어 다시금 국민투표를 거치도록 하는 선택적 국민투표를 유보해 놓고 있다. 즉 5만의 시민이 입법안에 대해서 90일 안에 국민투표를 제의할 때 국민투표에 부쳐야 한다. 국민투표에 부쳐지는 법안은 유권자의 과반수가 찬성할 때에만 효력을 갖게 된다. 1874년에 선택적 국민투표가 도입된 이후 1997년까지 선택적 국민투표의 대상이 된 사안은 총 1,889개였다. 이 중 국민투표에 이른 안은 129개[25]이며, 이 중 67개(4%)가 투표를 통과하여 비교적 높은 성공을 보이고 있다.

유권자들은 매년 6번 정도의 헌법개정에 대해 투표를 한다. 이 중 반은 연방 의회에서 제안된 것이며, 다른 반은 국민발안에 기초한 것이다. 또한 여기에 매년 2-4개 정도의 입법안에 대한 국민투표가 있다.

---

24) Hans Werder, Die Bedeutng der Volksintiativen in der Nachkriegszeit, Bern : Francke, 1978.

25) Wolf Linder, Schweizerische Demokratie, Bern u.a. : Haupt, 1999, pp. 245-246.

투표 참여율은 평균적으로 40%에 이른다. 투표 참여율은 유권자와 직접적인 연관이 있을 때에는 높아지는데, 가령 유럽 화폐통합 가입 문제에서 투표율은 78.7%였다. 논쟁적이지 못하거나 여론의 조명을 받지 못하는 사안이나 국민들의 관심을 끌지 못할 때에는 투표율이 매우 낮다.

투표참여를 중심으로 하여 볼 때 다음과 같이 3개의 그룹이 형성된다. 첫째, 투표에 빠지지 않으며 자신의 권리를 적극 행사하는 그룹으로서, 이는 유권자의 25% 정도가 해당된다. 둘째, 반면 전혀 투표소를 찾지 않은 그룹으로서, 이는 유권자의 약 20%를 차지한다. 셋째, 나머지 사안별로 가끔 투표소를 찾는 그룹으로서, 이는 유권자의 30-70%에 이르는 것으로 파악된다.[26)]

스위스의 직접민주주의 제도가 정치체제, 특히 입법과정에 어떤 영향을 주고 있는가의 문제가 있다. 국민발안을 통한 입법수는 통계적으로는 얼마 안 되지만(14개) 이런 직접민주주의 제도가 가져오는 영향이 있다. 즉 국민발안, 국민투표를 거치는 동안 문제에 대한 캠페인이 증가하며 공공의 관심과 지식이 확대고 있다는 점이다. 따라서 이는 정부로 하여금 사전에 사회문제를 인식하고 이에 대한 정책적 대안을 찾으며, 이에 국민적 합의가 이루어지도록 하는 점이다. 스위스의 경우에 이런 최종에서 국민적인 다수의 지지와 합의는 매우 중요한 정치문화 요소이다.

---

26) Wolf Linder/Claude Longschamp/Regula Staempfli, Politische Kultur der Schweiz im Wandel ; am Beispiel des selektiven Urnengangs, Basel: Schweizer Nationalsfonds, 1991.

스위스에서 직접민주주의에 따른 정책결정의 주요한 의미는 다음과 같다.[27]

① 국민투표 결정의 영향이 이의 지지자들과 마찬가지로 비판자들에게도 모두 과장되어 있음을 볼 수 있다. 즉, 국민투표와 국민발안은 일종의 국민 입법과정(Volksgesetgebung)이라기보다 의회의 정책과 결정에 대한 수정으로 평가된다.

② 직접민주주의는 의회대표주의에 따른 결정과 비교해서 나쁜 입법이 되거나 소수의 권리를 침해하지 않는다.

③ 국민발안과 국민투표는 정부와 의회로 하여금 여론에 대해 더욱 민감하게 반응하게 한다.

④ 국민의 권리는 다양한 정책 프로그램을 가지고 있는 정당을 강화하기보다도 다양한 개별 이익단체로 하여금 자신들의 견해를 대변하게 하거나 한 가지 이슈를 내거는 정책을 가능하게 해준다.

⑤ 캠페인의 영향력은 매우 높다. 투표에 관한 캠페인에서 영향력을 발휘하는 주요한 요인은 결국 돈인 것으로 지적되고 있다.[28]

⑥ 직접민주주의 강조와 이용은 반대로 정당의 책임과 정당정치의 약화를 보여준다.

---

27) Thomas E. Cronin, Direct Democracy. The Politics of Initiative, Referendum, and Recall, Cambridge/London: Harvard University Press, 1989 ; Friedrich Schneider, Der Einfluss von Interessengruppen auf die Wirtschaftspolitik: eine empirische Untersuchung fuer die Schweiz, Bern: Haupt 1985 ; Adrian Vatter, Eigennutz als Grundmaxime in der Politik?, Bern: Haupt, 1994.

28) Betty Zisk, Money, Media and the Grass Roots: State Ballot Issues and the Electroal Process, Newbury Park, Cal.: Sage, 1987, pp. 90－137.

〈표 7〉 국민투표와 발안 (1848-1997)

국민투표 및 발안	투표 및 발안내용	투표 및 발의수
의무적 국민투표	국민투표에 붙여진 헌법개정안	188
	– 국민과 주에 의해서 찬성됨	140
	– 거부됨	48
국민발안	제출된 국민발안	217
	– 철회되거나 소멸됨	74
	– 미결정	22
	투표에 붙여짐	121
	– 국민과 주에 의해서 찬성됨	12
	– 거부됨	109
선택적 국민투표	국민투표의 대상이 된 의회의결안	1,889
	국민투표에 이르지 못함	21
	국민투표의 대상이 됨	129
	의회의 대안이 채택됨	62
	입법안이 거부됨	67

*출처 : Bundesamt für Statistik

2. 칸톤의 시민투표와 꼬뮨의 주민투표

스위스 지방자치의 특징을 나타내 주고 있는 점은 무엇보다 시민의 지방정치 참여에서 찾을 수 있다. 직접민주주의 요소는 연방보다 칸톤에 더 많이 이용되고 있다. 직접민주주의 원리로서 주민투표는 자치단체의 문제를 주민들의 투표에 부치는 것을 말하며, 주민발안은 주민들이 주민투표를 요구하는 것을 말한다. 따라서 주민투표와 주민발안은 동전의 양면과 같다. 주민투표는 크게 의무적 주민투표와 선택적 주민투표로 나누어 볼 수 있다.

연방에서와 같이 칸톤 헌법의 개정은 의무적으로 시민투표[29]를 거치도록 하고 있다. 특히 칸톤법의 제정과 개정에서도 시민투표를 대부분 주에서 의무적으로 규정하고 있을 뿐만 아니라, 집행부의 결정도 투표의 대상이 된다.[30] 1983년부터 2000년까지 칸톤에서의 시민투표의 횟수를 보면 1988년 120회, 1988년 147회, 1995년 139회, 2000년 127회로 매년 100회 이상 칸톤 수준에서 시민투표가 실시되고 있음을 볼 수 있다.

특히 스위스 칸톤은 재정시민투표제(financial referendum)를 두고 있다. 26개의 칸톤에서 봐브트 칸톤만을 제외하고는 의무적 또는 선택적 시민투표가 시행되고 있다. 이는 일정금액 이상의 지출에 대해서 유권자나 칸톤 의회의 요구가 있을 때 이를 시민투표에 부치는 것이다. 예를 들면 주그 칸톤은 5만 프랑 이상의 1회적인 지출이나, 또는 1년 안에 또 다시 5만 프랑 이상 되는 지출에 대해서 1천5백 명의 서명된 발의가 있을 경우에는 시민투표에 부쳐야 된다(주 헌법 34조). 직접민주주의 제도의 이용은 물론 각 칸톤에 따라 차이가 난다. 1988년에 37회 재정에 관한 시민투표가 있었으며, 1990년에 32회, 2000년에는 3번 실시되었다.

꼬뮨 수준에서 주민투표의 대상도 다른 국가에 비하여 비교적 포괄

29) 여기서 시민투표라 함은 연방 수준에서의 국민투표와 구별하기 위한 것으로, 칸톤 수준에서 시행되는 국민투표를 말한다.

30) 이에 해당되는 칸톤은 니발렌, 글라우스, 아펜젤 외곽, 그라우뷘덴이다.

적이다. 이는 지방자치단체의 예산, 결산 및 기타 재무에 관한 사항도 주민투표의 대상이 되는 데서 볼 수 있다. 스위스에서 예산에 관한 사항은 의무적인 주민투표의 대상으로 하고 있는 반면, 독일의 지방자치단체는 주민투표의 대상에서 제외시키고 있다.[31] 스위스 꼬뮨에서는 지방자치단체의 수입과 지출을 주민투표의 대상으로 함으로써 1년 예산의 총 수입과 총 지출의 규모를 결정한다. 이러한 지방재정에 대한 주민의 참여와 결정은 주민 자신이 감당해야 할 부담액을 스스로 결정하는 것이다. 이와 같은 예산과 재정 외에 재정에 관한 사항도 주민투표의 대상으로 하고 있다. 가령 추가 대출, 신규 재정지출, 신규 대출, 토지 및 건물 소유 및 매각, 공기업 설립 및 공기업의 지분 참여 등에 관한 사항이 여기에 해당된다.[32]

시민투표를 하기 위해서는 투표권을 가진 일정수의 시민들이 이를 지지하여야 한다. 따라서 이런 시민발의에 대한 시민수를 크게 하면 할수록 그만큼 시민투표는 어려워지게 된다. 스위스의 경우를 보면 30%를 요구하는 주가 1개 주, 25%가 1개 주, 20%가 6개 주, 9개 주가 10%, 1개 주가 5%를 요건으로 규정하고 있다.

시민투표의 발의요건을 갖추면 칸톤 내각은 이에 대해 법률적인 형식을 갖추었는가를 검토한다. 반면 칸톤 의회는 시민발안 내용을 검토하여 시민발안에 반대하는 경우에는 대안을 제시할 수 있다. 시민

31) Philipp Karr, Institutionen direkter Demokratie in den Gemeinden Deutschlands und der Schweiz , Baden−Baden: Nomos, 2003, pp. 85−87 & 193−194.

32) 최근 독일에서 도입된 주민투표제도를 보면 자치단체의 수입 및 지출을 포함하는 예산안은 주민투표의 대상의 항목에서 제외시키고 있는데, 이는 주민을 대표하는 기관에 그 책임을 두고자 하는 것이다. Utz Schliesky, Bürgerentscheid und Bürgerbegehren in Schleswig−Holstein, Kommentar, Wiesbaden, 1998, Rn. 48.

발안은 시민투표에서 다수결을 통해 확정된다.

칸톤과 꼬뮨에서 이와 같은 시민/주민투표의 이용은 농촌지역과 도시지역 간 차이를 보여주고 있다. 농촌지역은 지방자치단체의 사회 구성원과 그 조건이 도심보다 덜 이질적이고 그만큼 구성원 간에 갈등요소가 적기 때문이다. 또한 시민투표는 야당의 입장이 덜 존중되는 지역에서는 더 많이 이용됨을 보여준다. 반면에, 독어권 지역은 불어권과 기타 지역보다 직접민주주의에 대한 문화가 더 많이 정착되었음을 볼 수 있다.

스위스에서 시민소환은 연방 수준에서는 채택되고 있지 않고 있으며, 일부 칸톤에서만 이용되고 있다. 베른 칸톤의 경우 3만 명의 유권자는 칸톤 의회 또는 칸톤 내각의 전면 개편을 요구할 수 있다(칸톤 헌법 56조, 1항). 스위스에서 시민소환의 특징은 그 대상이 관청에 대해서만 한정된다는 점이다. 이는 내각의 조직원리인 합의제의 전통에 기인한다. 새로 구성된 내각은 잔여임기만을 채우게 된다. 스위스에서는 시민발안, 시민투표 등의 정부에 대한 시민통제가 잘 발달되어 있어서 상대적으로 시민소환의 필요성이 크지 않은 것으로 보인다.[33]

3. 스위스 정당과 정치

스위스의 정당들은 헌법에서의 보장도 없으며, 스위스의 정치체계에서 강한 위치를 점하고 있지 않다. 따라서 정당의 의회 교섭단체에

33) 안성호, 『스위스연방 민주주의 연구』, 302쪽.

대해서는 연방으로부터 재정적인 지원이 없다. 스위스의 정당은 단체 형태로 조직되어 있다. 연방, 주, 자치단체에 각각 조직을 가지며, 그 체계도 연방주의적인 성격을 갖는다. 정당들은 각 수준에서 조직과 활동에서 고도의 자율권을 갖는다. 각 정당들은 단체 조직법에 따라서 각각의 수준에서 회원모임을 통하여 주요 관직에 대한 후보자를 선정하며, 대표자를 결정한다. 그러나 정당들은 자신들의 전통, 칸톤에서 역할과 기능 및 위치로 인하여 정당 간에 직접적인 유사성은 없다. 어느 한 칸톤에서 강한 위치를 점하고 정치에서 중심을 이루며, 주도적인 역할을 하는 정당도 다른 칸톤에서는 미약한 위치에 머무르는 경우가 있다.

스위스의 정당들은 다른 나라의 정당들과 같이 표명, 통합, 동원, 전달, 선거참여, 인원 충원 등의 기능을 수행하나 직접민주주의 원리에 기초한 국민투표 기능으로 부가적인 역할이 기대되고 있다. 여기에는 국민투표에 대한 자신들의 의견표명, 동원, 활동들이 포함된다. 연방, 주, 자치단체로부터 매년 30여 개의 투표안이 제출되고 있으며, 유권자들은 매년 보통 4번 투표소에 가게 된다. 오늘날 스위스 정당들은 전문적인 단체들과 경쟁하는 가운데 유권자에게 호소력을 잃어가는 문제에 직면해 있다.[34)]

1959년 이후 연방 정부는 동일한 4개의 정당으로 구성되어 오고 있다. 즉, 2명의 자유주의 정당, 2명의 기독민주주의 정당, 2명의 사회주의 정당, 1명의 국민당 대표가 그 구성원이다. 연방 정부에 참여하는 4

34) Leonard Neidhart, Funktions－und Organisationsproblem der schweizerischen Parteien, Schweizerisches Jahrbuch für politische Wissenschaft, Vol. 26, 1986, pp. 21－46.

개의 정당은 스위스 전체 유권자의 3/4을 대표하고 있다. 이와 같은 정치세력과 내각 참여는 스위스 정치체제를 단순히 다수결에 의해 결정하는 체제에서 주요 다수세력이 결정에 참여하고 합의하는, 이른바 합의민주주의 체제로 제도적인 발전을 가져왔다. 정부권력의 안배는 어떤 법적인 근거를 통해서 이루어지지 않는다. 정당의 정부 참여 및 매우 안정적인 정부구성과 운용 역시 간접적인 국민투표의 영향에 근거하고 있다. 빈번한 헌법에 대한 국민투표와 개정이 성공적으로 되기 위해서 주요 정당들의 내각 참여는 기본적인 전제가 아닐 수 없다.

물론 주요 정당들의 내각 참여로 충분한 것은 아니다. 왜냐하면 중긴 수준의 단체들, 가령 경제단체, 노동단체들도 큰 영향력을 행사하고 있기 때문이다. 이 단체들 역시 정당의 영향력만큼 국민발안을 통해 주요 사안을 정당들이 반대해도 이를 국민투표에 붙여 성공적으로 이끌 수 있는 역량을 가지고 있다. 이러한 배경 하에서 제2차 세계대전 후에 중간 수준의 단체들을 입법과정에 제도적으로 참여하도록 하였다. 즉, 이런 단체들은 의회에서 입법안이 다루어지기 이전의 준비단계인 협의과정에서 참여하게 되며, 자신들의 이해관계를 표명할 기회를 얻게 된다.

스위스의 정당들은 19세기에 형성된 정치적인 자유주의, 보수주의 및 민주사회주의의 기본 흐름에 근거하고 있다. 이 3개의 이념적인 흐름에서 3개의 정당이 탄생하였으며, 이들은 오늘날 스위스의 정치를 지배하고 있다. 스위스에는 수많은 정당들이 있는데, 1) 1971-2003년까지 최소한 1명의 의원 당선자가 있으며, 2) 같은 기간에 적어도 4개의 선거에 참여하며, 3) 적어도 하나 이상의 주에 선거 후보를 선정한 조건, 이와 같은 3가지 조건을 모두 충족시키고 있는 정당 내지 정당연합은 현재 모두 18개이다.

스위스의 정치체제는 다수민주주의에 반하는 합의민주주의로 구분되는데,[35] 이는 스위스의 정치체제가 연방주의 원리, 갈등조정에서 합의, 권력분립과 공유로 구축되어 있기 때문이다. 이런 합의민주주의 하에서 각 칸톤과 주에서 정당은 다당체계를 이루며 지방정치에 참여하고 있다.

Ⅳ. 맺는 말 : 사회통합과 정치발전

스위스는 지리적으로 유럽 중앙에 위치하며 강대국인 독일, 프랑스, 이탈리아, 오스트리아와 국경을 맞대고 있다. 인구는 700만 명에 불과하다. 그러나 스위스의 정치, 사회, 경제의 운용을 보면 작은 나라가 아니다. 정부는 유권자의 70%를 대표하는 4개의 정당에 의해 대표되고 있다. 7명의 장관으로 이루어진 내각은 다른 나라의 수상이나 대통령과 같은 최고 권력자 없이도 안정적인 정부를 이끌고 있다. 국민들은 헌법개정을 매년 6번 이상 제안하고 있으나 어떤 정치적 혼란이나 혁명도 없다. 한때 스위스인들은 가난한 산악농부들이었다. 그러나 인구와 자원이 빈약한 가운데서 세계에서 산업과 환경을 가장 잘 조화시키는 국가를 만들었다. 스위스를 현대화 · 산업화된 국가로 발

35) Arend Lijphart, Democracies. Patterns of Majoritarian and Consensus Government in Twenty-One Countries, New Haven: Yale University Press, 1984.

전시키면서 다른 기타 유럽으로 확산된 스위스 민주정치의 정체는 무엇인지, 스위스 주민들은 어떻게 자신의 지역에서 지방정치에 참여하고 있는지 관심을 갖게 된다. 이는 바로 스위스의 연방제도에서 답이 찾아진다.

스위스의 연방주의와 더불어 다수결에 기초한 민주주의와 비교되는 합의민주주의로 특징된다. 이런 전통적인 제도에 최근 제도적인 개혁의 요구와 더불어 비판이 제기되고 있다. 비판의 배경으로는 1) 정당들의 재이념화(1968년 이후 좌파 정당에서 시작), 2) 물질주의－비물질주의 간 가치의 갈등, 3) 사회운동, 4) 정당에 대한 지지 감소 등에 따른 합의에의 어려움들이 있다. 이에 따라 경제의 저성장에 따른 다수의 사회적인 문제는 어떤 합의보다는 다수결을 통한 해결이 오히려 더 효율적이라는 주장도 제기된다.

스위스의 합의체제는 연방의 권한 확대로 헌법개정, 상원과 하원의 동등한 위치 포기, 합의를 강제하는 국민의 권리 철폐를 포함하여 다수대표제로의 선거제도의 개혁 등을 주장하고 있다.[36] 이런 요구와 주장은 지금까지 헌법개정에 반영되지 못하고 있지만 1970년대 이후 국가혁신의 대안으로 종종 제기되어 왔다. 또한 스위스의 사회복지 모델도 비판을 받고 있으며, 스위스가 지닌 생산기지로서 장점을 상실하였고, 이에 따라 더 이상 안정과 절충의 여지는 적어지며, 규제완화를 통한 국제경쟁력 강화 및 혁신 등이 제기되고 있다. 한편 이러한

36) Silvio Borner/Aymo Brunetti/Thomas Straubhaar, Schweiz AG ; Vom Sonderfall zum Sanierungsfall?, Zürich: Neue Zuericher Zeitung 1990 ; Wolf Linder/Thann－Huyen Ballmer－Cao, Das politische System der Schweiz von morgen, Schweizerisches Jahrbuch für Politische Wissenschaft Vol. 31, 1991, pp. 337－361.

요구는 유럽통합에 대한 참여 주장에서도 나오고 있다.[37)]

합의제는 다수결 원리에 비하여 혁신적이지 못하지만 정치적인 타협의 기술로 인하여 현대 산업사회의 요구를 충족하고 있는 것으로 평가된다. 즉, 사회보장 및 경제정책에서 합의제가 다수에 기초한 경쟁적 체제에 비하여 불리하지 않은 것으로 조사되었다.[38)] 무엇보다 관심과 중요성을 끄는 것은 산출보다 투입에서 찾아져야 한다는 것이다. 즉, 스위스의 다양한 언어, 문화, 종교, 도시-농촌의 차이를 감안하면 스위스는 무엇보다 대내적 사회통합과 정체성 확립을 생각하지 않을 수 없는 것이다. 바로 스위스의 연방주의와 이에 따른 합의민주주의는 이와 같은 요구에 19세기 이후 지금까지도 부응하고 있는 것이다.

---

37) Raimund E. German, Politische Innovation und Verfassungsreform: Ein Beitrag zur schweizerischen Disskussion über die Totalrevision der Bundesverfassung, Bern, 1975 ; Raimund E. German, Staatsrefrom: Der Uebergang zur Konkurrendemokratie, Bern, Haupt, 1994.

38) Klaus Armingen, Es gibt sie doch, die Schweizer Wahlen! Die Unterschiedlichkeit des Wahlverhaltens zwischen Kantonen im internationalen Vergleich, Hanspeter Kriesi/Wolf Linder/Ulrich Kloeti (Hrsg.), Die Schweizer Wahlen 1995, Bern: Haupt, 1998, pp. 273-295.

8. 독일 : 연방주의와 상원

연방주의는 각 부분이 자신의 권한, 자율책임을 갖는 정치, 사회 또는 국가의 연합체(Zusammenschusse)로 이해된다. 연방주의 질서는 각 소속체가 자신의 특별성 내지 고유성을 포기하지 않는 '하나의 통일체제'를 이룬다. 어원적으로 볼 때에도 라틴어(foedus)는 공동의 설립목표를 암시하여 주고 있다. 연방주의는 단순한 분권화가 아니며, 또한 분권화된 한 통일국가에서의 지역 이상의 의미를 갖는다. 연방체계에 소속하는 구성국가는 원칙적으로 자신의 권리를 갖고 설립되며, 구성국가의 자율은 다수의 의지에서 도출되는 것이 아니라 자신의 정통성의 원리와 문화구조의 차이에 근거한다.

연방주의는 정지된 구조로서 이해되어서는 안 된다. 공동의 연방주의 질서 하에서 공동체적 삶은(Gemeinschaft) 지속적인 소통과 상호 교

정재각
한양대 지방자치연구소 연구부장

환하는 영향을 받고 있다. 그리고 이런 과정은 앞으로 전진하는 운동이며, 여기서 중요한 것은 다양한 구성 성원과 모든 것을 포괄하는 전체 공동체 간의 상호작용하는 관계이다.

독일에서 1990년대 초에 연방주의는 다시금 정치적인 논의와 관심의 대상이 되었다. 수많은 개혁안이 제시되었고, 새로운 연방주의의 개혁이 봇물처럼 터져 나왔다.[1] 많은 논의와 더불이 이 시기에 수많은 문헌이 발표되었다.[2] 따라서 일반시민은 어떤 수준에서 무슨 논의가 이루어지며 또한 이에 관계하는 기관이나 당사자, 그들의 이해관계를 파악하는 것과 각 결정에 따른 책임소재를 파악하는 것이 심히 어려운 지경에 이르고 있다. 이러한 복잡한 정치적 이해관계와 논의로 인하여 독일 연방주의는 다시금 투명성이 상실되었다.

독일 통일 외에 유럽통합 과정이 이런 논의를 더욱 가열시키는 계기가 되었다.[3] 아브로나이트(Heidrum Abroneit)는 연방주의 평가에서 "익명의 단일국가"(verkappten Einheitsstaat)[4]에 대해서 쓰고 있다. 아브로나이트에 따르면 독일은 결코 순수한 연방국가(echter Bundessraat)가 아니었으며, 따라서 단일국가 형태로 지향하는 것은 불가피하다고 보고 있다. 정칙학의 입장에서 단슈데트(Thomas Darnstädt)는 중앙집권적 경향과 독일 연방국가의 정치적 얽힘(Politikverflechtung)을 지적하고 더

---

1) Uwe Thaysen, Der deutsche Föderalismus zwischen zwei Konventen, APuZ, B 29−30, 2003, S. 14−23(17−19).

2) Roland Sturm, Zur Reform des Bundesrates, APuZ, B 29−30/2003, S. 24−30(30−31).

3) Thomas Fischer, Deutscher Föderalismus vor der Herausforderung einer europäischen Verfassung, APuZ, B 29−30/2003, S. 3−5.

4) Heidrun Abromeit, Der verkappte Einheitsstaat, Opladen, 1992.

많은 분권화와 연방주들 간의 경쟁 강화, 재정헌법 개혁, 그외 연방, 주 및 자치단체 간 조세권한의 좀더 분명한 구분을 요구하였다.[5] 샤프(W. Scharpf)는 독일의 정체가 오늘날 자본시장의 세계화, 유럽연합의 확대, 그리고 유럽공동체와 단일시장을 통한 경쟁력 강화정책을 통해서 자신의 존립에 대한 과제를 갖게 되었고, 유럽의 통화단일화, 자국의 통화정책과 주권의 상실, 그리고 무엇보다 높은 실업과 저출산으로 인하여 새로운 도전에 직면하게 되었다고 보고 있다.[6]

Ⅰ. 연방 주 정부의 정치체계

독일 기본법 20조 1항은 독일은 민주적 · 사회적 연방국가라고 밝히고 있다. 또한 28조는 각 주 및 자치단체의 헌법질서를 규정하고 있는데, 각 주의 헌법질서는 "기본법의 공화적 · 민주적 · 사회적 · 법치국가적 원리에 합치되어야 한다"고 되어 있다. 이로써 독일연방의 기본법과 주 헌법 간의 기본적인 헌법 간의 상호 일치가 확보되며, 이는 미래의 방향을 정하여 주고 있다. 이는 연방주의 헌법의 다양성을 배제하는 것은 아니다. 실제로 주의 헌법은 기본 권리, 사회적 기본권,

5) Thomas Darnstädt, Das Prinzip Wettbewerb. Wie der deutsche Föderalismus zu reformieren wäre, Der Spiegel, Heft 21/2003, S. 52–65.

6) Fritz W. Scharpf, Der deutsche Föderalismus – reformbedürftig und reformierbar?, Working Paper 04 v. 2. Mai 2004, Quelle: Max–Planck–Institut für Gesellschaftsforschung, www.mpi–fg–koeln.mpg.de

연방 주의 목표(노동, 주책, 주거, 사회보장, 남녀평등, 환경)에서도 차이를 보여준다. 그러나 이런 규정들은 매우 주의깊게 표현되어 있으며, 기본법이 주 헌법을 앞서기 때문에 이런 규정과 차이에서 큰 문제는 발생하지 않는다. 이런 규정들은 오히려 정치적 상징성을 갖고 있으며, 그 차이는 오히려 국가, 정부, 의회, 정부 수반의 규정에서 보여진다.

(1) 주 내각 구성

연방의 모든 주에서 주의 수상은 주 의회를 통해서 선출된다. 신연방 주, 노르트라인-베스트팔렌, 슐레스비히-홀슈타인 주 등 일련의 주들은 내각의 구성방식을 연방 내각 구성방식과 일치시키고 있다: 주 의회는 단지 주 수상(Ministerpräsident)만을 선출하며, 이 선출된 주 수상이 단독으로 자신의 내각 구성을 결정한다. 그외 주에서는 주 수상의 선출 외에 주 내각 구성절차를 주 의회를 통하여서 전체 인준하도록 하고 있다. 베를린과 브레멘의 경우, 주 의회가 내각 장관(Mitglied des Senats)을 개별적으로 선출한다. 또한 차후 내각에 입각하는 장관은 주 의회의 동의를 일반적으로 요구하고 있다.

(2) 주 내각 소환

내각의 불신에 대해서 11개 주가 연방 정부와 같은 원리를 채택하고 있다. 즉, 주 수상은 수상후보가 선출됨으로써 비로써 소환되며, 전 내각은 함께 동반 사퇴한다. 이런 건설적인 불신임결의와는 달리 부정적 불신임원리가 6개 주에서 채택되고 있다(바이에른, 헤센, 라인란트-팔츠, 자르란트, 베를린). 불신임결의만을 통해서 주 수상이나 내각이 사퇴해야 한다. 베를린과 함부르크의 경우에는 개별적으로 내각 장관을 불신임할 수 있다. 바이에른, 니더작센, 라인란트-팔츠, 헤센 그리고 자르란트에서 개별적으로 내각 장관을 불신하여 해임하고자 할 때에는 주 의회의 동의가 필요하다.

(3) 주 내각 노선 결정권

내각의 정책에 대한 결정권은 도시 주를 제외하고는 전적으로 주 징부 수상에 주어진다. 함부르크에서는 제1시장에, 베를린에서는 집권정당의 시장에, 브레멘에는 시 의회 세나트(Senat)에 주어져 있다. 집행부에 대한 조직, 권한 등은 시 의회에 속한다. 남부 주와 베를린은 집행부나 장이 주 의회와 함께 권한을 행사한다.

헌법은 주 수상 외에 따로 주를 대표하는 국가 권력기관을 갖고 있지 않다. 따라서 주의 대표, 사면권, 공무원의 임면과 파면을 어떻게 규정할 것인가는 전통적으로 주요 국가 권력분립의 핵심 문제로 떠오른다. 이에 대한 대답은 주의 헌법을 볼 때 다양하다. 가령 이 권한들을 모두 주 수상에 주는 방식이 있는가 하면, 브레멘 같은 경우에는 시 의회 세나트(Senat)에 주어져 있다. 바이에른, 니더잔센, 노르트라인-베스트팔렌의 경우는 일부는 주 수상에, 일부는 주 정부에 분리하여 두고 있다.

(4) 주 헌법재판

주의 국가행위는 주의 헌법재판소를 통해 또 다른 특징을 이루고 있다. 주의 헌법재판소는 지속적으로 정치적으로 주요한 의미와 영향을 갖는 판결을 해오고 있다. 가령 1997년 니더자센 주 헌법재판소(Staatsgerichtshof)는 주와 지방자치단체 간의 재정배분에 대해서 위헌 판결을 하였으며(StGH 14/95), 노르트라인-베스트팔렌은 지방선거에서 봉쇄조항 5%를 위헌으로 판결하였다.

주 정부의 구성과 운영방식 등은 연방 정부와 유사한 모습을 보여주고 있다. 함부르크와 브레멘의 경우는 제한적인 의회주의를 보여주고 있는데, 여기서는 의회와 집행부 간 인적 구성을 구별하며, 행정권한은 주 의회(Bügerschaft)에 속한다.[7)]

(5) 시민의 정치참여

전통적으로 국민을 대표하는 것은 의회이다. 의회는 일정한 임기를 두고 선출되어 구성되는데, 과거 4년에서 지금은 대부분 5년으로 연장되었다. 이런 임기의 연장은 실제로 선거의 영향력을 약화시킨 것이며, 한편에서는 재정이나 급여문제를 제외한 영역에서 직접민주주의 요소의 확대를 가져왔다. 과거에 있던 시민발안 및 시민투표는 일

7) Guido Wolfgang Tögel, Die Senate der Hansestädte Hamburg und Bremen, Frankfurt a.M. 1989, S. 273.

부 주에서만 시행되었는데, 특히 독일 통일 후 급속히 주에 걸쳐 도입되어 제도화되었다.

이런 시민투표에서는 투표의 시행에 따른 규정에서 차이가 난다. 가령 시민발의에서 최소 유권자의 요구하는 기준이 4–14% 사이인데, 실제로 이 초기 단계에서부터 상당수 발의는 좌절되고 있다. 2002년도까지 시민발의는 92%가 시민투표 없이 끝났지만 17%는 주 의회가 이 발의를 넘겨받아 그 중 약 50%는 입법화되었다.[8)] 시민투표에서 이에 동의를 요하는 비율을 보면 유권자의 25% 또는 33% 수준이다. 자르란트는 50%의 동의를 요구하고 있다. 유권자의 높은 수준의 동의를 요구하는 것은 주 헌법의 경우에 해당된다. 바이에른, 헤센의 경우에 주 헌법 변경의 경우에는 의무적으로 시민투표에 붙여야 한다. 이런 규정은 시민투표에 대한 어떤 회피적인 양상을 보여주며, 이 두 주에서는 다른 주에 비교하여 주 헌법의 개정이 가장 낮다.

이런 직접민주주의제에서 그 정당성이 문제가 되는 것은 바로 투표 참여율이 낮은 데 있다. 가령 2004년에 함부르크의 경우 선거법 개정에 관한 시민투표에서 유권자의 21.4%의 참여와 이의 과반수찬성으로 통과시겼다. 이런 낮은 선거참여는 한편으로 선거과정의 복잡성을 그 원인으로 들 수 있다. 그 예로 바이에른 주의 선거제도를 들 수 있다.

---

8) Frank Rehmet, Direkte Demokratie in den deutschen Ländern, Theo Schiller/Volker Mittendorf (Hg.), Dirkte Demokratie, Wiesbaden, 2002, S. 112f.

〈표 1〉 독일 각 주의 기본 통계

	전 독일	바덴-뷔르템	바이에른	베를린	브란덴부르크	브레멘	함부르크	메켈렌프	니더작센
주민수	82.5	10.7	12.4	12.4	3.4	2.6	0.7	1.7	6.1
가톨릭	32.5	41.2	59.7	59.1	10.2	4	13.3	13.2	23.1
개신교	37.6	38.2	25.1	25.1	33.1	27.3	51.9	46.1	55.9
외국인	8.8	12	9.4	9.4	13.4	2.6	13.1	14.1	11.4
국민소득(천유로)	26.8	29.8	31	31	23	17.5	35.6	45.4	32
실업률	11.6	7	7.6	7.6	19.2	18.4	16.9	11.7	8.4
부채(주민 1/천유로)		4.2	3	3	15.9	7.1	17	11.7	6.1
100명당 범죄	8	6.1	5.7	5.7	15.9	9.3	15.3	15.1	7.6
농경지/숲	2.3	2	3.3	3.3	0.4	4	0.3	0.5	1.6
공업생산	26.7	33.7	29.8	29.8	15	24.1	22.3	15.8	23.9
서비스	71	64.2	67	67	84.6	71.9	77.5	83.7	74.5
주 선거(연도)		2001	2003	2003	2001	2004	2003	2004	2003
SPD		33.3	19.6	19.6	29.7	31.9	42.3	30.5	29.1
CDU/CSU		44.8	60.7	60.7	23.8	19.4	29.8	47.2	48.8
FDP		8.1	2.6	2.6	9.9	3.3	4.2	2.8	7.9
B90/Grüne		7.7	7.7	7.7	9.1	3.6	12.8	12.3	10.1
PDS		–	–	–	22.6	28	1.7	–	–
REP/DVU/NPD		4.6	2.2	2.2	2.2	6.1	2.3	0.3	1.3
의원수		128	180	180	141	88	83	121	110

	메켈렌프	니더작센	노르트라인-베	라인란트-팔츠	자르란트	작센	작센-안할트	슐레스비히-홀슈타인	튜링겐
주민수	1.7	8	18.1	4.1	1.1	4.3	2.5	2.8	2.4
가톨릭	5.1	18.1	45.5	50.7	67.4	4	5.8	8.8	10.7
개신교	27	59.3	35.6	36.1	22	29.7	23	60.6	31.3
외국인	2.3	6.7	10.8	7.7	8.4	2.8	1.9	5.3	2
국민소득(천유로)	17.3	23.1	26.6	23.5	24.7	18.6	18.4	23.5	17.9
실업률	20.6	11.1	11.8	8.8	11	18.4	20.4	11.4	17
부채(주민1/천유로)	7.2	6.8	7.2	6.9	7.8	4.1	8.6	7.8	7.2
100명 범죄	10.4	7.3	8.5	7.4	7.3	7.8	9.2	9.1	7
농경지/숲	4.5	3.4	1.5	2.9	0.8	2.5	3.4	3.5	2.9
공업생산	20.1	25.5	25.9	26.9	29.6	28.2	25.7	20.5	29.9
서비스	75.2	71.1	72.6	70.2	69.6	69.4	70.9	76	67.2
주선거(연도)	2002	2003	2005	2001	2004	2004	2002	2005	2004
SPD	40.6	33.4	37.1	44.7	30.8	9.8	20	38.7	14.5
CDU/CSU	31.4	48.3	44.8	35.3	47.5	41.1	37.3	40.2	43
FDP	4.7	8.1	6.2	7.8	5.2	5.9	13.3	6.6	3.6
B90/Grüne	2.6	7.6	6.2	5.2	5.6	5.1	2	6.2	4.5
PDS	16.4	0.5	0.9	–	2.3	23.6	20.4		26.1
REP/DVU/NPD	0.8	0.4	1.7	2.9	4	9.2	–	1.9	1
의원수	71	183	187	101	51	124	115	89	88

*출처 : Wolfgag Rudzio, Das politische System der Bundesrepublik Deutschland, Wiesbaden, 2006, p. 306 재인용.

〈그림 1〉 독일 연방 주 간 생활 차이(Wohlstandgefälle), 평균 100

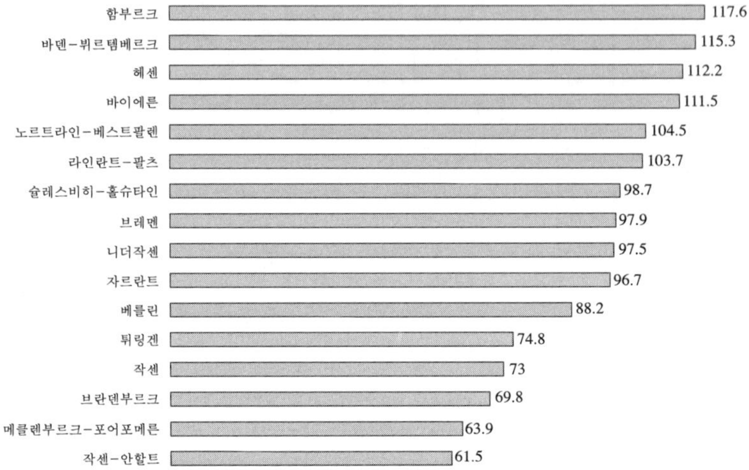

*출처 : Institut der detuschen Wirtschaft, 2002.
(* 지수는 소득, 실업률, 기간구조, 인적 자원 및 경제성장을 감안한 것임.)

〈그림 2〉 각 주별 경제력-2003년 국민 1인당 순 총생산

(단위 유로)

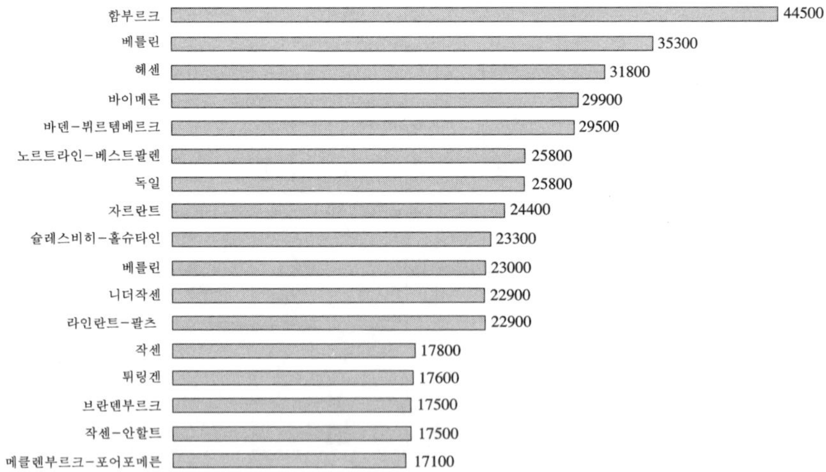

*출처 : Arbeitskreis, Volkswirtschaftliche Gesamtrechung der Länder.

Ⅱ. 상원 : 독일 연방주의의 축

연방상원(Bundesrat)은 독일연방공화국의 5개 헌법기관 중 하나이다. 연방 대통령, 연방하원, 연방 정부, 연방헌법재판소 외에 연방상원은 독일의 연방체계에서 연방 주를 대표한다. 상원은 입법과정에 참여 또는 법률 거부를 통해서 자신의 이해관계를 대표하고 있다.

1. 구성과 기능

헌법제정위원회(Parlamentarischer Rat)에서 상원에 대한 모델에 대해서 집중적이며 논쟁적인 논의가 오랫동안 이어져 왔다. 이를 통해서 국민에 의해서 직접 선출되는 모델은 반대되었다. 이에 반해서 각 주의 크기에 따라 3−6명의 대표자를 보내는 모델이 채택되었다. 이를 통해 주 정부는 총 69명으로 구성되는 연방상원을 통해 연방의 정치과정에 자신의 이해관계를 대표하게 되었다. 상원의 의원은 하원과 달리 자유대표가 아니라 위임대표로서 활동하게 되었다. 따라서 주 정부는 기본법 51조 (3)에서 밝히고 있듯이 투표를 각 주를 단위로 할 때 통일된 의견으로 투표해야 한다.[9] 이 원리는 2002년 12월 8일의 연방헌법재판소 판결을 통해 다시 확인되었다. 주의 대표자들은 상원에

9) Wolfgang Rudzio, Das politische System der Bundesrepublik Deutschland, Opladen, 2000, S. 298−299.

서 투표에 임하기 전에 자신의 입장에 공동 합의를 보아야 한다.[10] 연방 주에서 연립 정부를 구성하고 있는 경우에, 정치적으로 합의를 볼 수 없는 경우에 기권을 할 수 있다. 연립 정부를 구성하고 있는 당사자들은 연립정부 계약에 이런 기권에 대한 규정을 정하고 있다.

기본법 52조 (3)에 따라 연방상원은 최소 총 투표의 과반수, 즉 절대다수의 찬성을 통해 의결한다. 이 경우에 기권은 자동적으로 반대표로 분류된다. 상원에서의 의결은 합의지향적이며, 16개의 위원회를 갖고 있다. 이 위원회에 주 정부 차원에서 관련 공무원이 활동하고 있다.

상원의 권한은 연방과 주 간의 주요 국가업무를 관장한다. 즉 입법과정, 행정업무, 사법부의 해당사항과 연방과 주 정부 간 조세배분, 또한 유럽연합에 관련된 업무도 포함된다(55조 기본법).

상원은 하원이 절대다수로 의결할 수 있는 법률에 대해 일반적인 관여를 할 수 있으며, 그외에 모든 동의를 요하는 법률에 대해서 실제적으로 거부권(Vetorecht)을 행사할 수 있다. 상원의 동의를 요하는 법률은 주의 이익과 상충되는 경우이다. 이는 헌법을 개정하는 법률과 주와 지방자치단체의 재정경비를 언급하는 법률, 주의 행정고권을 침해하는 법률 등이다. 현재 동의를 요하는 법률은 통상 두 개 중 하나는 이에 해당된다. 이런 입법권한 외에 잘 사용되고 있지는 않지만 법률 제안권을 가진다.

인사문제에 있어서는 상원은 헌법재판관의 1/2을 선출하며, 위기의회(Notstandsparlament)에 참여한다. 그리고 연방 대통령의 유고시에

---

10) Heiner Adamski, Bundesrat: Abstimmungs-und Vermittlungsverfahren Gesellschaft, Wirtschaft, Politik, Jg. 53, Nr. 1, 2004, S. 75-82.

는 현 상원의 의장이 국가수장을 맡는다. 이는 바로 또 다른 하원의 중요도를 보여준다.

〈표 2〉 상원의 정치영향력 관계

국가	연방질서	제2원으로서 거부권 행사	정치영향
독일	단일적 (unitarisch)	제한적 거부권-일반 법률 ; 절대적 거부권-주에 관련된 법-절대다수 ; 헌법변경-2/3 다수의결	강함
오스트레일리아	분권적 (dezentral)	절대적 거부권(absolutes Veto)	강함
벨기에	분권적	각 정책영역에 따라 제한적 및 절대적 거부권	약함
캐나다	분권적	절대적 거부권	약함
오스트리아	단일적 (unitarisch)	지연적 거부권(suspensives Veto) 헌법개정; 상원의 제도에 관한 분야는 절대적 거부권	약함
스위스	분권적 (dezentral)	절대적 거부권	강함
미국	분권적	절대적 거부권	강함

*자료 : Ronald, Sturm, Vorbider für eine Bundesratsreform? Lehren aus dem Erfahrungen der Verfassungspraxis Zweiter Kammern, in: Zeitschrift für Parlamentsfragen, Jg. 33, Nr. 1, 2002, S. 166-179(168, 172f).

독일 연방상원의 지위와 역할에 대해서 논쟁이 되는 점은 이를 의회(Parlament)로 볼 것인가 하는 점이다. 연방상원을 제2원(Zweite Kammer-Eigenschaften)으로 보는 것을 문제삼는 사람들은 구성원이 선출되는 것이 아니며, 또한 투표권에 있어서 위임대표로서만 기능한다는 점을 지적한다. 폰 보이메(Klaus von Beyme)는 미국의 상원과 비교하여 볼 때 특별한 권한을 결여하고 있다고 본다. 연방 정부의 법률안은 첫 번 협의에서 위원회의 협의를 통해서 일차적으로 진행된다. 그러므로 폰 보이메는 독일 상원이 "반(半)의회적 성격"(halbparlamentarischen Charakter)을 갖는다고 보고 있다.[11] 스테그만(Stegmann)에 따르면 독일 연방상원은 전형적인 의회의 특성을 결여하고 있는데, 이는 다름 아니라 연방상원이 정부에 대해서 책임을 지지 않는다는 점이다. 또한 상원 내에서 야당과 여당의 정당적 구분이 없어 열띤 토론이 없고, 다만 정부(Regierung)와 야당(Opposition) 간의 구별로 나타난다. 따라서 연방상원의 특성은 "제2원"(keine zweite Kammer)이 아니라는 것이다.[12]

의회주의 입장에서 본다면 독일의 연방상원은 논란의 여지를 갖고 있다. 위에서 보듯이 독일 양원은 양원제를 갖는 의회의 일부가 아니다. 이는 오히려 연방국가에서의 한 연방적 요소이며, 일반적인 양원제에 보여지는 특징들과는 차이가 분명이 난다. 가령 대부분 민주주의 국가에서 선거로 직접 구성되는 제2원의 구성과는 달리, 독일 상원의 의원 선출에 대해서는 어떤 선거시기가 규정되어 있지 않다. 따라서 상원은 주 의회 선거와 연계되며, 이로부터 발생하는 주 정부 구성으로 발생하는 일종의 "영원한 기관"(ewiges Organ)으로서의 특징을 갖고 있다. 이런 부분적인 구성원의 변화는 연방 주 간에, 또는 연방선거

11) Klausv von Beyme, Das politische System der Bundesrepublik Deutschland, Eine Einführung, Opladen, 1999, S. 334– 335.

12) Nach einem Urteil des Bundesverfassungsgerichts aus dem Jahr 1974 sei der Bundesrat keine zweite Kammer eines einheitlichen Gesetzgebungsorgans, die gleichwertig mit der "ersten Kammer" am einheitlichen Gesetgebungsverfahren beteiligt wäre.

와 어떤 연계성을 갖고 일어나지 않는다. 따라서 이는 다른 민주주의 국가에서, 가령 미국의 경우에서와 같이 상원선거는 정기적으로 일어나는 것과는 다르다.[13)]

Ⅲ. 연방상원의 투표수와 특징들

연방의 정치과정과 입법과정에 참여하는 연방 주들은 각 주들의 의회의 존재를 통해서 제도적으로 보장되어 있다. 주 의회(Landtag) 또는 상원(Senate)으로 불리는 주 의회는 각 주를 대표하며, 또한 전체 국가에 대해서 자신들의 이해를 대변한다. 이로써 연방 중앙국가와 각 주간의 연결자로서 기능한다. 미국의 상원 모델과는 달리 독일에서 상원 모델은 "약화된 상원 해결"(abgeschwächte Bundesratslösung)안을 찾았다. 기본법 51조에 따라 상원은 주 정부의 구성원으로 구성되며, 주 정부는 상원의원을 대표로 임명하며 또한 소환한다. 이로써 주 정부가 단독으로 누가 상원의원이 될지를 결정한다. 주 정부는 주 정부 구성원만을 상원의원으로 임명할 수 있다.

이런 약화된 상원 모델(abgeschwächte Bundesratsmodell)은 상원에서 주의 투표수의 분배가 타협에 의해서 결정되었음을 보여준다. 이는 이른바 산술적 상원 모델과 기하학적 상원 모델의 중간 길을 선택한

13) Roland Sturm, Zur Reform des Bundesrates. Lehren eines internationalen Vergleichs Zweiter Kammern, APuZ 29−30/2003, S. 24−31 (24).

것이다. 투표수는 3-5개를 가지며, 이는 스위스와 미국의 균등원리 간의 공정을 찾으려는 노력을 보여준다. 이런 규정은 인구수가 많은 주에 대한 지위를 인정하여 주는 것이 되므로 결과적으로 독일의 '군주적 연방주의'(monarchistisches Föderalismus) 전통에 부합한다. 이로써 민주주의 원리를 강조하는 구성원 국가(Gliedstaat)의 입장을 매우 고려하였다.

51조 2항에 따르면 각 연방 주는 최소 3개 투표수를 가지며, 2백만 이상의 인구를 가진 주는 4개의 투표수를, 그리고 6백만 이상을 인구의 주는 6개의 투표수를, 그리고 7백만 이상의 인구를 가진 주는 7개의 투표을 갖는다. 이를 통해서 연방 주의 하나 또는 두 개의 주를 통한 다수 형성은 배제되었다.

Ⅳ. 공동위원회

상원이 제2원으로서 입법과정에 참여하게 되면 하원과 의견의 차이와 갈등이 생기는 것은 불가피한 것이다. 연방의 입법과정에 대해 기본법은 77조 2항에서 연방상원의 동의를 요하는 법률의 경우, 법률안의 공동 심의를 위하여 공동위원회(Vermittlungsausschuss)를 구성하게 된다. 이 공동위원회는 연방하원과 상원의 공동위원회의 성격을 갖는다. 각 주는 1표의 의결권을 가지며, 나머지는 하원의 원내 의석 비율에 따라 점유된다. 공동위원회는 크게 한시적 위원회와 제도화된 위원회로 대변된다. 독일에서 공동위원회는 연방하원 또는 상원, 그리고 연방 정부가 그 소집을 요구함에 따라 열리게 된다. 상원은 하원이 의결한 모든 법안에 대해 위원회를 소집할 수 있다. 반면에 연방 정부와 하원은 동의를 요하는 법안을 상원이 거부할 때에 한해 소집을 요구할 수 있다.[14]

공동위원회를 일종의 압력수단으로 사용하고자 하는 의도와 시도는 하원의 야당에 의해서 발생한다. 따라서 연방하원의 의석비율의 차이에 따라 공동위원회의 소집의 요구가 달라지고 있음이 보여진다.[15] 특히 최근 야당은 공동위원회를 가장 많이 압력수단으로 이용하고 있음을 볼 수 있다.

공동위원회의 소집과 일의 처리방식을 놓고 서로 엇갈린 평가를 받고 있다. 상원은 이 공동위원회를 통하여 동의를 요하는 법안에 대해 자신의 이익을 관철시키고자 하며, 이로써 연방의 균등화(Unitarisierung)의 수단으로 전락되고 있다고 비판을 받는다.[16]

1. 상원의 입법과정에서 거부권 행사

주의 정치가들이 연방의 입법과정에 참여하며 관여할 때에 이들은 자신의 정당의 이해관계를 넘어 각 주의 유권자들을 우선 고려하며 정책을 추진한다는 기대와 가정이 있다.

---

14) Bundesrat, Bundesrat und Bundesstaat, (http://www.bundesrat.de) S. 27−28.

15) Diether Posser, Der Vermittlungsausschu, Vierzig Jahre Bundesrat, Baden− Baden, 1989.

16) Georg Fabritius, Der Bundesrat: Transmissionsriemen für die Unitarisierung der Bundesrepublik?, ZParl, 1976, S. 448.

이러한 기대는 실제로 정당의 경쟁과 정당의 내적인 단결력을 과소평가하는 것이다.[17] 1969년 연방선거를 통해 기민당/기사당(CDU/CSU)은 건국 이래 처음 야당의 지위로 전락하였다. 이로써 또한 연방상원과 하원에 분명한 다수가 형성되지 못하는 상황이 함께 발생하였다. 야당은 하원에서 자신들의 다수를 정부에 반하는 수단으로 사용하겠다고 선언함으로써 정부로 하여금 협상과 타협을 강제하는 효과를 발휘하였다.

연립 정부는 이에 대해 야당이 상원을 봉쇄도구로 사용한다고 비난하였다. 이런 상호 간의 비판과 견제는 그 이후에 사라지지 않았다. 1990년대에 반대로 야당이 된 사민당(SPD)은 동일한 형태를 보여주었다. 그리고 1999년 이후 다시 쉐르더(Gerhart Schröder) 하의 사민당-녹생당 정부는 상원에서 절대다수를 갖지 못하고 통치하게 되었으며, 따라서 연방 주들의 예상되는 반발을 염두에 두어야 했다.[18]

연방상원에 대한 개혁을 중심으로 지속적으로 연방주의에 대한 개혁 논의가 두드러지고 있다. 그 개혁 논의의 중심에 상원이 개혁 저해수단(Reformstauinstrument)이라고 비판되며, 그 비효율성이 중점적으로 거론되고 있다. 물론 상원이 그 한 정당의 다수에 의해서 구성되고 지배되어질 때 봉쇄도구로 쓰여진다는 것에는 이론이 없다. 이는 또한 상원이 지속적으로 정당정치의 도구로 이용되고 있는바, 이는 바로 기본법의 기초자들이 전혀 예상하지 못한 결과이며 현상들이다.[19]

---

17) Sturm Roland/Petra Zimmermann-Steinhart, op. cit., S. 48-49.

18) Ibid., S. 56.

19) Arnim, H.H. von, Strukturprobleme des Parteienstaats, APuZ, B16/2000, (http://www.bpb.de/publikationen/MREFUM.html)

정당 간 경쟁과 연방주의 간의 불일치는 이런 봉쇄에 대한 원인으로 작용한다. 양원체제를 갖는 국가에서 상원은 이런 봉쇄적인 기능을 한다. 그러나 비교적인 시각에서 볼 때 독일 상원의 특별함은 상원에서의 주요한 결정에서 정당의 이해관계가 주 정부의 이해관계보다 앞선다는 데 있다. 따라서 이런 현상은 실제로 상원이 주 정부들의 이해관계를 고려하는 것이 아닌 것으로 드러난다. 즉, 이는 정당정책이 그냥 투영(Widerlager zur Parteipolitik) 되는 것으로 보여질 수밖에 없다.

2. 주 정부 이해관계로 인한 봉쇄

봉쇄정책의 전제조건은 연립 정부가 상원에서 절대다수를 갖고 있지 못하는 것이다. 정당정치적인 봉쇄(Blockade)는 연방 정부의 법률안이 상원에서 야당이 지배하는 주 정부에 의해서 동의를 얻지 못할 때를 말한다. 이런 경우에 주 정부의 이해관계가 명확하게 드러나지 않으면서도 합리화된다. 이런 봉쇄는 야당이 상원에서 절대다수를 획득하고 있거나 또는 상원이 야당이 연립 주 정부와 더불어 다수를 점유하게 될 때이다. 주의 연립 정부는 협약에 따라 주요 정당 간 상반되는 법에서는 기권을 한다.

동의를 요하는 법률은 시행에서 항상 권한의 행사나 또는 주의 재정에 대해 영향을 끼친다. 이는 주 정부에 부담을 주는 지출 증가, 세금분배 등과 같이 고전적인 연방-주 간의 갈등이 있으며, 이는 보통 초당적으로 연방의 계획에 반대하는 방향으로 간다. 또한 각 주의 고유한 특별한 이해관계에 따른 문제들이 있는데, 이는 가령 연방의 법과 갈등에 놓이는 경제질서, 환경문제 등이 있다. 이러한 이해의 차이는 가령 해안(海岸)을 갖고 있는 주와 도시의 주 간에 확연히 차이가 있다. 이들은 연방정책에 대해 서로 상반되는 요구를 한다. 또한 구동독과 서독의 주에서도 차이가 있다. 유럽연합에서의 지역 간 강화된 경쟁력은 각 주들로 하여금 자신의 경제상황과 이해관계를 고려하도록 강제한다. 정당정치적 이해는 구별하기가 힘이 드는데, 왜냐하면 주 정부는 많은 경우에 유권자에게 이런 인기 없는 봉쇄정책을 주의 이해관계로 합리화하려고 시도하기 때문이다.

3. 통계로 본 봉쇄상황

상원은 이런 연방 주의 동의를 필요로 하는 법률에 대해서 지속적으로 자신들의 권한을 행사해 왔다. 이는 특히 상원이 다수당이 형성되어 권한을 행사할 때 더욱 그러한 것을 볼 수 있다. 이는 이론적으로 입법과정에서 봉쇄로 작용한다. 이런 봉쇄정책(Blockadepolitik)의 전제는 다름 아니라 연방상원에서 집권당이 절대다수를 형성하지 못하는 데 있다. 이는 가령 1949－1954년, 1956년, 1958－1961년, 1970－1982년, 그리고 1999년 이후도 이에 해당한다.

1949－2004년도에 이르기까지 총 9656개의 법 가운데 162개 법안이 봉쇄되었다. 이는 전체 법률의 1.8%에 해당하는 수치이다. 이 수치는 통계적으로 볼 때 그다지 높은 수치는 아니며, 따라서 연방상원에서 봉쇄정책에 대한 수단은 그리 높게 평가되지 않을 수 있다.

〈표 2〉 상원 동의를 요하는 법률

연방하원의 임기	% – 동의를 요구하는 법률	동의 부결 – 절대수 및 비율	위원회 합의 통과수
1949–1987	51,5%(2005)	87(1,5)	49
1987–1990	55,2(202)	1 (0,2)	0
1990–1994	57,2(282)	21 (2,6)	12
1994–1998	59,5(328)	22 (2,4)	12
1998–2002	54,6(299)	19 (2,2)	11
2002–2004	52,1(190)	12(2,9)	9
총	53,2(3265)	162(1,8)	93

*출처 : Quelle : Bundesrat–Statistische Angaben für die Zeit vom 7. September 1949 bis 1. September 2004.

그러나 독일의 실제적인 정치적 문제로 인하여 개혁이 필요로 하는 법률과 같은 개혁입법에 상원의 동의를 얻지 못하여 좌절되기 때문에 그 파장이 크게 나타나고 있다. 상원의 동의를 필요로 하는 법률만을 놓고 볼 때에 상원에서 동의를 얻지 못하는 비율은 3% 정도이며, 예외적인 경우에는 6%에 이른다.[20] 따라서 상원에서의 개혁입법의 좌절과 전체적인 독일 개혁정책의 실패로 인하여 독일은 환자(kranke Patient)와 다를 바 없으며, "경제기적의 국가에서 유럽의 환자"로 전락하였다는 비판까지 있다.[21] 정치가들과 정당들은 서로 간에 저지를 하며 상원이 주요 정책의 이런 봉쇄의 장으로서 기능하는

20) Vgl. Peter Schinder, Datenhandbuch zur Geschichte des Deutschen Bundestages 1949 bis 1999, Baden–Baden, Nomos, 1999.

21) Hans–Werner Sinn, Ist Deutschland noch zu retten?, Berlin, 2005, S. 19ff.

것이다.

상원은 예로 2004년 여름 휴기 전에 사민당–녹생당 정부의 주요 개혁정책인 이민법(das Zuwanderungsgesetz)과 실업자와 사회부조자(Sozialhilfe)를 통합하는 중요 개정을 담은 장기실업자를 다루는 법(Hartz IV)을 통과시켰다. 이로써 상원과 하원의 절충(Vermittlungsverfahren)에 종지부를 찍었는데, 이 문제는 실제로 2001년부터 논의되어 온 개혁법이었다.

Ⅴ. 맺는 말

연방주의는 각 구성국가들이 전체에 대해서 자율적이지만 동시에 서로 간에 긴밀하게 연계되어 있다. 따라서 이 원리는 "통일의 다양성"(Vielfalt der Einheit)이라 부를 수 있다. 살아 있는 연방주의는 전체를 구성하는 지역의 다양성, 구성국가, 연방 주, 지방 정부의 고유성을 유지하고 보장함에 있다. 이런 다양성은 정치적인 학습과 문제해결의 최적의 가능성을 찾아간다.[22] 단일국가를 지향하는 의도는 주도적인 질서를 앞세우는 데 있지만 연방체계는 지속적으로 발전하여 간다.

정치체계의 구조적 특징으로서 연방주의는 고유한 독립성(Eigenständigkeit)과 하위에의 복종(Unterordnung), 그리고 통일(Einheit)과 다

22) Heidrun Abromeit, Der verkappte Einheitsstaat, Opladen, Leske und Budrich, 1992, S. 12.

양성(Vielfalt)의 긴장 간에 존재한다.[23] 괴르너(Rüdiger Görner)는 이런 연방주의 개념을 정치문화적 접근방식에서 "정치적 삶의 방식"(politische Lebensform)[24]이라 지칭하였다. 이로써 그는 연방주의를 역사적으로 성숙한 인간의 사상(Einstellung)으로서 정당화하는 것이다.

1990년대 들어 독일의 연방주의 논의는 본격화되었고, 이 논의에서 경쟁적 연방주의(Wettbewerbsföderalismus)의 개념은 1997년 가을 이후 자민당(FDP)과 프리드리히 나우만 재단의 개혁안에 나타나기 시작하였다. 가령 예를 들면 '제1차 나우만 재단 연방주의 선언'(1. Föderalismus-Manifest der FNS)이다. 진보주의적인 연방주의 개혁안은 람스도르프(Otto Graf Lambsdorff)의 연방주의 개혁안으로 마련되었다.[25] 연방주의 개혁의 주요 요구는 보충성의 원리에 기초하는 경쟁적 연방주의이다. 이 경쟁적 연방주의는 오늘날 연방주의의 상호 얽매임에의 대안으로 여겨진다.[26] 이는 책임성, 투명성, 자신의 책임성을 강조한다. 경쟁력의 강화와 이의 요점은 세금을 절약적으로 쓸 수 있는 것과 지출에의 부담을 줄이며 더 많은 일자리를 창출, 권력의 제

---

23) Warnfried Dettling, Bürgergesellschaft. Möglichkeiten, Voraussetzungen und Grenzen, APuZ, B 38/1998, S. 22-28.

24) Rüdiger Görner, Einheit durch Vielfalt. Föderalismus als politische Lebensform, Opladen 1996.

25) Thomas Fischer u.a. (Hrsg.), Föderalismusreform in Deutschland, Forum Föderalismus, 2004, S. 30.

26) Christian Kirchner, Federal Structure for a Re-unified Korea, presented 19th International Seminar on Local Autonomy, organized by Center for Local Autonomy, Hanyang University/Friedrich Naumann Foundation, unter dem Titel Federalism as an Agent for Decentralization and Regional Integration: 7 Oct. 2005. Seoul, S. 41-56(S. 45, 51).

한과 자치단체와 주 의회의 강화를 들 수 있다.

이런 경쟁적 연방주의에 반하여 협력적 연방주의(kooperatives Föderalismus)도 논의되는데, 이는 연대성의 가치를 강조한다. 구성원이 되는 각 주와 연방 간, 또는 각 연방 주 간의 연대는 바로 보충성의 원리만큼 주요한 가치로 여겨져야 한다는 것이다. 이런 연방주의에의 서로 다른 입장과 견해는 바로 "경쟁적 연방주의"와 "협력적 연방주의" 선상에서 움직이고 있다.[27)]

독일의 현재의 경제와 재정상태로 인하여 이런 연방주의 질서에 대한 개혁 압력은 날로 높았다. 독일 정치체제의 문제를 해결하고 극복하며 어떻게 정당과 이해 당사자 간에 합의를 이룰 것인가는 이미 알려져 있다.[28)] 연방주의에 대한 오랜 논의와 협상 끝에 연방주의 개혁이 2006년 7월에 타협점에 이르렀다. 연방하원과 더불어 상원(69표 중 찬성 62)도 이 타협안을 통과시켰다. 이로써 기본법과 법률들이 개정되어야 한다. 타협점은 연방과 주 간의 역할분담을 명확히 하고, 투명성과 효율성을 높이며, 상원의 동의를 얻는 법률수를 축소하는 것이다. 따라서 연방주의 논의에서 문제의 핵심은 지식의 문제라기보다 바로 결정과 실천의 문제였다.

---

27) Uwe Jun, Reformoptionen der politischen Akteure im deutschen Föderalismus : Mehr Länderautonomie und mehr Wettwerb als Ausweg aus der Politikverflechtungsfalle?, Zeitschrift für Parlamentsfragen, Jg. 35, Nr. 3, 2004, S. 559-580(576).

28) Sturm Roland : Föderalismusreform: Kein Erkenntnisproblem, warum aber ein Gestaltungs- und Entscheidungsproblem?, Politische Vierteljahresschrift, 46. Jahrgang, H. 2 Juni, 2005, S. 195-203.

9. 오스트레일리아 : 연방주의와 국가 발전

현재 오스트레일리아의 정치체계는 영국 식민지로서의 유산을 갖고 있으나 독특한 오스트레일리아의 특징 또한 갖고 있다. 식민유산은 영국제국의 식민지로서 웨스트민스터 체계와 대영제국과 북아일랜드 군주의 지휘를 채택한 것에서 나타나고 있다. 동시에 오스트레일리아는 연방주의 정치체계를 채택함으로써 분리된 식민지로서의 특징을 갖고 있다.

오스트레일리아의 주들은 연방권한에 대해서 강력한 상응세력이었으나 각 주들은 20세기를 지나면서 재정적인 불균형으로 인하여 그 권한은 약화되어 왔다. 지방 정부들의 지위와 권한을 보면 다른 서구국가와 비교하여 볼 때 낮은 수준을 보여준다.

본 글에서는 먼저 오스트레일리아의 주들과 연방의 역사를 살펴본

하이케 헤르만스
오스트레일리아 캔버라 국립대학 국제학부 조교수

후 현재의 상황을 보고자 한다. 이어서 연방주의 정부체계와 영국과의 관계를 구체적으로 보고자 한다. 또한 주들과 지방 정부를 살펴본 후 이들 간의 권력배분과 정부 간의 관계를 살펴보고자 한다. 여기서 한 가지 주목 할 점은 세입문제에서 수입과 지출에 있어서의 불균형이 실질적으로 각 주들의 독립성을 제한하며, 이는 또한 연방 정부의 권한을 증대시키고 있다는 점이다.

I. 오스트레일리아 수립과 발전

1. 역사와 발전과정

오스트레일리아 대륙을 영국인으로서 최초로(1688) 온 사람은 영국의 항해가 댐피어(W. Dampier, 1651–1715)였고, 지금까지 유럽인이 가보지 않은 동해안 전체를 자세히 조사한 사람은 제임스 쿡(James Cook) 선장이었다. 그는 이 대륙이 문명인이 살 수 있는 땅임을 밝히고 이 오스트레일리아 동해안 지역을 1770년에 영국령으로 선포하였다. 첫 식민지는 1778년에 포트 잭슨(Port Jackson)에 수립되었다. 이 포트 잭슨(Port Jackson)은 이후 시드니로 변경되었다.

식민지화 과정에서 원주민들의 권리는 보장받지 못하였고, 대륙은 정착자들에 의해서 점령되었다. 당시에 35만 명으로 추산되는 원주민들은 거의 동물과 같은 수준의 대접을 받았다. 일부 주에서 19세기 말경에 이들에게 일부 선거권을 허용하였지만 원주민들 대부분은 1960년도 후반까지도 권리를 인정받지 못하였다. 주로 브린튼과 아일랜드에서 건너온 백인들은 19세기 초부터 지속적으로 정착하였다. 초기 정착은 영국으로부터 죄수들에 대한 형벌로써 이루어진 것이다. 1778년부터 1868년도까지 약 16만 2천 명이 오스트레일리아로 강제 이주되었다. 게다가 일반 정착자들이 도착하였는데, 이는 특히 1850년경에는 매년 5만 명씩 이주하였다.

대륙의 정복과 인구의 증가는 결국 19세기를 거치는 동안에 여러 영국 식민지를 건설하게 되었다. 신남웨일즈 타즈마니아가 공식적으로 1825년에 세워졌고, 이에 뒤이어 1829년에 서부 오스트레일리아, 1834년에 남오스트레일리아, 1851년 빅토리아, 1859년에 퀸스랜드가 수립되었다. 주지사는 각 식민지에서 영국 정부를 대표하지만 새로운 식민지들은 또한 신남웨일즈의 예를 따라 의회를 수립하였다. 신남웨일즈에서는 1822년에 자신들의 의회를 수립하였다.

영국과의 거리상의 문제로 또한 정착자들 간의 거리가 문제되기 때문에 완고한 영국의 계급제도는 식민지에서의 통치자들에 의해서 유지될 수 없었다. 지방의 정착자들은 곧 자신들의 자치 정부와 참여권을 요구하기 시작하였고, 1850년 중반경에 각 식민지 정부들은 의회를 통해서 국민들에게 책임을 갖게 되었으며, 영국제국의 일부로 남으면서 자신들의 문제를 스스로 처리해 나갔다.

식민지들은 이때 좀더 선진화된 이념들을 도입하기 시작하였다. 남오스트레일리아는 여자들에게 의회 참여권을 준 첫 식민지가 되었는데(1894년), 이를 통해 여성들도 의회에서 자신들의 권리를 대표할 수 있게 되었다. 19세기 말경에 접어들자 연방 주에 대한 요구가 생겨났으며, 이는 공동 치안경찰, 주들 간의 가격차별 철폐, 철도와 같은 교통체계에서의 표준화들이 요구되었다.

1900년에 약 10여 년간의 협상 후에 멜버른에 있는 빅토리아 의회 건물에서 소집된 헌법제정 회의는 오스트레일리아의 연방을 구성하는 헌법을 결정하였다. 각 주에서 이 헌법안에 대한 국민투표를 통한 동의 후 1901년 1월 1일에 효력을 발휘하게 되었다.

헌법은 일부 캐나다 연방체계를 모방하고 있지만 또한 미국 연방모델의 중요한 요소들, 헌법개정에 필요한 스위스 국민투표 과정을 채택하였다. 또한 영국 의회와 정부의 중요한 요소들을 채택하였다. 당시 혁명적인 운동에서 이 헌법은 여성에 대한 투표권을 규정하고 있다. 형식적으로 영국의 군주가 오스트레일리아의 수장이며 영국과 밀접한 관계를 갖고 있는데, 이는 영국의 국기를 왼쪽 모퉁이에 넣은 오스트레일리아 국기에서 잘 보여주고 있다.

연방은 민족주의가 상승하고 식민지들이 영국으로부터 좀더 독립적이라고 느껴졌을 때 생겨났다. 연방주의는 오스트레일리아의 정체성 발전에 큰 기여를 했으며, 이는 촉매역할을 한 제1차 세계대전을 통해 더욱 촉진되었다. 1914년에 수천의 오스트레일리아인들이 영국측에 가담하여 전투를 하였다. 첫 전투는 1915년 갈리폴리(Gallipoli) 전투였다. 비록 터키 군대와 싸우는 중에 수천의 사람들이 죽었지만, 1915년 4월 25일 첫 상륙을 기념하여 이날을 오스트레일리아에서 국가 공휴일로 기념하고 군인들의 정신을 기념하고 있다.

〈그림 1〉 오스트레일리아 각 주의 위치

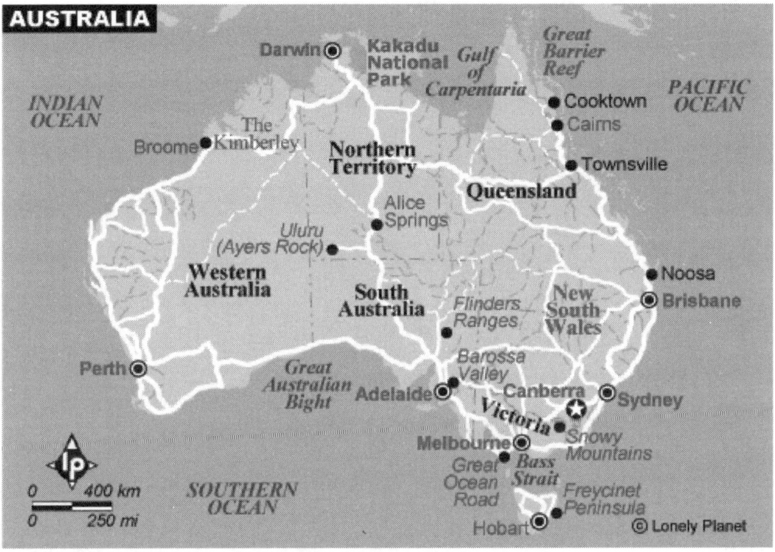

- 타즈마니아 [Tasmania] : Tasmania 옛 이름은 Van Diemen' s Land. 대륙 남동쪽에 있는 섬으로 이루어진 주.
- 빅토리아 [Victoria] : 남동부에 있는 주.
- 반디멘스랜드 [Van Diemen' s Land] : Van Diemen' s Land 후에 타즈마니아 연방주가 된 오스트레일리아 남동부의 섬 식민지(1642−1855).
- 발라라트 [Ballarat] : Ballarat Ballaarat라고도 씀. 오스트레일리아 빅토리아 주(州) 중부에 있는 도시. 야로위 강가에 위치.
- 웨스턴 오스트레일리아 [Western Australia] : 서부의 주. 대륙의 문화 중심지인 동부에서 가장 멀리 떨어진 부분을 차지함.
- 사우스 오스트레일리아 [South Australia] : 중남부에 있는 주. 오세아니아 대륙에서 가장 건조한 불모지대에 속함.
- 퀸스랜드 [Queensland] : 북동부에 있는 주. 오스트레일리아에서 비가 가장 많이 내리는 열대성 지역.
- 뉴 사우스 웨일스 [New South Wales] : 남동부의 주. 해안산맥과 내륙고원의 일부를 차지하고 있음.

II. 연방주의와 정치체계

1. 오스트레일리아 연방

오스트레일리아의 연방(Commonwealth of Australia)은[1] 오스트레일리아 대륙에 영국제국의 6번째 자치 식민지로서 1901년에 형성되었다. 현재 연방은 6개의 주, 2개의 특별구역, 그리고 작은 독립지역으로 구성되어 있다. 오스트레일리아는 의회 민주정치체제를 가지고 있다. 그러나 식민역사적인 유산으로 인하여 국가의 수장은 영국 여왕이며, 따라서 상징적으로 영국의 주권 하에 있다. 그러나 실제 권력은 오스트레일리아의 의회와 정부가 행사한다.

헌법은 입법, 행정, 사법의 권력분립을 규정하고 있다. 정부는 연방, 주, 지방 정부의 3계층으로 되어 있다. 전체 다섯 개의 연방 주 의회가 있으며, 약 700개의 지방 의회와 더불어 인구 2천만을 대표하고 있다.

오스트레일리아의 헌법은 몇몇 안전장치를 통해서 각 주들의 독립성을 보장하고 있다. 예로 양원제와 헌법 변경의 복잡한 과정을 들 수 있다. 연방 의회는 헌법의 변경을 제한할 수 있는데, 이는 6개월 안에 국민투표를 통해서 동의를 얻어야만 한다. 또한 개정안은 유권자의 다

1) 'Commonwealth of Australia'는 영국과 전식민지와의 관계를 형성하기 위해서 1931년도에 구성이 된 'Commonwealth of Nations'과 혼동에서는 안 된다.

수뿐만 아니라 다수 주(즉 6개 주에서 4개 주)에서 다수를 얻어야 된다.

이와 같은 조심스러운 조치는 오스트레일리아 내의 상당한 인구 차이를 감안한 것이다. 따라서 헌법개정과 연관된 각 주는 유권자 다수의 동의를 필요로 한다. 따라서 1906년도 이후 44개 국민투표에서 단지 4개만이 성공적이었다. 각 주들은 연방에 대해 자신들의 권리를 주장할 수 있다. 즉, 권력의 이양문제에 대해서는 국민투표를 요구할 수 있다.

모국인 영국은 단일체제를 택한 반면 식민지국인 오스트레일리아는 연방체제를 채택하였는데, 이는 연방 정부와 다른 주에 대해서 자신들의 권리를 갖고자 하는 열망을 보여주는 것이다. 그리고 한편으로 국가 내에 경제적 · 인구적 다양성을 보여준다. 각 주들이 처해 있는 경제적인 기초와 여건은 매우 다르다. 남오스트레일리아, 퀸스랜드, 북지역은 전적으로 광산과 농업에 의존한 반면 산업은 주로 신남웨일즈, 빅토리아, 남오스트레일리아에 분포되고 있다. 인구는 해안을 따라서 특히 동해안과 남서쪽에 집중되어 있다. 연방의 구성 때에 빅토리아 주와 신남웨일즈 두 주가 주도적인 역할을 하는 주였고, 이는 경제와 인구면에서 그러하였다. 신남웨일즈와 빅토리아 주는 여전히 인구가 많은 주인 반면, 퀸스랜드는 급속히 성장하며 북쪽지역에서 세력균형을 이뤄가고 있다.[2)]

빅토리아와 신남웨일즈의 경쟁은 국가 수도의 위치선정에 영향을 미쳤다. 결국 신남웨일즈에 위치하도록 결정이 되었지만 시드니로부

2) 퀸스랜드는 신문광고를 통해 2005년 12월에 4백만의 시민들을 갖게 되었다고 홍보하였다.

터는 160킬로미터나 멀리 떨어져 있다. 결국 여러 고려 끝에 캔버라가 1981년 연방 수도지역으로 결정되었는데, 이는 시드니로부터는 300킬로미터, 멜버른으로부터는 650킬로미터나 떨어져 있는 거리이다. 이후에 새로운 수도 건설을 위한 계획(Walter Burley Griffin)이 세워졌다.

연방 정부의 거의 주요 기관들이 캔버라에 위치하며, 국가의 중요한 기관들도 여기에 위치하고 있다. 예로 대법원, 국립도서관, 국립화랑, 전쟁기념관 등이다. 1927년에 연방 의회는 멜버른으로부터 캔버라로 영구 이전하였다. 1989년에 오스트레일리아 수도 지역(Australia Capital Territory : ACT)이 만들어졌고, 하원이 이에 소재하고 있다.[3)]

21세기 초에 3개 주요 정당이 형성되었다. 주요 정당은 오스트레일리아 노동당(the Australian Labor Party)과 보수정당인 자유당(Liberal Party), 그리고 국민당(National Party)이다. 무소속 의원들과 여러 소수정당들—녹색당(the Greens), 가족제일(Family First), 오스트레일리아 민주주의(the Australian Democrats)—이 오스트레일리아 의회에 진출하는 데 성공하였는데, 주로 상원이다. 그렇지만 이들의 영향력은 미미하다. 오스트레일리아 노동당이 모든 주에서 대표하고 있는 반면에, 다른 정당들은 모든 주에서 기반을 갖고 있지 못하다. 보수정당들은 주 의회에서 다양한 관계를 표명하고 있다. 단지, 신남웨일즈만이 연방에서의 정치행태와 비슷한 점을 보이고 있는데, 즉 자유주의자와 노동자 간의 대결이다.

---

3) ACT는 미국의 워싱턴 D.C.와 같이 캔버라와 주변지역을 포함한다. 여기서 D.C.는 콜롬비아 지구를 지칭하는데, 이는 미국의 수도가 메릴랜드 주의 일부가 아니라는 것을 말한다.

2. 연방정치체계[4)]

(1) 연방 의회와 정부

오스트레일리아 입법체계는 웨스터민스터 전통을 따른다. 오스트레일리아 연방에서의 의회는 하원과 상원으로 구성된 양원제이다. 하원의 150명의 의원은 1인선거구에서 선출된다. 각 선거구는 약 8만 5천 명으로 구성되어 있으며, 선거구의 지리적인 특성은 각 주에 상이한 인구규모를 나타내고 있다. 신남웨일즈는 하원의 50명을 대표하고 있는 반면, 타즈마니아 주는 헌법에서 규정하는 최소의 수인 5명만을 대표하고 있다.

선거는 3년마다 열리며, 선거참여는 의무이다. 선거불참에 대한 벌금 액수는 비록 작지만 이와 상관없이 유권자의 80% 이상이 일반적으로 불참하고 있다.

정부는 하원에서 다수를 차지한 정당 또는 정당과 연합의 지도자들에 의해서 구성된다. 보통 하원의원, 상원의원이 장관으로 임명된다. 정당체계는 영국의 의회에 여당과 야당이 대결하는 전통적인 모습을 보여주며, 의원들의 입법과정에서 투표형태는 정당의 노선에 따라 한다. 그래서 야당은 의회의 질문시간을 제외하고는 의회에서 많은 권한을 행사하지 못하는 반면, 단지 비판을 통해 자신들의 견해를 국민

4) Ian Cook, Government and Democracy in Australia, Oxford University Press, 2004 ; Jeremy Moon (ed.), Australian Politics and Government : The Commonwealth, The States and The Territories, Cambridge University Press, 2003.

들에게 알리면 정부를 궁지에 몰려고 노력한다.

상원은 70명으로 구성되며, 평등의 원리에 기초하여 각 주별로 분배된다. 각 주들은 인구수에 관계없이 12명의 상원의원을 선출하는 반면, 2특별지역은 각 2명의 상원의원을 선출한다. 이와 같이 인구수에 관계없이 각 주별로 동등한 수의 상원의원을 선출하는 것은 인구수가 작은 주에게도 연방정치에서 동등한 기회와 권리를 주고자 하는 노력이다. 따라서 작은 주들은 미국의 상원과 같이 거대 주가 제안하는 입법안에 대해서도 거부할 수 있는 가능성을 부여받고 있다.

상원의 임기는 6년이다. 선거는 매 3년마다 실시되어 전체 의원의 반이 교체되며, 선거제도는 비례대표제이다. 지역의 4명의 상원의원은 매 3년마다 선출된다. 상원의 선거제도는 가능한 정당참여와 또한 연령, 지역관계, 이해관계에서 다양성을 대표하도록 되어 있다. 현재 하원에서는 4개의 정당이, 상원에서는 7개의 정당이 대표하고 있다. 하원에서 통과된 모든 입법안은 다시 상원에 동의를 필요로 함으로써 상원의 검토(review)를 법제화하고 있다.

영국의 의회체제와는 다르게 오스트레일리아 상원은 재정, 예산, 세금과 관련된 법안을 수정하거나 또한 반대할 수도 있다. 이로써 정부에 대해 권력을 부여하고 있다. 상원은 헌법에서 볼 때 비정치적인 역할을 하도록 강조되고 있다. 즉, 수상은 총독에게 언제든지 하원을 해산하고 선거를 하도록 권할 수가 있다. 그러나 상원은 헌법규정에 따라 선거가 실시되어져야 한다.

수상과 각료들은 하원에 의해서 선출되며, 총독(Governor-General)에 의해서 확인된다(confirm). 2005년 연방 정부의 수상은 자유당

(Liberal Party)의 존 하워드(John Howard)이다. 반면 7개의 주와 지역 정부는 오스트레일리아 노동당이 장악하고 있다. 2005년 6월 이후 자유당과 연정 상대인 국민당(National Party)이 상원과 하원에서 다수를 점하고 있다. 야당의 주요 활동무대는 주 정부이다.

(2) 연방 사법부

사법체계는 주로 주에 근거하고 있다. 헌법은 엄격한 권력분립을 규정하고 있으며, 따라서 입법은 정치로부터 독립되어 있다. 캔버라에 위치하고 있는 대법원은 정치영역(political branches)이 사법활동에 간섭하지 말아야 할 뿐만 아니라, 또한 사법은 정치가나 행정가로부터 독립되어야 한다는 것을 인정하고 있다. 그러나 대법원의 판사들은 추천(advice)을 받아 총독에 의해서 임명된다. 판사들은 70세에 정년을 맞을 때까지 임기를 보장받으며, 자신들에 결정에 대해 정치적 책임을 지지 않는다.

정부에 의한 판사의 임명은 오늘날 판사의 선정에서 이념적 성향을 반영하며, 또한 대법원의 판정에 자신들의 이해관계를 미치고자 한다는 문제점들이 제기되고 있다. 대법원은 연방과 연방 주 간에, 또는 연방 주 간에 제기되는 논쟁에 대해 판결을 하기 때문에 연방과 주 정부 간의 관계에 역량을 미친다. 주뿐만 아니라 연방 정부는 대법원을 통해서 자신들의 영향력을 확대하며, 또는 헌법 해석을 요구하고 있다. 대법원에 의한 헌법해석의 변화는 실질적으로 헌법의 개정 없이 헌법을 변경하는 효과를 가진다. 또 다른 대법원의 기능은 오스트레일리아의 해석과 적용을 포함하며, 이는 법에 대한 위헌 여부를 판가름한다. 연방법원의 사법심사권에는 연방법, 무역관례, 형법의 일부 또한 '원주권법' (Native TITLE ACT)에 관련된 모든 문제가 포함된다.

3. 주 정부

연방 주들은 독립된 식민지에서부터 발전했기 때문에 각 주들은 자신의 주 헌법과 의회를 가지며, 다른 주의 기능에 침범할 수 없다. 연방주의 지지자들은 이러한 규칙들이 정부로 하여금 국민들 곁으로 좀 더 가까이 가는 데 도움을 주며, 또한 오스트레일리아 내의 방대한 거리상의 여건을 고려할 때 적절한 점이라고 보고 있다. 그러나 수도는 대도시에 위치하고 있어 많은 지방의 시민들은 거리감을 느낀다.

주 의회는 건강, 교육, 경찰, 사법, 도로, 공공 교통, 지방 정부 등 주와 관련된 모든 입법권을 행사한다. 연방 정부는 전체 나라에 해당되는 문제들을 다루는데, 가령 이민, 국가안보 및 안전 등이다. 각 주들은 자기 자신의 경찰을 소유한다. 반면에 수도지역(ACT)에서 경찰은 오스트레일리아 연방경찰의 지휘 하에 있다.

연방 주들의 의회구조는 서로 차이가 있지만 대체적으로 웨스터민스터 모델을 따르고 있다.[5] 즉, 각 주들은 퀸스랜드 주를 제외하고는 양원제를 채택하고 있다. 퀸스랜드 주에서는 1922년도에 상원제를 폐지하였다. 보통 상원은 Legislative Council로서 하원은 Legislative Assembly로 불린다. 남오스트레일리아와 타즈마니아 주에서는 House of

---

5) Brian Galligan (ed.), A Federal Republic : Australia's Constitutional System of Government, Cambridge University Press, 1995.

Assembly로 불리운다.

하원의원은 타즈마니아 주를 제외하고는 1인 선거구제에서 선출된다. 타즈마니아 주에서는 비례대표제를 채택하고 있다. 각 주에서 상원은 일반적으로 비례대표제를 채택하는 다수 선거구제를 통해서 선출된다. 퀸스랜드와 수도지역(ACT)에서는 매 3년마다 선거를 치르는 반면 다른 주들은 4년제 임기제를 채택하고 있다.

주의 수장은 주지사(premiers)로, 지역 정부의 수장은 수석 장관(or chief minsters)으로 불린다. 이들은 오스트레일리아 연방 수상이 국가 수준에서 행하는 것처럼 각 주의 수준에서 동일한 역할을 행한다. 그러나 연방 정부의 지도자와 혼돈을 피하기 위해서 다른 타이틀을 갖고 있다. 주지사는 하원(Legislative Assembly)에서 선출되며, 보통 의회에서 다수를 점한 정당에 소속한다. 선거에서 주지사는 각 주에서 왕을 대표하는 총독(Governor)에 의해서 추인(confirm)된다(북지역에서는 administrator, ACT에서는 Governor－General).

예외적인 상황에서 총독은 다른 사람을 주지사로 임명할 수 있지만 이러한 권력은 최근에는 사용된 적이 없다. 연방 주 외에도 크리스마스 섬(Christmas Island)과 같은 작은 섬들을 포함하는 여러 지역들이 또한 있다.

대법원들은 연방 정부에 의해서 통치되지만 세 지역은 자치적으로 통치되고 있다. 즉 북지역, 오스트레일리아 수도지역, 노포크 섬(Norfolk Island)이다. 노포크 섬은 작은 섬으로 오스트레일리아 동해안 쪽에 위치하며 1,800명의 거주민이 있다. 이 세 자치지역은 단원제 의회제도를 갖고 있다. 북지역은 신남웨일즈(1825－1863년), 남오스트레일리아(1863－1911년), 연방 정부(1978년까지)의 통치 하에 있었다.

〈표 1〉 주와 준주(Territory)별 면적 및 인구

	면적 (평방 킬로미터)	인구 (백만)	주 수도	주 인구 (백만)
뉴 사우스 웨일즈	800,642	6.64	시드니	4.17
빅토리아	227,416	4.87	멜버른	3.52
퀸스랜드	1,730,648	3.71	브리스번	1.69
남오스트레일리아	983,482	1.52	애들레이드	1.11
서오스트레일리아	2,529,875	1.93	퍼스	5 1.41
타즈마니아	68,401	0.47	호바트	0.20
노던 테리토리	1,349,129	0.20	다윈	0.11
오스트레일리안 캐피털 테리토리	2,358	0.32	캔버라(수도)	0.32
오스트레일리아	7,692,024	19.66		

*출처 : 오스트레일리아 통계청 발간 2004년도 오스트레일리아 연감.
*주 : 인구수는 2002년 6월 30일 현재 추정치임 ; 오스트레일리아 인구에는 오스트레일리아가 관할하는 타지역의 인구도 포함되어 있음.

1978년에 의회가 세워졌고 1998년에 독립된 완전한 주로서의 국민투표는 실패하였다.

북지역과 수도지역(ACT)은 연방 수준에서 주 통치를 받고 있지만 이들은 독립된 헌법을 갖고 있지 않으며, 연방 정부가 정책결정 과정에 상당한 영향력을 행사하고 있다. 연방 정부는 입법을 번복할 권한, 권력을 이양한 권한, 또한 기타 권한들을 가지고 있다. 노포크 섬은 1979년 이후 매 3년마다 9명으로 구성된 의회를 선출하고 있지만 연방 정부는 자신이 원하면 이 섬에 대해 법을 강제할 수 있다.

4. 지방 정부

오스트레일리아에서 지방 정부는 헌법에 언급이 없지만 행정체계에서 세 번째 층을 이루고 있다. 지방 정부는 주의 관할 하에 있으며, 주의 지방정부국(Department)에 의해서 감시를 받는다.

현재 주와 각 주와 북지역을 합쳐서 673개의 지방자치단체(shire, town or city administrations)가 있다. 수도지역은 지방 정부를 갖고 있지 않으며, 모든 기능은 지역 정부에 의해서 수행된다(인구가 32만 5천 명). 시 계획과 같은 캔버라 행정의 일부는 국가 수도청(National Capital Authority)에 의해서 통제되며, 이는 책임과 이해관계에서 충돌이 되고 있다. 수도청은 오스트레일리아를 대표하여 1988년에 캔버라를 국가수도로서 계획하고 유지하기 위해서 연방의 권한으로 설립되었다.

지방 정부는 영국이나 미국에 비해서 매우 제한된 권한을 갖는다. 지방 정부는 그들의 주 정부의 규제에 따라야 하며, 주로 지방단체 수준으로 이전이 되는 기능과 사무를 수행한다. 지방도로, 상하수도, 개(dog) 등록, 지방 도서관, 공원과 같은 지방사업 등의 임무를 수행한다. 가끔 지방 정부는 3R로 시작되는 것으로 상징되는데, 즉 요금(Rates), 도로(Roads), 쓰레기(Rubbish)이다.

지방자치단체는 종종 규모에 따라서 이름이 달리 불린다. Shires는 농촌지역에, cities는 도시와 외곽지역에, Municipalities는 신남웨일즈의 도시지역에 쓰인다. 퀸스랜드, 남오스트레일리아의 작은 시골지역들은 Towns으로 불린다. Council은 보통 지방 정부의 지역적인 사법권한을 의미한다. 따라서 이는 선출된 기관이 아니다. 대도시는 조그마

한 하위체로 분할되며, 그래서 주나 연방 수준에서 주도적인 위치를 점하는 것은 없다. 예를 들어 시드니 메트로폴리탄은 시드니 시(the City of Sydney, Liverpool, Parramatta, North Sydney)와 같이 여러 지역(entity)으로 나뉜다. 대멜버른 지역은 31개 도시로 구성되어 있다. 브리즈번(Brisbane) 도시의회는 예외적으로 도시 전체를 커버하며 퀸스랜드 내에서 독점적인 지위를 갖고 있다.

각 자치단체 집행부는 자치단체 행정부의 기능에 책임을 지는 의회를 선출한다. 의회는 건축기준과 같은 그 지역에 관련되는 조례를 제정하지만 이는 어디까지나 주법 내에서만 가능하다. 회의는 보통 한 달에 한 번 열리며, 공개로 진행된다. 의회 의원은 파트타임으로 활동하며, 명예직이지만 약간의 수당을 받는다. 의회 선거는 매 3년마다 열리며, 이 선거의 참여는 강제적이 아니다.

대부분 선거는 큰 도시의 문제보다는 지역의 문제에 집중된다. 일반적으로 오스트레일리아인들은 특별한 문제가 아니라면 지방 정치에 관심을 갖지 않는다. 이러한 시민들의 관심 부족으로 의회는 쉽게 한 집단에 의해서 지배되며, 이는 다시금 부정이나 이해관계 충돌로 이어질 수 있다.

몇몇 지역에서 시장은 인기 있는 선출직이다. 일부 주에서, 가령 퀸스랜드 주에서의 시장들은 광범위한 행정력을 갖고 있다. 반면 신남웨일즈와 같은 지역에서 시장들은 상징적인 역할을 하며, 의회의 방향에 대해서 영향력의 행사는 그리 크지 않다.

5. 권력의 분할

헌법은 연방 정부의 권한을 정확히 기술하고 있다. 반면에 헌법에 언급되지 않은 문제들은 주 소관이다. 중앙과 주 정부 간의 권력분립은 바로 연방주의 이념의 핵심을 이루며, 이는 미국 헌법을 모델로 하고 있다. "연방헌법 51조에 언급되지 않은 권력"은 주의 권한에 속한다. 51조는 39개의 조항으로 구성되며, 연방 주 권력을 담고 있다.

이를 보면 국방, 이민, 화폐와 같이 대륙에서의 전 식민지 때의 문제와 관련된 문제들을 규정하고 있다. 연방 정부 내에서의 이러한 권력들의 소재에 대한 규명은 법과 정치의 차이(stratification)를 허용하였다.

주 간 무역, 상업, 결혼, 이혼, 연금 등은 연방입법 소관이다. 어떤 지역에 있어서 연방 정부는 독점적인 입법권을 행사하며, 따라서 주의 유효한 법률제정 권한을 부인한다. 예를 들어 헌법 90조 소비세(excise duties)는 단지 연방의회에 의해서만 부가될 수 있음을 규정하고 있다.

헌법 51조는 연방의회나 연방 정부 내에서 이러한 헌법에 의해서 부가되는 권한의 시행에 있어서 발생하는 문제들을 다룬다. 1800년도 말 헌법이 구성될 때 국제 간의 기구나 조약은 언급되지 않았기 때문에 후에 다양한 해석의 문제를 낳았다. 따라서 이는 연방 정부의 권한 행사에 대한 논의를 제기하였고, 이 문제는 종종 대법원의 판결로 결정되었다.

1983년 타즈마니아 댐(The Tasmania Dam) 사건은 이러한 논의에서 헌법적인 논란에 중요한 결정이 되었다. 타즈마니아 정부는 타즈마니아 외곽에 위치한 한 댐을 건설하기를 원했고, 이는 유네스코에 의해서 세계 문화유산으로 지정되었다. 연방 정부는 이에 대해서 사막의 지역에서 이와 같은 행동을 금하는 법을 통과시켰고, 오스트레일리아는 국가가 승인한 국제조약에 준수해야 된다고 주장하였다. 이 경우에 있어서는 세계 문화와 자연을 보호하는 법에 관한 회의(the Convention Concerning the Protection of the World Cultural and Natural Heritage)가 문제가 되었다. 몇몇 주 정부들은 이러한 법의 시행을 반대하였다. 이들의 주장에 따르면, 연방 정부 기관이 새 권력을 획득하며 많은 경우에 있어서 주 정부에 입법권을 침해하고 있다는 것이다. 이에 대해 대법원은 연방 정부에 승소판결을 하였는데, 법은 외부문제(external affairs) 규제에 해당한다는 것이다. 오스트레일리아가 승인한 국가 조약이 증가함에 따라서 이러한 대법원의 판결은 연방 정부쪽으로 권력을 이동시키는 중요한 계기로 평가받고 있다.

연방구조는 장점과 약점을 동시에 갖고 있다. 주 정부는 야당으로서 중요한 역할을 하는데, 특히 일개의 정당이 상원과 하원에서 모두 다수를 점할 때이다. 게다가 연방측에는 사회적 · 경제적 · 정치적인 문제들을 해결하고자 하는 상대적이며 유일한 실행들을 허용한다.

남오스트레일리아는 원주민에게 땅의 권리를 도입한 것과 같은 사회적인 계획을 시도한 첫 번째 주이다. 빅토리아 주도 안전벨트를 매는 것을 강제화하는 법을 처음 시행하였다. 이러한 조치들은 후에 다른 주들도 따라서 시행하게 되었고, 연방주의는 지역문화와 환경을 고려하여 분권화된 발전과 문화를 창출하는 데 기여한다.

반면에 반대자들은 주 간의 경쟁을 부정적으로 보며 주 간에 생활수준의 차이를 불러일으킨다고 비판한다. 예를 들어서 산업을 유치하기 위해서 어떤 주가 전기값을 낮춘다면 이 주의 시민들은 이러한 조치를 지원해야만 한다.

연방주의에 대한 또 다른 방해물들이 있다. 이는 주 간 연방 정부와 주 간 의견 불일치와 경쟁을 들 수 있고, 이러한 것들은 무질서를 일으키는 주범으로 인식되고 있다.[6] 주와 연방 정부는 종종 정책의 실패를 다른 당의 잘못으로 돌리는 책임전가와 비난에 휩싸인다. 연방 수상과 주 총독과 만나는 연방수상회의에서 이러한 상호 비난은 일반적이다.

1970년대와 1980년대에 여러 주 정부들은 낭비적인 행정 서비스와 비효율적인 연방제세를 줄이려고 노력하였으나 이는 실질적인 변화 없이 실패하고 말았다. 이러한 적대적인 관계에도 불구하고 주와 연방 정부는 상호 협력을 통해서 공동의 이해관계의 정책을 수립하여 실행한다. 이를 위해서 정기적인 모임, 위위회, 주 간 기관(inter-state agencies), 행정 조정기관들이 설치되어 있다. 공공 사업과 같은 부가적인 입법은 효율성을 극대하기 위해서 여러 주 정부의 협력을 통해 이루어지고 있다.

다른 불리한 점 가운데 하나는 연방구조가 공공 정책의 중요한 영역, 특히 연방 주 내에 관련이 되는 것들을 등한시하는 점이다. 예를 들어 공공 정책으로 공공 교통, 주 간 철도, 도로 연계의 발전 등이 있지만 머레이(Murray) 강의 수면 감소와 같은 환경문제는 다루어지지 않고 있다.

---

6) 연방주의에 대한 부정적인 논의는 다음을 참조 Graham Maddox, Australian Democracy in Theory and Practice, Frenchs Forest : Pearson, 2005.

머레이 강은 오스트레일리아에서 두 번째로 큰 강이며, 3개 주에 걸쳐 흐르고 있다. 강물은 관계와 상수도용으로 사용되며, 점차 수량의 부족과 염분증가의 문제에 직면해 있다. 신남웨일즈 농부들은 목화재배를 위한 농업용수로 사용하지만 남오스트레일리아는 상수원의 부족을 겪고 있다. 이러한 문제를 놓고 다른 지역 간의 이해관계 조정은 매우 힘들며, 시간이 많이 소요되고 있다. 또 다른 문제는 연방 수준에서의 임명기록이 부재한 점이다. 각 주는 자기 자신들의 주민을 기록하고 있지만 주를 넘어서는 사람에 대해서는 이를 추적하기가 어렵다.

총기에 관한 법은 연방과 주 정부 간의 의견이 다른 또 하나의 케이스이다. 1996년 아서 항(Port Arthur) 사건에서 35명이 살해되었고, 이에 따라 주의 총기에 관한 차이가 문제가 되었다. 국민들이 반발하는 가운데 수상 하워드는 반자동 장총과 반자동 소총의 소유를 금하는 법을 각 연방 주들로 하여금 강제화시켰다. 이에 대해 몇몇 주들은 예를 들어 퀸스랜드, 타즈마니아는 엄격한 총기 소지에 관한 법에서 반대했고, 연방 수상이 주를 협박하고 있다고 비난하였다.

이 문제는 주에 대한 보조금을 삭감하는 가능성을 불러왔고, 또한 총기에 관한 법을 연방 정부로 이전하는 국민투표를 불러일으켰다. 결국 새롭게 강화된 법이 각 주에 도입되었지만 총기로 인한 범죄는 계속 증가하고 있다. 연방 수상은 공개적으로 총기사용을 반대하며 앞으로의 법개정의 필요성을 역설하였지만 다시 한 번 이 문제를 다룰 의향은 없어 보인다.

6. 재정

연방체계에도 불구하고 오스트레일리아의 각 독립은 연방의 재정적인 지배가 심화됨에 따라 크게 훼손되어져 왔다. 헌법은 연방 정부에 대해서 상대적으로 제한된 입법의 권한을 부여하고 있지만 이 상황은 1901년 급속히 변화되어 왔다. 즉, 국방비 지출의 증가는 특히 제1차 세계대전 연방 정부 기금 확보의 필요성을 증가시켰다. 이러한 경향은 1920년대 말과 1930년대 경제위기 동안에, 그리고 제2차 세계대전을 거치면서 지속되어 왔고, 결과적으로 21세기 초에는 연방과 주 정부 간의 재정적인 불균형이 심화되었다.

연방 정부는 방대한 조세원을 가진다. 주 정부는 세원이 제한적이기 때문에 자신들의 필요한 책임들, 특히 건강과 교육에서 충분한 재원을 확보하지 못하며, 상당 부분 연방 정부에 의존하고 있는 것이 현실이다.[7)]

연방과 주 정부 간의 세금관계는 오스트레일리아 정치체계에서 중요한 사항이다. 헌법에 두 항목은 이와 관련되어져 있다. 헌법 90조는 연방 정부에게 소비세에 대한 독점적인 권한을 주고 있다. 연방의 형성체계에 대해 이러한 조항의 주요 목적은 다른 국가와의 무역에 관계를 통일하고자 하고, 주 간의 자유무역을 촉진하고자 하는 것이었다. 그렇지만 그 이후 연방법원은 이러한 권한을 매우 넓게 해석함으로써 주에 조세권한을 제한시켰다.

---

7) Ian Marsh (ed.), Beyond the Two Party System : Political Representation, Economic Competitiveness and Australian Politics, Cambridge University Press, 1995.

헌법 96조는 연방 정부로 하여금 특별한 목적의 지출을 가능하도록 하고 있다. 이러한 부칙은 연방 정부로 하여금 실질적으로 병원, 주요 도로, 교육과 같은 영역에서 통제와 영향력 행사를 가능케 하고 있다. 이러한 사업들은 전적으로 주 의회의 소관사항이다.

1900년대 말에 연방 정부는 국민주거, 건강 서비스 향상을 주요 의제로 내세웠다. 이를 위해서 특별대부가 허용되었으며, 주들은 연방정부 정책의 우선순위를 따라야만 했다. 주에 대한 이러한 특별 지원은 2005년도에 볼 때 전체 연방예산의 약 1/6에 해당하는 예산이다. 이러한 지원금은 교육, 건강, 주거, 교통과 같은 주 정부의 주요 업무에 할당되었고, 이는 지출의 75%를 차지한다.

연방교부위원회(The Commonwealth Grants Commission)는 기금이 각 주에 공유되어야 할 것을 권고하였다. 이 교부금이 매년 재정위원회의에서 심의되나 연방재무장관(the Commonwealth Treasurer)이 궁극적으로 주에 대한 교부금 지원을 결정하는 책임을 갖는다.

주는 시민들에게 매우 다양한 행정 서비스를 제공하며, 이는 교통, 건강, 교육과 같은 시민들의 생활에 직접적인 영향을 미친다. 이러한 것들은 비용이 많이 드는 서비스이므로 장기투자를 요한다. 이러한 서비스에서의 실패나 또는 서비스 중단은 연방 정부가 상당한 관여를 하지만 궁극적으로 주 정부 책임으로 돌려진다. 주 정부들은 재정적인 문제를 극복하고자 노력하는데, 가령 서비스를 민영화하는 것이다. 그러나 이는 결국 서비스 제공의 비용을 증가시키며, 또한 점차적인 이해의 갈등을 불러일으킨다. 예를 들어 시드니 항구 터널 건설은 민간회사에 의해서 재정이 조달되었다. 그렇지만 많은 사람들은 터널 이용료가 너무 비싸다고 터널 사용을 회피하였다. 그리고 시드니 내부의 도로가 폐쇄되었는데, 시민들은 이에 대해 터널을 사용하도록 하기 위한 정부의 술책이라고 비난하였고, 정부가 실제로 민간회사에 터널 공사에 따라 발생한 손해를 보상해 주고 있다고 주장하였다.

연방 정부는 현재 전체 세금의 80% 이상을 걷고 있다. 이 세금의 3/4 이상은 개인과 법인소득(corporate income)세인데, 이는 1942년에 연방세원으로 만들었다. 주들은 부동산세, 차량등록세와 같은 일부 세원을 가지고 있는데, 이들이 전체 세원에서 차지하는 부분은 크지 않다. 2000년에 부가세(Good and Services Tax : GST)가 연방의 재정을 지원하고 좀더 수평적인 재정적 균등을 이루기 위해서 도입되었다. 부가세는 수 인구의 크기와 관계 없이 동일한 액으로 분배된다. 그 이유는 부가세는 주에 의해서 징수되지만 연방 행정부에 의해서 분배되며, 이는 인구 크기의 차이를 고려하고 있기 때문이다. 따라서 신남웨일즈는 손해를 보는 반면, 북지역은(Northern Territory) 자신이 거두어 들이는 것보다 더 많은 재원을 받는다.

2005년도에 보면 신남웨일즈는 20억 달러(오스트레일리아), 즉 소득의 295달러를 이전하였다. 부가세(GST)는 각 주가 자신들의 목적 하에 사용할 수 있지만 필요한 재정적 사용에 충분하지는 않다.

연방 주들에 대한 특별목적의 교부금 외에도 연방 정부는 지방자치단체에 도로나 또는 지방 행정 서비스를 위해서 교부금을 지원한다. 이러한 지원은 다음과 같이 두 가지 형태, 즉 일반목적 교부금, 통합된 지방도로 기금(untied local road funding)으로 지원된다. 주들은 이러한 교부금을 지방자치단체에 다시 재분배한다. 지방자치단체들은 자기 자신들의 정책의 우선순위에 따라 이러한 교부금을 사용하지만 분배 체계는 다양하다.

일반목적 교부금은 동등한 소득 수준에 따라서 주별로 분배되는 반면에 통합된 지방도로 기금은 역사적인 분배원칙에 따라 나뉘어진다. 부동산 세금과 서비스에 대한 부과료는 자치단체들의 유일한 세금원이다.

Ⅲ. 영국과의 관계

영국, 북아일랜드의 군주는 공식적인 국가 수장이면서 또한 오스트레일리아의 여왕이다. 그러나 오스트레일리아의 정치에서 영국의 영향력은 매우 제한되어 있다. 1933년에 서오스트레일리아 주는 오스트레일리아 연방을 탈퇴하는 국민투표를 가졌다.

당시 대륙의 반쪽에서는 연방체제의 가입에 반대한 주가 있었다. 이는 동해안 지역과 상당한 거리를 가지며, 경제체제에 상이한 구조에 기인한다. 반대 목적은 자주지역으로써(autonomous territory) 대영제국으로 환원하고자 하는 것이다. 유권자의 68%가 찬성을 한 후에 주정부는 병합을 요청하기 위해 웨스터민스터에 대표단을 파견했다.

캔버라에 있는 연방 정부는 오스트레일리아 연방제가 분리될 수 없으며, 영국은 간섭하지 말아야 된다고 주장하였다. 영국 정부는 이에 개입하기를 거절하였고, 이러한 결정을 실행하는 데 어떤 행동도 취하지 않았다. 실질적으로 제2차 세계대전은 분리운동의 종지부를 찍었다.

오스트레일리아에서 왕에 대한 대표는 총독이며, 총독은 대략 5년

간의 임기로 런던에 있는 군주에 의해서 임명된다. 이 총독은 통상 오스트레일리아 정부의 추천을 받아 임명되는데, 매우 존경받는 오스트레일리아인이 선출된다.

총독의 역할은 다분히 상징적이며 의전행사에 국한된다. 총독은 수상의 권고에 따라 행동하도록 기대되고 있다. 총독은 또한 오스트레일리아 군의 최고 사령관이며, 이에 내각의 권고에 따라 행동한다. 총독은 의회에서 선출된 수상을 임명하며, 모든 입법안은 총독의 동의를 얻은 후에, 다시 말해 총독이 서명한 후에 법률화된다. 총독에 대한 헌법적인 역할에 대해서는 해석이 다양하며, 총독 자신이 자기 자신의 판단에 따라 오스트레일리아 정치에 반영한 사건이 딱 한번 있었다.

1975년 11월 존 커(John Kerr) 총독은 고프 휘틀람(Gough Whitlam)을 수상에서 해임시키고 말콤 프레이저(Malcolm Fraser)를 수상 대리로 임명하였다. 이러한 결정은 하원과 상원 간의 대치상태를 불러왔고, 하원은 수상을 지지한 반면 상원은 반대하였다. 비록 하원이 휘틀람(Whitlam)을 지지하는 신임안(信任案)을 통과시켰지만 총독은 의회를 해산하고 새 선거를 하도록 하였다. 이로써 이는 총독이 헌법에 규정된 자신의 권한을 사용한 예가 되었다. 이는 또한 반면 오스트레일리아의 헌법에 문제점을 드러낸 계기가 되었고, 의회와 왕의 대표 간의 관계가 아직도 해결되지 않았음을 보여주었다.

1986년 오스트레일리아 법(Australia Act)은 오스트레일리아의 입법부, 사법부와 영국 간에 남아 있는 관계성을 완전히 청산하였다. 이는 특히 개별 오스트레일리아 주에 대해서 입법권을 행사할 수 있는 영국 의회의 권한을 포함하고 있는데, 이 권한은 식민지 이후 지금까지 행사되어 왔다.

1990년대에 공화주의 운동이 기운을 얻어 영국 왕실에 대한 오스트레일리아의 형식적인 예속성에 대한 국민투표가 1990년 11월에 열렸다. 이 국민투표는 현상유지안과 의회에 의해서 선출된 오스트레일리아 대통령 간의 선택이었다. 이 대안은 오스트레일리아 사람들 간에 환영받지 못하였는데, 그 이유는 오스트레일리아인들은 대통령이 직선에 의해서 선출되는 것을 선호하였기 때문이다. 이 공화정 운동에 반대하는 정부는 전략적으로 이러한 비인기 안(案)을 선택하도록 함으로써 국민투표가 통과될 가능성을 차단하였다. 비록 오스트레일리아인 대부분이 자신들을 군주제 옹호자들로 여기지는 않지만, 대통령에 관한 문제는 빅토리아 주를 제외하고는 대부분의 주에서 부결되었다.

Ⅳ. 맺는 말 : 연방주의의 발전 전망

1. 연방주의의 발전 전망

오스트레일리아의 연방체계는 19세기 말경에 도입되었으며, 이는 새 국가에서 일어나는 우월적 지배에 대한 우려를 보여준다. 또한 식민지 간의 경쟁, 창의성 등이 실질적으로 오스트레일리아에 대해서 연방체계가 가장 적합한 해결책임을 보여준다. 오스트레일리아 연방체계의 이러한 여러 가지 단점에도 불구하고 연방체계는 정부의 지속적이며 성공적인 형태임을 증명하여 왔다. 인구에서 본다면 오스트레일리아는 작은 나라이지만 다양한 측의 정보와 많은 상이한 행정집행부(administration)를 갖고 있다. 이러한 점들은 비효율적이며 또한 자원의 낭비라고 비판되어 왔지만, 그러나 이를 변화시키고자 하는 어떤 지대한 노력도 시도되지 않았다.

최근의 선거가 보여주듯이 유권자들은 주의 존재가 연방 정부에 대한 견제자 내지는 견제력으로 작용한다고 보고 있으며, 따라서 이 두 층 간의 상호 협력을 바라고 있다. 노동당은 연방 수준에서 승리하며 정치를 지배하지만, 반면에 야당들은 주 수준에서 주도적인 역할을 하고 있다. 따라서 오스트레일리아 연방체계는 통합을 보장하지만 또한 특별한 자신의 이해관계를 추구하는 것을 허용하는 조심스러운 책임운영의 장점도 함께 가지고 있다.

많은 사람들이 이러한 정치과정에 관여하기 때문에 실천에 있어서 어려운 문제가 있다. 이러한 체계는 주들이 생활 수준에 있어서 상이하지만, 그러나 이 차이는 크지 않고 대다수 국민들이 소규모 인구와 재정력이 약한 주들을 기꺼이 지원하기 때문에 잘 운영되고 있다.

20세기 동안에 권력의 추가 연방 정부로 옮겨져 갔다. 이러한 발전에 대해서는 몇 가지 이유가 있다. 대법원에서의 사법적인 해석과 판결이 이에 기여했으며, 또한 재정체계의 차이점도 그 원인이다. 국제법에서의 역할 증대와 세계화도 오스트레일리아 전체에 대한 법의 통일성을 더 많이 요구하였고, 이는 다시 중앙 정부의 힘을 실어주는 원인이기도 하다.

게다가 오스트레일리아인들은 매우 이동적(mobile)이고, 주 간 이동이 심하며, 따라서 이는 지역에 대한 충성과 자신의 주에 대한 정체성을 약화시켜 왔다. 세계화가 진행됨에 따라 오스트레일리아 주의 독립성은 약화되었는데, 이는 오스트레일리아 경제가 세계 경제와 상호 의존적이 되어가기 때문이다. 예로 오스트레일리아 경제성장의 큰 기여는 중국의 성장과 특히 광업과 농업의 세계시장에의 밀접한 연계이다. 따라서 주들은 국제시장에서 경쟁하기 위해서 산업 간의 관계를 포함해서 경제정책에 대해 협력의 필요성을 갖게 되었다. 이러한 것들은 21세기에 들어서 오스트레일리아 주들에 대한 도전들이다.

2. 연방체계와 대중

오스트레일리아인들은 연방제도에 대해 일반적으로 지지하지만 주에 대한 정체성은 매우 약하다. 지역주의는 거의 나타나고 있지 않으며, 다른 주를 희생하면서까지 자신의 주를 내세우는 경향도 존재하지 않는다. 연합체(federation)의 시기에 식민지들은 독특한 정체성을 갖기 시작했으나 이것은 곧 '오스트레일리아인'이라는 일반 생각에 의해 압도되었다. 제1차 세계대전은 오스트레일리아인의 정체성을 형성하는 첫 출발점이 되었다. 오스트레일리아와 뉴질랜드 군대는 영국제국의 군대를 지원하고자 오스트레일리아 뉴질랜드 연합군(Australian and New Zealand Army Corps : ANZAC)을 구성하였다. 비록 처음 군대 모집은 각각 주의 기반으로 이루어졌지만 이는 곧 전 오스트레일리아인의 일로 넘어갔다. 자원하는 많은 지원자가 군에 입대하기 위해 오스트레일리아를 가로질러 여행을 하였고, 때로는 다른 주들로부터 오는 지원자들도 있었다. 유럽에서 상당한 인명 손실을 입은 후에 군은 재조직되었으며, 출생 장소는 이제 더 이상 군조직에서 문제가 되지 않았다. 1915년 장기간의 갈리폴리(Gallipoli) 전쟁[8]—터키 다르다넬스 해협의 동쪽 끝에 위치—오스트레일리아의 정신적 탄생으로 묘사되어지곤 한다. 이 전쟁에서 인내, 자력, 용맹, 동료의식과 같은 '오스트리안 정신'이 최초로 발현되어 있다. 그리고 이 가치들은 매년 '앤잭 데이'(ANZAC Day)로 기념된다.

이 모든 오스트레일리아인의 정신발전, 이민자의 유입, 거대한 이동, 주 내의 이주, 그리고 도시화는 각 주의 정체성 형성과 발전에 부정적인 영향을 미쳤다. 제2차 세계대전 후에는 주로 유럽인이 중심이 되는 새로운 이주의 물결이 발생하였다. 이들은 오스트레일리아의 특별한 정체성에 일치하기보다는 자신의 출신 나라를 강조하였다(2001년에 인구의 23%는 해외에서 출생한 자들이다). 오스트레일리아는 비록 거대한 영토를 갖고 있으나 국민 대다수는 해안가와 거대 도시에 밀집되었다. 이런 경향은 20세기 후반에 더 강화되어 나타났다. 도시화는 85%를 넘어섰다. 도시와 농촌 주 간의 간극이 연방체제에 주는 영향은 별로 없으며, 오히려 한 주 내에서의 도시, 교외, 농촌 간의 간극(clevage)이 더 문제가 된다. 시드니와 멜버른 간의 경쟁은 19세기 말과 비교하면 매우 낮은 수준에서 지속되고 있다. 이는 다른 주들에 의해서, 그리고 뉴 사우스 웨일즈(New South Wales)와 빅토리아(Victoria) 내

8) 제1차 세계대전이 벌어졌던 1914년부터 1918년 사이, 뉴질랜드는 전체 인구 1백만 명 중 1만 7천 여 명이 전사하였으며, 이 수치는 전체 인구의 65분의 1에 이른다. Gallipoli 반도에서 희생된 사람은 뉴질랜드 병사 8천 명, 오스트레일리아 7천 명 등 총 3만 3천 여 명에 달한다.

에서 도시–농촌 간 차이(divide)에 의해서 균형이 잡혀졌다.

스포츠는 예외적으로 21세기에도 독특한 지역적 정체성을 갖고 있다. 럭비는 오스트레일리아 전 지역에서 하고 있지만 각기 다른 규칙이 사용된다. 동해안을 따라 퀸스랜드와 뉴 사우스 웨일즈에서는 영국에서 행하지는 두 가지 코드가 있다. 그것은 럭비 리그와 럭비 연합이다(중요한 차이는 선수의 숫자와 득점계산이다). 그러나 빅토리아(Victoria)와 타즈마니아(Tasmania)는 오스트리아 풋볼 리그에서 '오스트레일리아 규칙'을 따르고, 남부지역에서 빠르고 더 발전된 게임을 따른다. 일부 팀은 많은 관중을 사로잡기 위해 다른 지역으로 이동하지만 이런 경우는 드물다. 2005년 Sydney Swans가 오스트레일리아 풋볼 리그에서 이겼을 때, 비록 그들의 고정 팬은 대부분이 뉴 사우스 웨일즈였지만 그들은 여전히 남부 멜버른팀이었다. 이들은 1982년 이적해 왔다. 럭비 리그에서는 각 매년 '주 컨테스트' (State of Origin Contest)가 열리는데, 퀸스랜드로부터 온 선수들은 뉴 사우스 웨일즈로부터 온 선수들과 경기를 한다. 흥미롭게도 많은 관중들을 매료시키기 위해 2006년 3경기 중 1경기는 럭비 리그의 중심부 외곽인 멜버른에서 개최되었다. 크리켓과 축구 또한 국가를 넘어 대중적인 스포츠로 지역적 차이가 없다. 스포츠의 상업화 바람이 불면서 지역적 정체성, 서포터들과 선수들의 출신, 게임의 유래 등이 역시 퇴색되어 가고 있다.

연방제도가 형성되었을 때, 백인 이주자는 100년이 넘지 못하는 역사를 가졌으나 그 전에 식민지 간의 지역적 차별이 생겨나기 시작하였다. 연방제도는 이를 극복하며 통합된 국가를 만드는 데 도움을 주었다. 이 점에서 이 연방 프로젝트는 매우 성공적이다. 현재의 오스트레일리아인들 사이에서 연방체계는 효과적이고 효율적인 행정을 위한 정치적 시스템으로 받아들여진다. 그러나 이에 어떤 정서적 가치는 배제되어 있다. 정체성과 충성의 관점에서 국민들은 어디서 태어났으며 어디에 거주하는 것보다는 오스트레일리아에 속하고 있음에 더 정체성을 갖고 있다.

3. 한국에 주는 시사점

한반도에서 연방주의에 대한 제안들이 있는데, 이는 특히 통일과 관련되어서이다. 연방체계는 서로 다른 정부체계가 자신들의 기관 내에서 자율성을 주고 있지만, 권력의 분배와 각 정부의 역할에 대해서는 강제성과 합의점이 있어야만 된다. 이러한 것은 각 당사자들로 하여금 연방주의에 대한 실질적인 타협이 있어야 함을 말해주는 것이다. 남한과 북한 간의 경제성장과 생활 수준에서의 차이를 감안하여 볼 때 지원(Transfer), 특히 세금에 있어서 중대한 문제가 생길 수 있다. 게다가 두 독립된 기관이 생긴다면 지역 간의 경쟁이 현재 남한에서 보여지는 것보다 더 심화될 수 있다. 따라서 연방주의가 성공하기 위해서는 장기간의 연구와 세심한 토론과 계획이 필요하다.[9)]

9) 오스트레일리아는 수십 년의 시간을 들여서 헌법을 채택하였으며, 이 헌법은 시련의 시기를 극복하고 살아남았다. 그러나 21세기의 글로벌화화된 세계(The globalised world)에서는 이를 성공하는 데에는 그리 좋은 시기는 아니라고 본다.

3. 연방주의의 한국에의 적용

10. 통일한국의 연방구조를 위한 시론

통일된 한국의 연방구조를 디자인하기 위해서는 두 가지 접근이 가능하다. 하나는 독일 연방주의와 연방제도의 발달과정 분석을 통해서이다. 그리고 또 다른 하나는 이런 역사적인 분석을 신제도경제(new institutional economics)의 하위영역에 속하는 헌법경제학 측면에 연계한 접근법을 통해서이다. 이 두 접근법은 통일한국의 연방구조를 디자인하는 데 도움을 줄 것으로 본다.

독일 연방주의 체계는 다음 3측면에서 분석할 수 있다:

1) 1949년 기본법을 통해 만들어진 연방주의 체계를 어떤 결정적 요소가 '협력적 연방주의'(cooperative federalism)로 불리는 중앙집권화로 강화되는 체계로 점점 더 이끌어 갔는가?
2) 독일 연방주의 체계의 붕괴에 미친 유럽연합의 영향은 무엇인가?

크리스챤 키르히너
홈볼트 대학교 법과대학, 산업경제대학 교수

3) 1990년 독일 통일은 연방주의 체계에 어떤 영향을 주었는가?

독일 연방주의 체계에 대한 분석을 함으로써 연방체계의 도안에 적용된 명목적 기준에 대한 질문과 이에 대한 답이 찾아질 수 있다. 마찬가지로 통일된 한국에 대한 연방구조도 역사적 · 이론적 근거에 기초하여 논의될 수 있다.

Ⅰ. 독일 연방체계

1. 독일연합과 연방국가

독일은 연방주의의 오랜 역사와 전통을 갖고 있는 나라이다. 근대의 독일은 나폴레옹 전쟁 후 독일연방(the German Confederation, Deutscher Bund)으로부터 시작되었다. 이 연합(confederation)은 국가들(nation states)의 느슨한 연계체계(a loose network) 이상(以上)이었다. 이는 연방주의 요소와 연합적 요소를 결합한 것이다. 예로 최초의 독일 상법을 만든 것은 2층구조(a two－level) 입법과정을 통해서이다.

1871년 이른바 독일제국 건설은 좀더 강한 중앙집권화로 향한 이동으로 이해될 수도 있다. 연방 주(Länder)들은 여전히 주권에 근접한 주요 권한을 갖으나 핵심적 권한은 중앙 수준으로 이양되었다. 바이마르 공화국은 한 단계 더 중앙집권화되었고, 1934년 나치 정권에서는 완전한 중앙집권화가 이루어졌다.

그 이후 제2차 세계대전은 종결되었고 독일제국은 멸망했다. 이에 따라 독일은 미국, 소련, 영국, 프랑스 연합국에 의해 점령되었다. 미국, 영국, 그리고 프랑스에 의해 점령된 서지역(Westzone)에는 1949년에 독일연방공화국이 탄생하였으며, 독일연방공화국은 매우 강력한 연방주의 요소를 갖춘 정치체계로 발전하였다. 반면에 러시아가 점령한 동지역에 독일민주공화국(DDR)이 탄생되었는데, 이곳에서 연방주의는 어떤 큰 역할을 하지 못하였다. 새로 탄생된 동독에서 연방의 주들은 어느 정도 권한을 행사할 수 있었으나 1952년에 완전히 소멸되었다. 이는 권력의 분권화는 독재체제의 잠재적인 위협으로서 공산당의 독재체제와는 맞지 않음을 보여준다.

독일 기본법에서 강력한 연방주의 요소는 두 가지 요인으로 거슬러 올라간다:

1) 나치 체제에 의해서 붕괴되며 복원되어야 했던 독일의 강한 연방주의 전통
2) 민주주의가 단일(unitary) 체제보다 연방주의 체제에서 더 잘 보호될 수 있다고 판단한 연합국의 강한 영향

먼저 연방주의의 주 요소로서 기본법에 기술하고 있는 것들은 보면 다음과 같다:

1) 기본법 70–75조에 따라 중앙의 연방 정부의 권한으로 명시되지 않은 권한은 주의 권한에 속한다.
2) 연방하원(Bundestag)과 상원(Bundesrat)의 양원제 의회제도를 둔다.

3) 대부분 연방법은 주의 행정기관을 통해 집행된다.
4) 각 주는 자신의 의회, 법원체계 및 행정부를 갖는다.
5) 연방 주도 일정의 세원을 갖는다.
6) 부유한 주에서 가난한 주로의 수평적 재정이전(horizontatler Finazausgleich)이 존재한다. 다만 연방 정부 수준에서 주 수준으로의 수직적 재정이전(vertikaler Finanzausgleich)은 예외이다.

이런 체제에서 연방주의적인 요소들이 지속적으로 축소되어 갔다. 이는 다음과 같은 요인들에 의해서이다 :

1) 연방 헌법재판소는 단계적으로 주에서 연방 수준으로 권한이전이 가능한 결정을 하여 왔다.
2) 연방 주들은 자발적으로 더 많은 재원 확보를 위해 연방세금에 관여하며 자신의 권한을 내어주었다. 이는 특히 1970년대 독일 재정개혁에서 보여진다.
3) 상원(Bundesrat)은 각 주들의 정부를 대표한다. 그러므로 주 정부는 자신의 권한 수호보다 연방 수준에서 활동을 강화하여 왔다. 그러므로 주 정부들은 권한을 방어하기보다 연방 수준에서 활동하는 경향을 발전시켜 왔다. 대부분의 연방법들은 주 정부에 의해서 집행되기 때문에 더 많은 기본법들이 상원의 동의를 요하게 되었다(Zustimmungsgesetz). 이는 결과적으로 이른바 정치얽힘' (Politikverflechtung)을 야기하며, 양원에서 다수당이 서로 다른 경우 양 정당 간에 봉쇄적 행태를 가져왔다.
4) 재정의 수평적 배분체계는 연방헌법재판소의 판결에 따라서 '생활 수준의 균등화'를 위해서 여러 주의 재정력의 차이를 감

소하는 데 이용되어졌다. 그 효과는 주 간의 경쟁을 불러오는 동기를 감소시켜 왔다.

5) 유럽 통합과정은 주들의 지위를 약화시켜 왔다. 회원국가들은 유럽연합에서 수직적 권력분할의 체계가 연방주의보다 단일체제로 의도하고 있다고 보고 있다.

2. 연방체계에서 독일 통일의 영향

독일 통일은 연방주의 체계가 동독으로 이전 확대되는 방식으로 계획되어 실행되었다. 독일 통일과정을 보면 이른바 '신생주'들이 먼저 새로 탄생되었다. 공식적으로 신생주들은 연방체계에서 '구주'들과 같은 지위를 누린다. 그러나 신생주들은 재정적으로 취약했기 때문에 기존의 서독 주들은 이들이 수평적 재정이전 시스템에 참여하는 것을 원치 않았다. 연방의 중앙 수준에서 신생주로의 수직적 재정이전의 새 체계는 중앙 정부의 지위를 강화시켜 주었다. 게다가 연방 정부는 가난한 주들에 소위 뇌물을 줌으로써 상원에서 중앙 정부의 입장을 지지하도록 하였다. 재정이전은 생활 수준의 균등화 또는 전반적인 "균등 생활 수준"에 근접하는 데 이용되어야 한다는 독트린은 지속적으로 서에서 동으로의 끊임없는 지출과 재정이전을 가져왔다. 이에 연방체계의 약화라는 부정적인 역효과가 나타났다.

3. 유럽통합과 독일 연방체계

유럽공동체(EC)의 통합과정에서 현재 유럽연합(EU)은 각 주권국가들의 국가권력의 잠식을 막는 데 대한 적절한 헌법적 조항 없이 유럽 중앙 수준으로 권한을 이전하도록 되어 있다. 이런 과정은 독일에서 보면 연방뿐만 아니라 주의 권한에도 영향을 미치고 있다. 중앙 수준에서 볼 때 연방 정부의 대표권은 각료회의(Council of Ministers) 및 정부 간 대화를 통해서 유럽에서 반영되고 있는 반면, 연방 주들은 다만 간접적으로 자신들의 권한을 보호하고 있다. 기본법의 수정은 연방 주로 하여금 유럽 수준에서 입법과정에 참여하도록 하고 있으나(기본법 23조) 실제로 참여할 수 있는 기능은 발휘되지 못하고 있다. 이는 입법과정이 과도하게 복잡하며, 유럽재판소가 유럽 수준에서 보면 사법입법(judical law making)에서 주도적인 역할을 하고 있기 때문이다.

4. 독일의 현 연방체제의 수준

이와 같은 다양한 요인과 영향으로 인해 독일에서 연방체계는 지속적으로 침식되어 왔으며, 연방주의는 퇴보하였다. 오늘날 '협력적 연방주의'라 불리는 연방체계는 아마 연방 수준에서 보면 '주의 카르텔'(cartel of states)이라 불리는 것이 더 적절하다. 연방체계의 쇠퇴는 입법과정에서 상호 봉쇄하는 작용을 야기시켰다. 이런 상호 봉쇄작용은 독일의 개혁과정을 지연시키는 결정적 요인이 되었다. 독일 통일은 이런 연방주의의 문제점을 더욱 악화시켰다.

Ⅱ. 헌법경제의 이론 바탕

1. 민주주의 이론의 약점

연방주의 체계에 대한 기준을 마련하기 위해서는 타당한 이론적 기초가 필요하다. 연방주의 체계에 대한 주장은 민주주의 이론에서 찾을 수 있다. 연방주의는 견제와 균형을 이루는 필수적 원리이다. 따라서 이 연방체계는 '단일' (unitary)체계에 비하여 정부와 의회 권한을 견제하는 데 유용하다. 그러나 여기서 경제적인 비용, 체계의 추가적인 이동비용(transaction cost)이 발생하는데, 이에 대한 답이 찾아져야 한다.

2. 신제도경제학의 하위영역으로서의 헌법경제학

연방주의 이론에 대한 좀더 나은 접근은 헌법경제학적 접근(the constitutional economics approach)이다. 이 접근은 신제도경제학의 하위부분에 속하며, 재정연방주의(fiscal federalism)의 토대에서 발전되었다. 경제학의 새로운 영역인 헌법경제학은 경제학의 영역을 시장거래 외에 사회적 상호 행위에 대한 분석으로 확장시켰다. 이는 경제적 패러다임, 즉 자원의 희소성과 개인 행위자들의 자기 중심적 · 합리적 행위를 가정하고 있다. 그러나 신고전경제학의 주요 흐름과 달리 헌법경제학은 합리성이 제한되어 있으며, 거래의 비용이 존재하여 정보도 체계적으로 완전하지 않다는 주장을 한다.

신제도경제의 명목적 접근은 '명목적 개인주의' (normative individualism)에 바탕을 두고 있다. 일반적으로 명목적 목표는 승자의 복지 이익과 패자의 복지 손실을 비교하여 사회복지의 대안을 선택한다. 그리고 승자가 패자를 보상할 수 있을 때, 그리고 총합이 여전히 나을 때 (Kal-dor－Hicks－test 칼도어－힉스 기준 : 나의 이익과 상대방의 손해를 더해서 그게 양이 되면 후생 증가이며 아니면 감소이다)는 바람직한 해결안으로 인정된다. 이 테스트는 가능하지 않은 개인의 유용성의 상호 주관적인 비교성을 전제한다. 이 테스트는 이른바 가설에 대한 동의이다 : 행위자들은 만약에 그들이 주어진 결과를 예견할 수 있다면, 그러나 그들 개개의 입장을 모른다면(무지의 베일) 어떻게 결정할 것인가?

3. 정치제도 분석에 헌법경제학의 적용

만약에 헌법경제적 접근이론을 정치 이슈, 특히 정치제도의 문제에 적용한다면 이론구성의 명목적 토대와 더불어 실제적 · 사실적인 토대가 가장 중요하다. 즉 방법적 · 명목적 개인주의(individualism)이다. 개인 행위자는 연관된 행위자를 일컫는다. 개인 행위자는 선호도를 가지며, 집단적인 결정은 개인의 결정에서 도출된다. 그리고 결정은 국가에 의해서가 아니라 정부관료에 의해서 되는 것이며, 이들은 그들의 상사, 즉 시민의 대리인 · 에이젠트로서 활동한다.

연방주의 체계의 가장 중요한 문제는 이것이 어떻게 시민들의 목적에 부합하도록 기능하는가 하는 것이다. 정부관료는 결정이 주 수준 또는 연방 수준에서 이루어지도록 할 것인가를 결정해야 한다. 이를 위해 그들은 규모경제의 이점, 이전비용 감축 등을 비용의 증가와 같은 불리한 조건을 서로 비교하여 따져야 된다.

에이전트 비용의 개념은 명목적 개인주의(normative individualism)의 가정에서 도출된다 : 만약 개인 행위자 — 시민 — 를 염두에 두며, 그리고 그들의 선호도가 연관성이 있다면 권력 이양은 이른바 기관비용의 문제를 야기한다. 상사, 즉 시민이 결정비용을 줄이기 위해 권력을 에이전트, 즉 입법가, 정치가 그리고 정부관료에 이전한다. 그러나 에이전트는 체계적으로 의뢰인(시민)보다 정보를 더 많이 갖고 있다(정보의 비대칭). 만약 에이전트가 자신의 이해에 맞춘 합리적 행위에 따라 행동한다면 그는 의뢰인, 시민의 이해를 침해하는 것으로 정보를 이용하는 것이 된다.

고객의 입장에서 본다면 이는 그가 비용을 감당해야 하는 것을 의미하는데, 왜냐하면 에이전트를 모니터하고 감시하는 것이 값이 비싸기 때문이다. 또는 그는 자신의 선호를 반영하지 않는(선호비용) 결정에 직면해야 한다. 의뢰인은 에이전트 비용과 선호비용 중 하나를 선택해야 한다. 의뢰인은 높은 에이전트 비용과 낮은 선호비용을 받아들일지 모른다. 또는 그는 주어진 기회비용을 받아들이며, 그리고 에이전트 비용을 감축한다.

4. 연방주의 체제의 문제에 적용한 헌법경제학

만약에 단순히 설명한 이 이론적 접근이 정보의 체계적인 완전한 부족의 가정과 더불어 연방주의 체계에 대한 분석에 적용되면, 하위에서 상위수준으로의 권력이동은 높은 에이전트 비용 또는 선호비용(preference costs)을 야기할 것이다. 그렇게 되면 시민은 중앙집권화에서 기대되는 이점, 특히 감소된 이전비용과 규모의 높은 경제성을 증가하는 에이전트 비용과 선호비용 간을 저울질해야만 한다.

기관비용(Agency costs)은 연방주의 체계의 디자인에 달려 있다. 만약 연방과 주 수준에 권력이 부여될 뿐만 아니라, 이들 간의 공유하는 권력이 있다면 시민들이 행위자를 감시하는 것은 더욱 어려워진다. 따라서 결정에 대해 어느 기관이 책임이 있는가를 분간하는 것은 어렵고 아마 불가능할지도 모른다. 따라서 나쁜 결정에 대해 책임을 져야 하는 정치인을 제재하는 일은 어렵다. 따라서 정치인은 시민의 제재를 받지 않고 자신의 이익에 따라 행동할 수 있다.

5. 연방주의 체계의 문제 연구를 위한 몇 가지 결론들

헌법경제학으로부터 연방체계의 문제에 대해서 배우는 시사점은 다음과 같이 정리할 수 있다 :

1) 시민을 선호하는 것이 이른바 국익보다 중요하다.

2) 규모경제가 결정적인 역할을 할 때에는 이에 대한 권력은 중앙 수준에 주어져야 한다.
3) 정치결정자의 행동을 모니터하고 감시하는 것이 시민들에 중요하다면 이에 대한 권력은 주 수준에 주어져야 한다.
4) 연방체계는 주 간 경쟁에서 상호 학습을 가져올 수 있도록 하는 방도에서 고안되어야 한다.
5) 협력적 권력(권한의 혼합)의 체계는 시민들에게 해가 되는데(detrimenta), 이는 높은 기관비용을 야기시키기 때문이다.
6) 수직적 재정이전 체계는 주 수준에서의 행위자들의 권한을 훼손하며, 책임성을 감소시키며 높은 기관비용을 야기한다.
7) 수평적 재정이전 체계는 가난한 주들의 결정자들에 의해서 부유한 주들이 경쟁력을 강화하고자 하는 동기를 감소시킨다.

Ⅲ. 통일한국의 연방체계 디자인

1. 논의의 출발시 고려할 점

남한과 북한의 통일 후의 현상은 다음의 요소들에 의해서 특징되어질 것이다.

1) 양 국가에는 고도의 중앙집권화가 존재한다.
2) 양 국가에는 권력을 주에 배분할 수 있는 기관이 없다.

3) 남북 간에 매우 높은 생활 수준의 차이가 있다.
4) 남한과 북한 간의 생산력의 차이가 매우 크다.
5) 북한 사람들이 남한으로 이주하고자 하는 강한 개인적 동기가 있다.

2. 통일한국에 있어 연방체계의 중요성

통일한국의 연방주의 체계 고안에는 재정정책, 단일통화, 노동법, 세법, 산업정책(낙후지 지원) 등 영향을 미치는 요인들이 있으며, 이의 영향에 대한 고려가 바로 통일한국의 연방체계 디자인에 영향을 주는 요소이다. 이런 요소들의 다양한 영향이 통일된 나라의 연방 디자인에 의존한다.

노동법, 세법을 모든 지역에 동일하게 적용할지, 아니면 한 나라의 일정지역에만 적용할지가 바로 차이를 만들어낸다. 이는 또한 세법에도 마찬가지이다. 법의 서로 다른 차별화된 적용은 입법과정의 집중화에 의존한다. 이는 중앙의 입법자들에 의해서 세법과 노동법에 대해 서로 차별을 두는 법의 형태를 만들어내는 것이 가능할 수 있다. 그러나 만약에 이런 변형이 새로 만들어진 주 수준에만의 적용을 염두에 두고 만들어진다면 이런 새로운 규칙을 적용받는 자의 선호도를 반영할 가능성이 매우 높다. 따라서 비집권화된 가운데서의 해결과 연방적 해결 간에 차이를 만드는 데 중요점이 된다.

만약에 국가 수준에서의 입법권자가 적극적이며, 한 국가의 서로 다른 지역에 대한 서로 다른 명목적 기준을 디자인한다면, 이러한 기준은 그 기준을 받는 지역의 당사자보다 오히려 중앙의 입법권자들의 선호도를 반영하는 것이 되게 된다. 연방체계의 중요성은 만약에 서로 다른 피드백 과정이 고려될 때에만 이해될 수 있다. 비분권화된 해결을 개발하는 국가의 입법과정은 단지 국가적인 피드백 과정만을 갖는다. 학습과정은 서로 다른 지역의 시민의 이해관계를 직접 고려하지 못한다.

3. 통일한국의 연방체계에서 관련된 이슈들

통일 후 두 개의 주요 이슈는 세법과 노동법이 될 것이다. 그리고 세법의 하위문제로서 재정이전이 다루어질 것이다. 이 두 개의 문제는 적합한 제도틀이 다루어지기 전에 먼저 다루어져야 된다.

한 나라의 서로 다른 지역에서 부와 소득의 수준이 극히 차이가 나는 경우에, 한 국가의 동일소득법(unitary tax law)은 진보적 협약(tariffs)의 수단과 정교한 일련의 법인법 체계(corporate tax system)의 수단을 통해서 그런 차이를 반영할 수 있다.

조세자율권을 가진 연방체계의 장점은 지역의 수준에 따른 필요와 강조점을 더 잘 반영하는 것과 관계한다. 그러나 이탈리아의 빈민지역(dirstressed region)에 대한 세금차등(특혜)은 심지어 그런 지역의 발전을 저하시킬 수 있다(mezzogiorno effect). 세금특혜를 통한 보조는 실제로 자조(self-help)에 대한 동기를 해친다.

만약에 분권적 해결을 갖는 중앙 조세체계가 새로 형성된 주에 대해 조세자율권을 가진 연방체계에 의해서 대체된다면 연방 주들은 자신들의 경쟁력을 향상시키는 데 그들의 자율권을 사용할 것이다. 연방 주들은 어떤 세금수단이 투자자들에게 적절한 인센티브를 줄 것인가를 고려하게 된다. 이런 수단들은 각기 주들에서 서로 다를 것이다. 물론 이런 수단들이 실제로 어떻게 작용하는가는 분명하지 않다.

세금경쟁체계에서 학습효과는 분권화된 중앙체계와 비교하여 볼 때 매우 높다. 유럽연합에서 에스토니아, 슬로바키아와 같은 나라들에 의해서 도입된 새로운 세금체계는 매우 성공적이었다. 경쟁은 혁신과 모방의 역동적인 과정이다. 첫 동기적 이익(the first mover advantage)을 얻기 위해서 혁신적 세금체계 수단을 개발하는 데 매우 강한 인센티브가 있다. 그렇게 되면 경쟁은 두 번째 선택과정에서 작용한다. 성공적이지 못한 모델일수록 소멸되며, 성공적인 것은 모방되어진다. 남아 있는 질문은 이런 세금체계가 주어진 국가나 또는 국가의 주에도 제대로 작용할 것인가이다.

예를 들면 유럽연합에서 에스토니아, 슬로바키아는 주권을 가진 독립국가이다. 유럽협약(The EC-Treaty)은 시민들의 선호에 따라서 그들의 세금체계를 개혁하기 위해서 그들의 주권을 빼앗아 가지 않았다. 만약에 문제를 헌법경제학적 측면에서 접근하면 중요한 것은 주권이 아니라 권한의 배분이다. 조세자율권은 세금의 영역에서 권한이 낮은 수준의 입법자에게 부여되는 것을 의미한다. 이러한 점에서 유럽연합과 같은 초국가적 단일체에서 수직적 권력의 분할과 한 국가 내의 수직적 권력분할 간에 구조적인 차이는 없다.—유럽연합은 연방체계의 강점을 가지며, 국가들(nation states)의 연합(confederation)으로 특징되어질 수 있다.

유럽에서 수세기 동안 가장 중앙집권적 국가인 대영제국(The

United Kingdom)은 분권화(devolution) 과정에서 스코트랜드와 웨일즈에 제한된 조세자율권을 주었다. 이는 많은 혁신적인 요소를 갖는 활기 있는 조세경쟁을 가져왔다. 반면에 독일은 동독의 신생주들에게 조세자율권을 주는 기회를 잃어 버렸고, 그 결과는 부정적이다.

이런 사실들은 통일한국에 무엇을 의미하는가? 어느 정도 분권화를 가진 단일체제와 비교하여 보면 조세자율권을 가진 연방체계에는 명확한 장점이 있다. 그러나 조세경쟁이 통일된 나라의 남쪽이나 북쪽지역 중 한 지역에 국한될 것인가, 양쪽 지역에서 지역 수준의 새로운 독립된 단체를 둘 것인지, 예로 스위스의 칸톤과 같은 모델을 따라갈 것인지에 대해서 결정해야 한다. 이는 좀더 발전된 나라에서 뿐만 아니라 또한 덜 발전된 나라에서도 차별화된 세금경쟁을 가능케 할 것이다.

부와 소득 수준에서 높은 지역적인 차이를 갖고 있는 한 국가에서 조세경쟁 문제, 조세권은 부유한 주와 가난한 주 간의 조세경쟁과 배분의 결합이다. 이는 수직적 · 수평적 재정이전의 그 이상도 그 이하도 아니다. 재정이전의 이런 체계는 연방구조를 침해하고, 가난한 지역의 인세티브를 소멸하며, 그리고 중앙 수준의 입법권자에 의해서 낮은 수준에 있는 입법권자를 매수하는 도구로 사용될 수 있다. 재정이전의 이러한 잠정적인 역기능적 원인을 고려해서 첫 번째로 선택되어야 할 것은 수직적 이전보다 수평적 이전이다. 수직적 이전체계의 오용에 대한 잠재적인 위험은 훨씬 더 크다. 수평적 이전체계를 계획한다면 가장 주요한 이슈는 보상과의 양립성이다. 재정이전의 수혜자는 재정을 지불하는 주들이 다른 주들보다 더 나쁘게 되는 수준에까지 평가되어는 안 되며, 재정력과의 관계에서 주들의 일관된 질서는 재정이전을 통해서 변화되어서는 안 된다.

다음 이슈는 자신들의 손실을 향상시키기 위한 수혜자들의 노력에 대한 재정이전의 영향이다. 재정이전이 주는 효과는 우선 수혜자들이 부유해지기보다 가난한 상태로 머무는 것과 재정이전의 특혜를 손실하는 것이 더 유리하다고 생각하게끔 하는 것이다. 이것이 의미하는 것은 재정이전은 수혜자로 하여금 시민에 대해 기본 의무를 수행하는 방식으로 제한되어야 한다는 것이지 그 이상이 되어서는 안 된다. 만약에 어떤 주 정부가 예를 들어 이런 기본 수행 이상의 것을 재정이전을 통해서 하기를 원한다면, 이는 재정이전의 수단이 아니라 가령 공개적인 그리고 투명한 개발 프로젝트의 보조와 같은 것을 통해서 되어야 한다.

생활 수준을 단일화(uniform)하는 목표를 달성하기 위해서 재정이전을 이용하는 것은 능동적 분위기를 만들어낸다. 이는 수혜자로 하여금 재정이전에 더 의존적으로 만든다. 자신의 경쟁력 지위를 강화하는 어떤 조치도 역효과적를 가져온다. 그러므로 단일 생활조건을 이루는 목표를 가진 재정이전은 인센티브와 병립적이지 못하다.

4. 노동법

독일 경험에서 볼 때, 노동법 분야에서 단일의 법적 기준은 빈곤지역의 경쟁력을 위해서는 매우 부정적인 효과를 갖고 있음을 분명히 알 수 있다. 이는 특히 노동법 기준이 노동시장의 기능을 활성화하는 대신에 사회정의(social justice)를 목표로 할 때 더욱 그러하다. 사회정의를 목표로 하는 지향은 계약 당사자들보다 우위에 서는 것으로 보이는 법적 해결에 의해서 대체될 수 없는 강제법(obligatory law)으로 이어져 간다.

노동법과 연방체계의 계획(디자인)에 관한 연계는 강제법(obligatory law)을 가진 단일체계가 가난한 지역의 경쟁력을 해친다는 사실을 넘어선다. 정치체계의 분석에 경제학을 응용하는 공공 선택의 관점에서 보면 중앙 정부 수준에서 작용하는 것과 주 수준에서 작용하는 것에는 차이가 나타난다. 중앙 입법가에 의해서 공표되는 단일 노동법에 이르게 되면 중앙 노동조합은 입법과정에 영향을 미치는 인센티브를 갖게 된다. 이런 조직화된 이해관계가 "구"(old)주에서 실업관계에 다소간 영향을 미친다면 이는 신생주들로 하여금 자신의 주에서 실제적 그리고 잠정적 고용을 위한 좋은 여건을 통해 산업의 경쟁력을 강화하는 데 관심을 갖지 말아야 한다. "구"주들의 노동조합은 과거 서독 주의 노동조건에 경쟁적 압력으로 될 것으로 보며, 이는 다시금 노동조합의 임원의 지위를 약화시킬 수 있다.

노동조합을 조직하는 데 신제도경제학의 이론적 도구들을 적용함으로써 이러한 조직에 상당한 에이전트 문제가 있음을 고려해야 하며, 그리고 노동조합 회원의 이해관계는 그들의 에이전트의 이해관계와 일치하지 않음을 고려해야 한다.

노동조합을 결성하는 중앙 입법자들에 대한 로비 압력의 공공 선택 분석은 다음과 같은 결론에 이른다 : 조직화된 이해관계가 신생주들의 실제적 · 잠재적 고용의 이해관계를 염두에 두는 것보다 구주들에서 현 고용의 지위를 보호하게 된다는 것이다. 명목적 결론은 다음과 같다. 세법의 영역에서와 같이 연방체계에서 입법자율권은 노동법의 영역에서도 마찬가지로 필요하다. 조세경쟁 효과의 이야기는 노동법 경쟁의 아젠다로 쉽게 변용된다(translate). 만약에 신생주들에서 더 적합한 노동법에 따라 고용이 단일체계에서보다 빨리 증가되어진다면 이는 자동적으로 필요한 재정이전의 감축을 낳는다.

5. 소결론 : 입법경쟁

세법과 노동법의 영역에서 연방체계의 효과를 고찰하여 본 후 입법의 다른 영역에도 적용 가능한 소결론을 내리고자 한다. 주 수준에서 입법자율권을 가진 연방체계의 도입은 입법경쟁을 낳는다. 주 수준에서 입법권은 시민들의 선호도를 좀더 정확하게 반영할 뿐만 아니라, 이는 인센티브 구조와 학습과정을 바꾼다. 이는 분권화된 정보를 더 잘 이용하게 해준다. 그리고 이는 에이전트(기관) 비용을 감축한다. 그리고 이는 현존의 구조를 고착화하는 데 관심을 가질지 모르는 국가 수준에서의 정치 압력단체의 압력을 약화시킨다. 입법경쟁이 경쟁적 영향을 완화하기 위하여 이전체계와 결합된다면 이런 이전체계는 인센티브와 양립 가능하게 되어야 한다. 재분배는 커다란 규모보다 소규모의 조직체계로 되어야 한다.

Ⅳ. 통일된 한국을 위한 연방체계의 제도적 구조

1. 다층 정치구조 문제

주 수준에서—이는 현재 한국에 존재하지 않는다—입법가들이 입법경쟁에서 자신들의 역할을 가능케 해주기 위해서 주 수준에서 충분한 역량을 갖춘 제도를 만드는 것이 필요하다. 주 수준에서 입법과정은 매우 긴급한 요구사항인데, 왜냐하면 입법은 매우 복잡한 영향분석을 포함해야 하기 때문이다. 주 수준에서 입법가는 다양한 문제해결에 대한 예측 가능한 영향을 직접 알고 있어야 한다. 이런 새 체제에서 입법은 제도 형성에 있어서 매우 좋은 예이며, 이는 세계은행과 OECD에서 사용한 방식이다. 게다가 새 입법기준(norm)의 질은 이들의 실행에 의존한다. 그러므로 새로 만들어지는 주는 입법과 시행의 두 수준에서 문제를 동시에 해결해야 한다.

지난 세기에 있어서 중앙과 동유럽 국가들의 체제 전환과정에서 주요 약점 중의 하나는 실행(implementation)의 문제였다. 이런 국가들의 입법가들은 비교적 직업을 잘 수행하였다. 그리고 이 일은 가끔 국제전문가의 도움으로 이루어졌다. 그러나 실행은 종종 구체제의 관료들에게 넘겨졌으며, 이 관료들은 새로운 법적 기준을 실행할 능력과 의지도 없었다. 독일의 신생주들에서 전형적인 문제해결은 종종 서구로부터의 관료를 수입하는 것으로 해결하였고, 이들은 다시금 신생주들의 관료체계에 고용되어진 것이다. 이는 많은 마찰을 낳았고, '내부 식민주의'(internal colonialism)를 낳았다. 이는 신생주들의 시민들을 고립시키는 데 주요한 요인이 되었다.

2. 개념적 제안

통일한국에서 제도 형성을 위한 문제들을 고려하면 다음과 같은 일반적 개념을 제안할 수 있다.

1) 주 수준에서 기관설립은 자치단체 수준에서부터 시작되어야 한다.
2) 지역전문가 훈련은 미리 시작되어야 한다. 국제전문가는 체계의 일부가 되기보다 지역전문가를 키워야 한다.
3) 입법과 행정의 수준에서 제도의 설립에는 서로 간에 '적절한 균형' (a good balance)이 있어야 한다.
4) 서로 다른 지역 간 전문가의 교환은 이론 연구보다 유용한 지식을 나누는 것이 좋다.
5) 중앙권력의 주에로의 이전과 함께 중앙 관료의 규모는 축소되어야 한다. 그러나 규모 축소에 해당되는 사람에게는 주 수준에서 직업이 제공되어야 한다.
6) 서구 산업국가에서 한국의 전문가를 위한 연방주의 연구는 연방주의 실패적인 사례(가령 독일)도 포함되어야 한다. 이로써 잘못된 체제도 배우게 되며, 또한 성공적인 연방체제(가령 스위스)로부터도 배울 수 있다.

Ⅴ. 맺는 말

통일한국을 위한 연방체제의 디자인은 수년이 걸리는 일이다. 이는 먼저 필요한 이론을 정립하는 것으로만 충분하지 않기 때문이다. 이론의 개발 외에 다른 한편으로 제도 설립, 입법, 실행의 수준에서 모두의 적극적 개입이 필요하다. 통일한국에서 연방체계의 주요 이슈는 필요한 능력을 미리 갖추도록 하는 필요성이다. 그리고 장래 전문가가 어떻게 일해야 되는가를 알기 위해서는 우선 새 연방체계의 개념틀(conceptual framework) 정립을 개발하는 것이 피할 수 없는 과제이나.

경쟁적 연방주의는 한국의 적합한 문제해결을 약속하고 있음을 보여준다. 이런 개념은 국가나 민주주의 이론에 의존하는 것이 아니라 개인적 요구, 어떻게 가장 잘 시민의 선호도를 반영하는가, 어떻게 가장 낮은 에이전트 비용 또는 선호도 비용을 줄이는가에 달려 있다. 입법 수준에서 정치적 에이전트의 완전한 책임 하에 민주적 환원(feed-back)과정은 이런 목적을 달성하는 데 필요한 전제조건이다. 환원과정은 시민과 더 가깝게 근접한 수준에서 더 효과적이다. 이는 본질에서 보면 연방체계의 정당화이다.

11. 통일한국의 연방제

통일 이후 한국 정부의 모델을 미국식 연방주의 모델에서 논한다는 것은 분명 쉬운 일도 아니며, 한편으로는 적절한가에 대한 의문도 생긴다. 이는 한편으로 한국에서의 통일은 여전히 시간을 요하는 것이기 때문이기도 하지만, 간절한 희망과 함께 지속적인 행동과 노력이 필요한 일이다. 따라서 이러한 주제를 모색하는 데 본 연구는 남북한, 그 동맹국 그리고 다른 국가들이 한국의 통일을 이루는 그날에 필요로 하는 조치들을 제시할 수 있다고 본다.

본 글은 연방주의에 대한 미국의 이해틀과 참고문헌을 활용하여 통일한국에 적용할 수 있는 연방 모델을 찾고자 한다. 따라서 본 글은 우선 매우 일반적인 관점에서 미국의 민주공화제가 연방제로 발전된 과정에 대한 고찰을 통해 몇 가지 중심적 요소를 확인하고자 한다. 그런

버나드 로완
시카고 주립대학 정치학과 교수

연후 이러한 아이디어를 바탕으로 통일한국의 연방 정부에 적용될 수 있는 모델의 개요를 제시하고자 한다.

Ⅰ. 역사적 배경과 기본 요소의 탐색

미국으로 건너온 이민자들은 신대륙을 개척하거나 또는 유럽의 중상주의자들의 계획에 부응하여 시장을 창출하려는 유럽 열강들의 시민들이었다. 하지만 필연적으로 또한 운명적으로 미국으로 건너온 수많은 사람들은 근대 민족국가에서 나타난 단조로운 상황이 아닌 그 이상의 상황에 맞닥뜨리게 되었다. 이민자들 가운데 많은 사람들은 종교적 박해를 피해 건너온 사람들이었으며, 그외의 다수는 죄수, 채무자, 혹은 소위 더 낳은 삶을 찾아 건너온 제2신분의 자손들이었다.

1776년의 혁명이 승리한 후에 신생국가에 적합한 새 정부형태를 결정한다는 것은 정말 어려운 일이었다. 혁명가들은 모두가 민주적 형태를 띤 왕정—민의와는 거리가 먼, 비대응적인(unresponsive), 하지만 명백하게 강력한 힘을 지닌 왕정—은 다시 세우지 않는다는 의도를 가지고 있었다. 그 결과 신생국가 미국은 처음에 독립적이고 주권을 지니면서 연합을 탈퇴할 수 있는, 개별의 주들이 조직적으로 결합한 연합(confederation)의 형태에 가까운 체제를 가졌다. 따라서 연방 정부(national government)는 대륙국가의 정부와 비교할 때 약체였다.

중앙 정부에게 부여된 조세, 국방, 교역권 등을 제외한다면 연방헌법(Articles of Confederation, 1787)은 이와 같은 특성을 잘 반영하는 것이었다. 입법부 우월의 원칙이 채택된 것은 행정부의 권력을 최소화하기 위한 조치였다. 하지만 입법안에 대해서 13개 주 중 9개 주, 또는 2/3가 동의해야 했기 때문에 입법부는 종종 논쟁에 휩싸이곤 하였다. 결과적으로 연합국가는 단일정부와는 대조적으로 혁명정신에는 충실한 것이었으나 새로운 국가의 위기상황에는 부적절한 형태였다.

필라델피아에서 열린 제헌의회에서 메디슨이 작성한 초안은 연방헌법(Articles)을 수정하는 것이 얼마나 어려운 것인가를 보여주었다.[1] 혁명의 추억은 아직 남아 있었지만 하나의 강력한 중앙 정부가 필요하다고 인식하였다. 민주적 혼란 역시 분명하게 나타났으며, 외국의 재침략 또한 먼 일이 아니었던 것이 사실이었다. 따라서 연방주의자들은 이에 대한 해법으로 보다 강력한 중앙 정부를 선호하였다. 반면 반연방주의자들은 각 주의 자치를 위해서, 연방 행정부의 권력을 제한하고 개인의 권리를 보호하기 위해서 중앙 정부를 견제할 필요가 있다고 주장하였다. 그 결과 다음의 형태를 띤 연방제가 성립되었다.

1. 연방 정부는 조세, 주 간 교역, 그리고 국방에 대한 권한을 보유. 주 정부는 주내 교역, 지방법원, 교육, 경찰력, 그리고 주 방위군에 대한 권한을 보유한다. 장차 주 방위군은 중앙 정부군에 귀속된다.
2. 난해한 문제의 일괄처리 문제가 있었다. 첫째는 1808년까지 노예수입을 금지하는 것과 하원에서 3/5의 합의를 통한 노예문제의 해결 ; 둘째는 헌법 6조와 수정안 10조의 포함을 통한 연방 정

1) Max Farrand, ed., The Records of the Federal Convention of 1787, New Haven : Yale University Press, Vol. 4, 1966.

부 우월주의(national supremacy)의 문제

3. 새 정부는 우선적으로 개인을 중시하며, 이익집단이나 정당은 차순위로, 또는 간접적으로 고려한다. 정부가 집단의 이익에 반해 개인의 권리를 보장함으로써 갈등을 조정하는 방식은 조합주의 시스템과는 구별되는 미국식 연방주의이다.
4. 양원제의 수립 : 법률제정에서는 각 주들이 동등하게 대표하는 상원과 각 주의 인구에 따라 비례로 구성하는 하원 모두 입법안에 동의해야만 한다. 이는 규모가 각기 다른 주들 간의 대단한 타협의 결과이다.
5. 헌법 초안 이후 바로 이어진 인권선언의 채택. 이 권리보장은 정부의 팽창을 우려하는 반연방주의자들까지도 만족시켰다.
6. 어느 일방이 대중의 지지 없이 정부를 통제하는 기회를 줄이기 위해서 서로 분리되어 있으면서도 상호작용하는 정치권력(입법, 행정, 사법) 체제 내에서 견제와 균형이 이루어지는 정부체제에 관한 조항.
7. 연방 정부 수반의 자격을 갖는 대통령은 시민에 의해 선출되며, 외교와 국방정책을 총괄. 연방 의회는 행정부의 권력을 제한하기 위해 많은 권력을 부여받았다.
8. 많은 권리 가운데 개인들에게 사적 재산권과 자유경제의 권리가 부여되었다.[2)]

---

2) 이러한 자본주의에 대한 자극은 국가 채무의 인수, 주 간 교역에 대한 연방 정부의 규제, 그리고 후에는 연방은행의 창설과 같은 이슈를 해결하기 위해 상대적으로 빠른 속도로 진행된 연방 정부의 개입(처음 몇 기의 행정부 임기 동안)에 의해 촉진되었다.

9. 고립주의 외교정책. 초대 대통령은 퇴임식 연설에서 신생국가는 스스로의 힘으로 발전할 수 있다는 것을 역설하였다.
10. 각 주의 합법적 행위는 모든 주가 존중하여야 하며(완전한 신뢰와 신용조항), 시민의 권리는 모든 주에서 동등하다(특권과 면책조항).

요약하자면 미국의 두 번째 헌법으로 인해 연방제 정부가 창출되었다. 이것은 구체적 계획이 담겨진 것이 아닌 청사진 수준에서 이루어진 것으로, 정부와 미래 세대가 노력을 기울여 해결하여야 할 주요 이슈들을 남겨두게 되었다. 헌법의 문안은 따라서 모든 대안들 중 가장 최선의 것으로 이루어져야 한다는 기대와는 날리 완전한 도구들을 고려하지 않았던 것으로 보인다. 다음 3가지를 중요한 요소를 강조하고자 한다.

1. 국가의 생존과 발전(progress)의 기초가 되는 신헌법처럼 공통의 관심사를 강조함과 동시에 (어떤 문제의) 해결을 미래에 맡기는 식으로 위험한 이슈를 일괄처리하는 방법—예를 들자면 노예문제와 연방 정부 우월주의(national supremacy).
2. 중앙 정부의 에너지원으로서 다양한 개인과 국가 이익을 통합하기 위해 개인을 중심으로 하는 헌법과 정부의 구성.
3. 균형자(equation)로서의 연방 정부. 연방제 정부는 지평을 열어주는, 불확실하지만 적극적이며 이상적인, 시민윤리의 기초가 되는, 그리고 민족과 국가발전의 기초가 된다.

우리는 결론 부분에서 통일한국에서의 연방주의를 논하면서 이 세

가지 원칙을 더듬어 보게 된다. 지금까지 본 글은 미국 연방주의의 배경을 논의하고 여기에서 몇 가지 기초 원칙을 확인하였다. 이제는 통일한국의 정부에 적용 가능한 미국 연방제 모형의 요소를 제시하고자 한다.

Ⅱ. 통일한국에서 연방 정부 적용을 위해 고려해야 할 미국 모델의 요소

시작하기에 앞서 통일(unification)이 통합(integration)과 동일한 것인가를 살펴보는 것이 중요하다. 먼저 영(Young)이 논의한 통일과 통합의 개념을 보고자 한다.[3] 통일은 헌법, 동맹, 그리고 정부권력의 균형과 같은 정치적 문제인 반면 통합은 시민의 행위, 가치, 정체성, 문화의 혼합에 관한 문제이다.

남한 모델은 연방제(federation)를 요구하는 반면 북한 모델은 연합제(confederation)를 언급하고 있다.[4] 본 글은 미국식 형태를 띠긴 하지만 연방제 모델을 가정하고 있다. 미국 체제 하에서 연방 정부(이 부분에 대해 간략한 언급이 필요하다)는 '분리되었지만 재구성된 정부'(남과 북)를 유지하기보다는 보충하는 것이다. 신생 정부는 국방, 연방경제, 외교정책, 그리고 사회복지 등의 분야에서 연방 정부의 권한을 제한

3) Namkoong Young, Similarities and Dissimilarities : The Inter-Korean Summit and Unification Formulae, East Asian Review, Vol. 13, No. 3, 2001, pp. 59−80.

4) Young, 2001.

하는 범위 내에서 작동하는 것이다.

본 글은 다른 특별한 언급이 없는 한 앞서 미국 연방제의 논의에서 열거된 10가지 내용이 한국의 상황에도 그대로 적용되는 것을 전제하고 있다. 여기서는 시간과 공간의 제약으로 모든 영역을 철저하게 다룰 수 없으므로 중요한 요소를 개략적으로 검토하고자 한다.

Ⅲ. 한국의 연방주의 원칙 : 자주성을 갖춘 통일정부

지봉도(Chi Bong-do)는 소위 "독립을 통한 통일" 혹은 자주성에 대한 이해를 정교하게 다루고 있다.[5] 자주성은 두 국가가 함께 국가 자치의 기본으로서 통일정부를 매개로 하여 국가의 조건(상황)을 스스로 결정하는 것을 의미한다.[6] 미국의 연방제에 기초한 모델 하에서 통일한국에서의 두 개의 헌법국가인 남한과 북한은 (독자적) 정부를 갖춘 지역으로서 평화적 공존을 통해 하나의 통일된 실체로 통합되어야 하며 행동해야 한다.[7]

---

5) Chi Bong-do, Building a Unification Infrastructure: To Legislate a Basic Inter-Korean Law, East Asian Review, Vol. 16, No. 3, 2004, pp. 105-125.

6) 하지만 다음을 주의하여야 한다. 한국의 독립이 통일한국 정부를 준비하고 활성화시키려는 국제적 행동뿐만 아니라 지지세력이면서 힘을 갖춘 양자 및 다자국들의 행동에 의해 부정될 수는 없다.

7) Chi(2004)는 통일정부의 관계를 condoperium, 혹은 연합 imperium 그리고 dominium의 하나로 논의하고 있다. Imperium은 한 국가 내에서 시민과 단체(entities)에 행사되는 권위를 의미하고 dominium은 영토, 육지, 바다 그리고 하늘을 지배하는 권리를 의미한다. 최근까지 남북한은 모두 각각 한반도 전역에 대

지봉도(2004)의 연구에서 다루어진 두 가지 중요한 요소는 유연성과 상호성이다. 미국 모델에 기초한 연방제는 헌법에서 규정하고 있는 지역(지리적으로 구분된 하위 정부) 목표 구현을 위해 제한적인 자치를 허용하고 공유 목적(공유된 중앙 정부)의 구현을 위해 공동의 제도와 정책을 허용함으로써 그와 같은 특성을 제공하는 것이 가능하다. 우리는 어떻게 미국의 연방주의가 새로운 통일한국의 연방 정부에 필요한 주요 권한(국방, 외교, 그리고 경제)에 대해 방향을 제시할 수 있는가를 검토해야 한다. 하지만 먼저 다음을 고려해야 한다.

Ⅳ. 정치문화에 대한 고찰

통일의 가장 중요한 장벽은 남북한과 그 동맹국들이 서로 주장하는 공산주의/자본주의, 전체주의/민주주의, 그리고 전제주의/파시스트 강제수용소와 같은 패러다임이다.[8] 통일정부에서 한국의 정책결정의 틀을 만들 수 있는 아이디어에는 어떠한 것들이 있을까? 적어도 연방제 모델 하에서 정치문화를 자극하기 위해 정부가 할 수 있는 것에는

해 합법적 정부로서의 dominium은 배타적으로 정희하고 있으나 imperium은 분리하여 정의하고 있다(songong t'ongil, via Cha, 2002). 양 지역이 통일되기 위해서는 단일체 관계에 대한 기초를 구성하여야 한다. 통일된 condoperium의 발전은 두 개의 한국이 함께 구성한 공간, 절차, 행위, 그리고 제도들의 중심이 된다.

8) Ingyu Oh and Insoo Park, Political Democratization amid Persistent Cold-War Confrontations: The Cases of South Korea and Taiwan, Paper presented at Mannheim Workshop, Democracy in the Third World: What Should be Done? European Consortium for Political Research, 1999.

한계가 있는 것이 사실이다.

문화적 통합은 (남북한) 양 지역을 대표하는 것을 기초로 하여 이루어질 필요가 있다. 임은 현재의 고착적(Gebunderheit) 시스템을 초월하는 관점에서 이를 논의하고 있다.[9] 그의 연구는 평등, 편안한 삶에 대한 관념, 그리고 조화롭거나 행복한 가족에 대한 생각 등이 현재 남한과 북한의 정치문화에서 공유되는 가장 우세한 가치임을 확인하고 있다. 그것들은 또한 넓은 의미에서 유교적 질서체제가 실행되고 있는 것을 의미한다.

본 연구자는 양 지역의 정치문화가 일반적으로 인식되는 것보다는 더 많은 유사성이 있다고 생각한다. 특히 정치적 · 이념적 편협성과 분열을 극복하는 방법으로 동시대적으로 공유되는 유교주의에 호소하고 그것을 사회민주적 이상에 접합시킴으로써 사회적 · 문화적 자본을 활용할 수 있을 것이다. 신생 정부는 유교주의와 사회민주주의가 공통으로 갖는 합의점이 정치문화의 기초라는 점을 의식적으로 배양하고 호소하여야 한다.[10]

그렇다면 유교주의가 어떻게 자유주의와 사회주의를 변증법적인 체제로 구성할 수 있을까? 임은 (남한의 관점에서) 이것을 만족시키는 것은 공산주의의 가치를 명시하고 동시에 초극우적 공산주의를 불법화

---

9) Hyun－Chin Lim and Young－Chul Chung, From Unification to Integration: Socio－Cultural Approach to the 'Unified Korea', The Review of Korean Studies , Vol. 7, No. 4, 2004, pp. 175－204.

10) 공통적 합의점(overlapping consensus)이라는 용어는 John Rawls 에서 빌려왔다. 그는 (자유주의적) 공동정부의 구성에 결정적인 요소는 바로 궁극적 목표와 목적에 대해 경쟁원리가 공동으로 공유하는 것이라고 주장하였다. John Rawls, Politica lLiberalism, NewYork: Columbia University Press, 1993.

하는 것이라고 주장한다.[11] 북한에게 이것은 주체사상의 불법화를 의미하는 것이며, 자유시장경제와 사적 재산권 관계의 도입, 전체주의, 국가주의의 도구로 사용되는 개인숭배로부터의 탈피를 의미하게 된다.

통일정부는 성평등과 물질적 궁핍의 제거라는 아이디어를 발전시켜 감으로써 세계를 선도하는 철학으로서 유교주의적 사회민주주의를 표방할 수 있을 것이다[예를 들면 경제적 권리장전(economic bill of rights)이 포함된 사회민주주의의 유교적 변형판].[12] 어떤 면에서 이것은 아직 실현되지 못한 미국식 모델을 실현할 수도 있을 것이다.[13]

요약하자면 유교주의적 사회민주주의의 비전은 국가의 정치문화를 위한 가장 최선의 모체가 될 것이다. 민주주의와 자본주의의 유교주의적 형태는 자유주의, 사회주의 그리고 한국의 정치적 전통의 가장 훌륭한 요소들을 종합하는 기초가 될 수 있을 것이다.

---

11) Lim, 2004.

12) 본 연구자는 유교주의가 여성평등의 관념에도 조응할 것으로 생각한다(Bernard Rowan, The Ajumma and Confucianism, Paper presented at Midwest Political Science Association Annual Meeting, Chicago, Illinois, April 2002). 하지만 물질적 궁핍을 제거하려는 아이디어가 자유주의, 유교주의, 그리고 사회주의 가치체제 통합의 강력한 기초라고 판단된다. 성평등은 한편으로 경제적 권리장전을 완성시킬 수 있는 수단으로써 장려되어야 한다.

13) 다른 비미국식은 독일 자유주의 패러다임을 대변하는데, 이것은 사회적 시장경제(Soziale Markwirtschaft)라 불리우는 시장경제 양식을 강조하는 것이다. 그리고 이는 유럽연합 차원에서 마스트리히트 조약의 '사회 헌장'에 명시되어 있다(George Irvin, Korea, East Asia, and the European Union: What Can We Learn From Each Other?, Paper Presentation at Cheju Conference, August 2003.

Ⅴ. 국방

마울(Maull)과 하나쉬(Harnisch)는 '양자 및 다자 안전보장 구축'(bi-and multilated security arrangements)이 UN 정전협정 이후 한반도에서 적절한 평화를 보장하는 중요한 역할을 하며, 그리고 그것은 남북한이 관계를 진전시켜 나감에 따라 강화되어야 한다고 주장한다.[14] 그와 같은 지지적인 관계는 실제 불가결한 것이다. 하지만 이들 나라는 파트너십이 요구되는 통일한국의 입장을 특별히 우선적으로 고려하여야 한다.

미국식 모델의 관점에서 볼 때, 국가의 자결권은 통일한국이 발전하고 변화해 감에 따라 1) 안전보장을 위한 새로운 기초를 요구하며, 2) 안전보장에 대한 거부권을 쥐고 있는 미국 혹은 중국으로부터 벗어나며, 3) 한국의 입장을 관철시키켜 가는 것이다. 이 정책환경의 주요 특징은 통일한국의 정부에게 국가의 안전보장과 국방에 대한 주권(sovereignty)을 돌려주는 것이 수반되어야 한다는 것이다.

본인은 두 가지를 권한다. 즉, 첫째는 북쪽지역에 대한 종합 경제개발계획(북쪽지역에서 지역적 불평등과 남쪽지역에서의 불평등에 관심을 갖는 계획)의 연차적 수립이며, 둘째는 통일 이전에 미군의 단계적 철수를 포함하여 (비핵화가 실현된)[15] 한국의 안전보장에 대한 주요 강대국(미국, 중국, 일본, 러시아)의 합의이다. 전자에 대해서는 아래에서 더 논

---

14) Hanns W. Maull and Sebastian W. Harnisch, Embedding Korea's Unification Multilaterally, PacificReview, Vol. 15, No. 1, 2002, pp. 29−61.

의될 것이다. 또한 합의는 북한의 국경에 배치된 중국 군사력의 철수를 수반하게 될 것이다. 여기에 더하여 핵과 재래식 미사일 무기와 관련된 각종 군비와 무기협정이 포함되어야 한다. 또한 일본과 통일한국 사이에 상호 불가침조약 역시 요구된다.

연방주의[16]적 해법을 통해 현재 남한의 군사체제는 새로운 통일군대로 출범하는 것뿐만 아니라 국가경비대(National Guard)의 형태로 재편될 것이다. 이것은 단계적 과제가 될 것이며, 한반도에서는 우선적으로 단계적이지만 완전한 미군의 철수뿐만 아니라 주요 강대국들로부터 안전보장과 같은 우선적 변화(prior leaven)가 일어나야 한다.

이(Lee)가 주장한 바와 같이 비무장지대와 남북한의 관련 방어/공격지역 등이 포함된, 양측의 군사력 유지와 관련된 모든 군사시설에 대한 분명한 해체가 이루어져야 한다.[17] 이는 달리 말해 이러한 지역들이 국가의 단일화를 위한 공간 및 세계에서 가장 큰 환경공원 혹은 또 다른 평화로운 경제적 목적으로 활용될 수 있어야 한다는 것을 의미한다.

---

15) 만약 한국이 통일된다면 동일한 조건이라면 핵무기를 보유하는 것이 유리할 것이다. Bryant는 이스라엘의 핵무장을 "어쩔 수 없는"(no alternaives) 정당한 선택으로 부르고 있지만, 이와 같은 유리한 지위는 적어도 미국, 중국, 일본의 관점에서 볼 때 통일에 방해가 된다. 통일정부는 한반도 비핵화를 위해서 1991년 남북합의서를 지속적으로 이행하여야 한다. Susan F. Bryant and Russell D. Howard, Shrimp or Barracuda? Contemplating a Unified and Nuclear Capable Korea, Korea Proliferation Conference Paper. Institute for National Security Studies. United States Air Force, 2003, (paper from but download paperviaatlas.usafa.af.mil/inss/Bryantdeter.doc)

16) 본 연구에서는 '미국식 연방주의'라는 말 대신 '연방주의'라는 축약어를 사용한다.

17) James M. H. Lee, The Korean Armistice and North-South Dialogue, Korea Society Quarterly, Summer 2001, pp. 9-12, 57.

Ⅵ. 외교정책

북한의 광범한 궁핍, 남한의 전 지구적 자본주의화 과정, 구조, 그리고 제도의 연계, 남북한 양측의 외국과의 교역 필요성들을 감안하여 보며, 통일한국은 국가 자결권(self-determination)의 목적과 세계경제에 참여하려는 확약(commitment)을 서로 접목시켜야 한다. 통일한국이 경제적 이익을 얻기 위해서는 적어도 북한지역을 근대화시키는데 십 년 정도의 투자기간이 필요하다. 이것은 고립주의를 선호했던 1787년의 미국의 상황과는 차이가 난다.

안전보장의 보증인이 되는 것과 동시에 주요 강대국들은 통일한국의 발전을 촉진시키기 위해 필요한 무역에 '가장 호의적인 국가' 가 되어야 한다. 다른 관련된 중심 이슈는 국경문제와 북중국으로부터의 이민이라 할 수 있다. 통일정부는 만주를 편입시킬 의도나 그 지역에서 조선족들에 의한 폭동을 조장하기 위한 의도가 없다는 것을 중국에 확인시켜야 한다. 또한 통일한국에서 일하거나 이민오게 될 수많은 중국인들과 만주지역의 조선족들을 위한 합의서를 만들어야 한다. 현재의 남한에서 이루어지고 있는 방식보다 진전된 방향에서 이주 노동자들의 권리들이 우선적으로 보장되어야 한다.

Ⅶ. 경제와 사회복지

가장 급박한 과업은 북한지역에 대한 구호, 복구, 그리고 개발자원의 할당과 같은 문제이다. 북한을 21세기의 경제 수준으로 진입시키기 위해 소요되는 예상비용은 10년 동안 미달러 기준으로 90억 달러에서 3천억 달러가 될 것으로 전망된다.[18] 이러한 관점에서 남한지역의 경제동력에 무제한적으로 조세가 부과되어서는 안 된다. 미국을 포함한 주요 강대국들과의 안전보장 합의서의 내용 중 일부는[19] 안전보장뿐만 아니라 구호, 복구, 그리고 개발기금의 제공 등과 무역 및 경제개발 투자활동이 연계되어야 한다. 만약 주요 강대국들 중 한 국가가 동의하기만 한다면 다른 주요 강대국들 역시 이 21세기판 마샬플랜을 따르게 될 것이다.

새로운 정부는 개인의 사적 재산에 대한 소유권에 기초하여 운영될 것이다. 하지만 북한지역에서 협동조합 및 국가 소유의 단계적 이전이 허락되어야 한다. 남한 역시 재벌개혁이 만족할 만한 성과를 거두지 못하고 있으며, 남한의 성장이 이들 재벌에 대해 과도하게 의존하고 있는 것 역시 분명하다. 통일정부 하에서 북한지역으로의 재벌 진출은 중요한 진통을 겪게 될 것이다.

---

18) Lim, 2004.

19) 일본이 한국에 배상할 것이라는 생각은 가능하지 않다(남한과의 수교로 적절한 보상이 이루어졌으나 북한에 대해서는 아직 보상이 이루어지지 않았다). 하지만 본 연구에서 소개된 국방과 외교정책 영역에서 일본의 참여는 더욱 긍정적 토대에서 동일한 결과를 가져오게 될 것이다.

통일정부는 공익을 대신하여 재벌에 대한 감시를 강화할 필요가 있다. 하지만 소유권이 북한지역의 이익에 반대하여 통합되지 않는 한, 이러한 부가적 조치(additional tact)는 아마도 북한지역에서 남한기업과의 파트너십을 유발시키면서 새로운 기업의 발전을 촉진하게 될 것이다. 북한의 채무 역시 새로운 연방 정부가 떠안아야 하며, 동시에 외국 채권자들에 의해 채무가 면제될 수 있어야 한다.

새로운 정부와 관련된 또 하나의 이슈는 하나의 단일 경제체제로의 전환을 용이하게 해주는 국가 복지정책의 결정과 관련된 것이다. 모든 국민들은 하나의 단일 복지체제에 편입되어야 한다. 비록 미국에서도 20세기까지 활용되지 않았지만 그 이후 미국의 경험은 수입과 연계된 누진과세 정책의 활용을 정당화시킬 수 있을 것이다.

Ⅷ. 대표 : 행정부, 입법부 그리고 사법부

통일계획을 보면 남한은 인구에 기초한 입법부의 구성을 원하는 반면 북한은 국토의 크기에 기초하여 입법부의 구성을 원하고 있으며, 또한 조직과 정당을 대표하는 대의원이 포함되기를 원하는 것을 알 수 있다.[20] 이러한 차이는 미국 연방제에서도 주요한 이슈였는데, 개인주의 대 조합주의의 대립이 그와 같은 예라 할 수 있다. 미국식 모델

---

20) Sharif M. Shuja, Korean Unification, Contemporary Review, Vol. 283, No. 1651, 2003, pp. 65–75.

은 국민(individuals)을 대표하는 데 있어 지리적인 측면을 기초로 하기도 하였지만(각 주 내에서나 의회구성을 위한 지역 내에서) 전자에 보다 가깝다 할 수 있다. 국민대의제(individual representation)의 목적은 궁극적으로 집합적 이익을 분해함으로써 사회적 의견 차이를 수용하는 것이 그 하나라 할 수 있다. 대의제에 대한 연방주의자들의 의도는 개개인을 공동 정부의 지속적 번영 및 존속과 연계시키는 것이었다.[21)]

지역(regions)과 지방(provinces)에서 국민대의제를 허용함으로써 이전에 존재했던 사회적 분열을 반영하고 그것을 이용함으로써 공동정부를 통해 단일정부에 새로운 에너지를 창출할 수 있을 것이다. 새롭게 재편된(newly-developed) 남과 북 각각의 지방을 활용하여 다양한(남북의) 지역적 이익을 통일국가의 입법과정으로 결집시킬 수 있을 것이다.

미국식 체제는 입법부의 수립, 양원제의 활용에서 규모와 형평성 간의 절충안을 보여준다. 상원은 수많은 남북한 지역들의 균등성을 보장하고 대표하여야 하며, 하원은 각 지방의 인구에 비례하여 구성되어야 한다.

새로운 정부는 남과 북의 대통령직/의장직을 폐지한 기초에서 구성되어야 한다. 지방 정부는 새로운 도지사와 의원을 선출하게 될 것

21) 권리와 정의에 대해 고찰해 볼 때, 미국식 연방주의는 시민들에게 추상적 변화(abstract turn)를 인식하게 해주었다. 일반적으로 시민들의 정체성은 법률적 관계에서 계급, 노동, 인종, 민족, 혹은 성별과 같은 집합적 관계(corporate affiliations)와는 반대되는 개념으로 파악된다. 대신 개인에 대한 사회적 · 정치적, 그리고 법적 관계와 집합적 관계(corporate affiliations)의 연관성은 우선 그와 같은 집합적 관계(affiliations)가 정의에 대한 개인의 주장에 영향을 미치는 방법을 통해서, 그리고 간접적으로는 집합적 혹은 집단적 조건에 영향을 미침으로써 인식된다.

이다. 무엇보다 분명한 건 새로운 통일국가의 최고 행정수반과 입법부는 임기가 제한된 선출직으로 구성되어야 한다.

최고 행정수반은 중요한 과업을 조정하는 역할을 맡게 될 것이다. 미국 건국의 아버지들은 복합적 행정부를 고려하였으나 그것을 채택하지는 않았다. 단일한 행정부를 구성하는 것의 장점은 우유부단함을 피하고 책임성을 강조할 수 있으며 위기상황에서 더욱 유용하다는 것이다. 미국 대통령 선거인단은 입법부를 구성할 때 필요한 대표와 배분이라는 기초(원칙)에서 파생된 것으로 연방의회(상원과 하원)의 의원수에 따라 대통령에 투표할 수 있는 투표권을 각각의 주(지방)에 부여하는 제도이다. 이와 유사한 제도를 도입할 경우 연방 정부 기관(federal authority)의 통합을 촉진시킬 수 있을 것이다.

한국식의 강력한 행정부는 궁극적으로 연방제적 민주주의 모델에 실패를 불러올 수 있다는 사실을 짚고 넘어가야 한다. 하지만 통일한국의 입법부가 미국과는 다른 환경에서 이러한 차이를 대체할 가능성은 없으며, 지금까지 계속적으로 미국 행정부가 연방 정부의 권한을 증대시켜 온 상황을 고려할 때 이러한 차이가 그다지 중요하지 않다. 따라서 중요한 이슈는 행정부의 권력을 제한하는 견제와 균형체제가 계속적으로 작동하여야 한다는 것이다.[22)]

미국식 모델의 사법제도에서 연방 사법부는 상대적으로 약하게 설계되었다. 하지만 시간이 지날수록 법원은 정부나 주의 조치에 반하

22) 입법부 우위와 국민 주권은 (초기) 미국에서 중요한 요소였으며, 입법부는 입법과정을 통해 연방단일체를 완성시키는 중요한 장소가 되었다. 통일에 대한 북한의 제안은 심의-입법협의회(deliberative-legislative council)의 강력한 역할을 담고 있다.

는 요구에 대해, 그리고 일반적으로 개인과 이익집단에게 마지막 의존처로 변화되었다.

사법적 판단이 정치에서 점점 더 실제적인 영향력을 갖고 있는 것처럼 연방법원은 통일에 중요한 요소가 되어갈 것이다. 초기 법원의 중요한 과업은 남한과 북한의 법률 간 갈등 혹은 새로운 법안 및 헌법과 남북한의 법률과의 갈등, 특히 과거로부터 파생된 법률, 남북한 양측의 다양한 판례 등에 대해 판결하는 일이 될 것이다. 연방 의회와 주(states) 의회, 그리고 선출직 관료들은 가능하다면 법원에 전적으로 의존하는 것보다는 이러한 갈등을 예견하여 이를 입법의 대상으로 삼도록 하여야 한다.

Ⅸ. 연방주의와 분권

이미 언급했듯이 미국의 헌법은 중앙집권과 분권화의 일종의 타협의 산물이다. 혁명과 연방 헌법은 분권을 선호한 것이 사실이지만, 그 이후의 경험들은 연방 헌법이 연방 차원에서 충분한 힘(energy)을 만들어내지 못한다는 사실을 절감하게 하였다. 결과적으로 수정헌법 10조와 함께 미국 헌법은 국가, 주, 그리고 지방 정부 간 균형 혹은 변증법적 구도를 계획하게 되었다. 미국 연방주의에서 이러한 체제가 갖는 효용은 연방 정부 조직이 연구개발, 사회간접시설, 그리고 유사한 목적에 대한 연방 차원의 투자와 함께 국가안보와 관련된 이슈, 거시경제적 이슈와 무역, 그리고 재분배의 이슈(사회복지) 등의 문제를 다룰 수 있게 된 데에 있다.

동시에 분권주의 원칙 역시 활성화되어야 한다: 대부분 미시적 차원에서의 경제에 대한 감독과 권력은 각 주와 지방 정부의 관할 하에 있으며, 각각의 정부는 각자의 특별한 상황에 (더욱) 주의를 기울일 수 있으며, 시민의 선호에 따라 더 민주주의적으로 대응할 수 있다.

미국 모델은 역시 사적 재산권과 (사회민주적) 자본주의 체제를 통한 분권화를 선호한다. 정부에 대한 이러한 부차적 제약이야말로 본질에서 자유주의 자체라 할 수 있다. 그리고 이것은 경제 · 사회적 기업이 가질 수 있는 기회의 다양성을 담고 있는 것이다. 마찬가지로 미국 모델은 더 낮은 수준의 정부규제를 선호하며 더 높은 조세에 반대하는 것은 물론이며, 또한 시민들이 새로운 사업을 시작하고 투자하는 데 조세유인을 활용한다.[23)]

통일한국에의 적용 모델로서 미국의 연방제에 관심을 갖는 사람들이 검증된 분권화의 이점에 눈을 돌리거나 관심을 갖는 것은 이해가 된다. 왜냐하면 오늘날 남한과 북한 모두에서 중앙집권주의적 기조가 지배적이기 때문이다. 그럼에도 불구하고 주의가 요구된다. 어떤 이들은 미국의 연방주의가 분권주의를 의미하는 것이라고 단순하게 주장을 펴기도 하지만, 이러한 주장은 어디까지나 연방 정부의 권력사용이 구체적으로 제한되는 분권화 틀 안에서 사실이다. 집권화와 분권화 간의 균형과 같은 변수들이 시간이 변화함에 따라 항상 동일하게 유지되어 온 것은 아니다.[24)]

---

23) 좋은 정부는(good government) 재산권 관계에 대한 시장 모델과 양립한다. 하지만 미국의 시장 모델이 연방 정부, 주 정부, 그리고 지방 정부 수준에서 정부 역할의 틀 내에서 자리를 잡아온 것 또한 사실이다.

분권화에 대한 지나친 강조 혹은 의존은 정부의 무기력을 가져올 수 있는 것과 같이 연방주의 엔트로피라 부를 수 있는 현상을 가져올 수 있다. 오늘날 미국에서는 다음과 같은 조건들로 인해 분권화의 효용이 훼손되거나 감소하는 경향이 발생하고 있다: 시민들은 모든 주 수준에서 어떤 경우든 낮은 수준의 조세를 선호하며, 연방 정부의 부담을 각 주나 시 정부(시민들은 불충분한 관심을 받고 있다)로 전가하는 것을 선호하고, (시민들의) 사적인 투자와 비정부적인 행위들은 순환적 하락에서 벗어나지 못하고 있는 것이다.[25] 그리고 미국인들은 더욱 많은 시간의 노동을 하고 있기 때문에 시민 거버넌스에 참여할 시간이 더욱 줄어들었다. 이런 여건들은 결과적으로 분권화의 후퇴로 나타났다.

분권화를 위해서는 적극적인 사회적 범위, 활동적 시민, 그리고 강한 민주적 문화와 같은 경제적 활력의 전개가 필요하다. 분권화는 그 자체가 만병통치약이 아니다. 통일한국은 통치체제의 단일체적 특성을 수정하여야 하지만 그것을 너무 빨리 너무 많이 달성해서도 안 된다. 미국의 연방제 모델은 열린 방정식(open equation)의 특성을 갖고 있으며, 장기간 동안 민주주의적 자유와 평등의 문화가 배양되었다는 사실을 가정한 모델이다. 그렇지 않고서는 집권화에 대한 과도한 의

---

24) 미국 연방제는 분권주의를 주장했던 양립분권주의(Dual Federalism −10세기)의 시대와 연방 정부의 강력한 역할을 주장했던 협력주의적 연방주의(cooperative Federalism−20세기) 사이에서 다양한 변화를 겪어왔다. 허리케인 카트리나와 같은 현재의 위기는 다시 한 번 중앙집권주의에 대한 목소리가 나오는 계기를 만들었다. 레이건, 깅리치, 그리고 공화당의 집권 및 신연방주의와 동일한 의미에서 분권주의를 향한 미국 정부의 32년 동안의 노력은 연방주의의 균형을 찾아가는 모습을 보여주고 있다.

25) 실질 임금은 같거나 감소하고 있다. 그리고 소득과 부의 격차는 확대되고 있다. 미국의 무역수지와 국제적 지위와 함께 재정적자 및 채무가 증가하고 있다.

존과 비효과적인 분권화의 활용은 연방제 하에서 효능과 형평성을 손상시킬 수 있다.

이러한 것들을 기본적으로 고려할 때, 다음에서 제시되는 것들은 통일한국에서 분권화와 집권화의 연방주의적 역동성을 착근시키기 위해 필요한 것들이다:

- 연방 정부, 주, 그리고 지방 정부는 미국식 연방제적 접근방법에 따라 지속적으로 그들의 구조에 맞는 기능을 수행할 수 있도록 헌법적으로 권한을 부여받아야 한다.
- 특히 입법부는 새롭게 확정되는 한국의 지방 권역에 설치되어야 하며, 이것은 기초자치지역(구) 수준에서도 마찬가지이다. 어렵지만 않다면 한국의 체제는 이러한 원칙을 최하위 수준의 행정구역(동)까지도 확대해야 한다. 지방 정부는 특정한 권한을 보유해야 하며, 각각의 수준에서 정부의 권한은 경제적 · 사회적 발전에 필요한 에너지를 제공할 수 있도록 설계되어야 한다.
- 지방 정부가 교육문제를 관할하여야 한다는 제퍼슨의 생각이 통일한국에 적용될 것을 권한다.
- 지방 정부는 시민교육 프로그램, 비정부기구의 활성화를 위한, 그리고 지방 정부의 시민통제를 작동시키기 위한 예산을 확보해야 한다. 전자 정부 구현을 위한 재원 역시 연방 차원에서 제공되어야 한다.
- 미국의 연방주의에서 이용되는 기반 시설물과 공기업의 운영을 감시하는 시민감시위원회의 활용방안 역시 검토할 수 있다.
- 정부는 경제발전, 기업창출, 그리고 다른 연관된 목적을 위한 민간투자를 활성화시키고 자극할 수 있도록 조세제도를 활용해야

한다.

- 주와 지방 정부는 연방 정부 차원의 종합경제 계획의 일환으로 경제 기업활성화 지역에 대한 계획을 구상하여야 한다.

X. 맺는 말

연방제의 틀이 어떻게 미국식 모델의 일환으로 분석된 세 가지 조건[위험한 이슈의 포괄적 처리, 각 개인에게 영향을 행사하는 헌법구성, 연방제 정부를 하나의 균형자(equation)로 표현하는 방법]을 반영하고 있는가를 강조함으로써 결론을 맺고자 한다.

포괄처리의 방법은 남한 혹은 북한에 의한 흡수통일의 수준을 뛰어넘어 대의제(representation)를 통한 통일 정부와 문화적 통합, 그리고 전국적인 개발에 대한 관심을 촉진시키게 될 것이다. 유교주의적 사회민주주의라는 문화적 모태(matrix)는 남북한 지역에서 통일 이전의 정치문화를 용해시킬 수 있으며, 이를 통해 이념적 차이를 아우를 수 있을 뿐만 아니라, 세계적으로 치열한 경쟁과 국제 역학관계로 인해 자결주의(self-determination)가 훼손될 수 있는 잠재적 가능성을 피할 수 있게 해줄 것이다. 자주성과 자결주의를 표방하는 통일정책 하에서 강대국들을 포함하여 동맹국들과의 관계 역시 포괄적 처리를 예증하게 될 것이다.

통일헌법은 정부가 국민 개개인의 권리를 보장한다는 사실을 언급하게 될 것이다. 대의제 및 연방 정부 차원의 행정부와 입법부를 구성하는 방법은 점차적으로 통일정부의 우위를 확대시키고 전체 이익을 개별 시민과 연계시키는 데 기여하게 될 것이다. 연합의 형성에 대한 후자의 기여는 통일 이전의 이념과 역동성이 다소 덜한 연방 정부, 주정부, 그리고 지방 정부에게 매력적인 요소가 될 것이다. 하지만 이것이 중요한 위기 순간을 막아주지는 않으며, 궁극적으로 새로운 헌법에 대한 국민의 수용의 정도뿐만 아니라 새로운 정부기능의 효율성에 전적으로 의존하게 될 것이다.

균형자(equation)로서의 연방주의는 시간이 흐름에 따라 연방 정부, 주, 그리고 지방 정부가 변할 수 있다는 것을 의미한다. 그리고 이들 사이의 균형이 발전하여 거시적 · 미시적 수준의 이슈와 시민의 개별 이익의 문제를 제기하게 된다. 미국식 연방제도는 국민과 지도자들이 변화하는 정치, 사회 그리고 경제적 이익과 이슈들을 조정하는 과정에서 서로 다른 수준의 정부를 상황에 맞게 활용하는 것을 가능하게 한다. 만약 통일정신이 한국인들의 미래가 시행착오를 통해 만들어질 수 있는 것 중의 하나라는 긍정적 생각을 촉발시킬 수 있다면 미국식 연방제는 전체적으로 혹은 부분적으로 한국의 새 헌법과 삶의 영위를 위한 기술(technology)로서 채택될 수 있다.

김상겸 프라이부르크(Freiburg) 대학교 법학박사
동국대학교 법과대학 교수

박응격 슈파이어(Spyer) 행정대학원 행정학 박사
한양대학교 행정학과 교수
한양대 지방자치연구소장
한양대 행정 · 자치대학원장

이옥연 미시간(Michigan) 대학교 정치학 박사
서울대 외교학과 교수

정재각 베를린(Berlin) 대학교 정치학 박사
한양대 지방자치연구소 연구부장

디트마 되링(Detmar Döring) 쾰른(Kölin) 대학교 철학박사
프리드리히 나우만 재단 자유연구소 소장

로베르트 네프(Robert Nef) 취리히(Zürich) 대학교 법학석사
스위스연방 기술연구소 법학부 연구원
스위스 자유연구소(Liberales Instituit) 소장

버나드 로완(Bernard Rowan) 시카코(Chicago) 대학교 정치학 박사
시카코 주립대학 정치학과 교수

크리스챤 키르히너(Christian Kirchner)
하버드(Harvard) 대학교 법학 석사(LL.M)
프랑크푸르트 (Frankfurt am Main) 대학 법학 및 경제학 박사
훔볼트(Humboldt) 대학교 법대 및 경제대학 교수

하이케 헤르만스(Heike Hermanns)
뉴카슬(Newcastle-upon-Tyne) 대학 정치학 박사
오스트레일리아 캔버라(Canbarra) 국립대학 국제학부 조교수

서구 연방주의와 한국

초판1쇄 / 2006년 12월 30일

지은이 박응격 외
펴낸이 여국동
펴낸곳 도서출판 인간사랑
인 쇄 백왕인쇄
제 본 은정제책사

출판등록 1983. 1. 26. / 제일-3호

정가 29,000원

ISBN 89-7418-205-X 93340

※ 잘못된 책은 교환해 드립니다.

(411-815) 경기도 고양시 일산구 백석동 1178-1
TEL (031)901-8144, 907-2003
FAX (031)905-5815
e-mail/igsr@Yahoo.co.kr
igsr@Naver.com